KB005212

초격차를 만드는 니체의 52가지 통찰

니체에게
경영을 묻다

초격차를 만드는 니체의 52가지 통찰

니체에게
경영을 묻다

Friedrich Nietzsche

데이브 질크 & 브래드 펠드 지음
박선령 옮김

서 사 원

처음으로 기업가 활동에 대해 알려 주시고
우리의 우정과 공동 작업이 시작된 MIT에 보내 주신
우리 두 사람의 아버지,
스탠리 펠드와 데이브 질크에게 이 책을 바친다.

차례

1

전략

STRATEGY

4

LEADERSHIP

리더십

5

TACTICS

전술

서문

니체는 번거롭고 골치 아픈 철학자다. 그의 작품은 오랫동안 다양한 맥락에서 다루어졌으며, 심지어 학자마다 근본적으로 완전히 다른 해석을 내놓기도 한다. 이런 상충된 해석이 나오는 까닭은 그가 잠언의 망치와 강렬한 문체를 통해 철학적인 사색을 하기 때문이다. 그가 공격하는 주제는 명확하다. 그러나 그가 비판하는 이유와 거기에 담긴 함의는 다양한 해석으로 이어질 수 있다. 니체는 이런 접근 방식을 이용해 과감한 독창성과 자기 창조를 추구한다. 그가 기업인들에게 도움을 주는 철학자인 이유는 바로 이 때문이다.

기업가들은 변화하는 기술과 시장을 기반으로 새로운 제품과 서비스를 창출해 산업을 혁신시키려고 한다. 니체는 전통적이고 고루한 학문적 방법에 도전하는 양식적 금언을 통해서 당대의 철학을 혁신하려고 했다. 기업가들은 새로운 기업 문화와 새로운 비즈니스 모델을 통해 회사를 발전시킨다. 니체는 틀의 전환, 변형된 질문, 시적 명령 등을 통해 철학을 발전시켰다. 기업가는 속도, 독창성, 전략으로 경쟁하면서 고전적인 문제에 현대적인 해결책을 제시한다. 니체는 낡은 철학 체계를 무너뜨리고 오래된 우상(가치관, 종교)을 현대 인류로 대체하면서 경쟁을 벌였다.

데이브와 브래드가 이 책에서 언급했듯이, 니체는 상업적인 활동과 그 일에 종사하는 이들을 따분할 정도로 야심이 없고 어리석다며 무시했다. 그가 살던 시대의 사업가들은 대부분 일상적인 상업의 틀과 관습에 갇힌 지역 상인과 부르주아 계급이었다. 그러나 니체는 인간 영혼의 가장 높은 추구는 인간의 진화, 즉 정체성과 문화, 새로운 정신의 진화라고 여겼다. 더 구체적으로는 절대적인 독창성의 진화를 통해 전에 없던 것의 창조를 이루어야 한다고 생각했다.

이런 열망을 통해 니체는 기업가 활동을 이렇게 요약한다. '새로운 것을 만들고 시설을 개조하고 시장과 고객을 진화적 존재로 여기며 그 진화에 동참한다.' 니체가 혁신가인 것처럼 기업가들 또한 혁신가다. 철학자와 문헌학자 들이 고전을 연구하면서 역사를 존중하고 확립했다면, 니체는 새로운 철학을 창조하기 위해 그런 우상을 무너뜨리고 싶어 했다. 시장에서 지위를 확보한 기업과 경영자들이 해당 산업과 시장을 가능한 한 현재 상태로 유지하려 노력하는 데 비해, 기업가들은 새로운 기술과 대안적인 비즈니스 모델에 기반한 새로운 제품과 서비스를 통해 산업을 혁신하려고 노력한다.

그렇다면 기업가 정신을 지닌 뛰어난 철학자에게 성유를 붓는 것 외에, 이 책이 중요한 또 다른 이유는 무엇일까?

니체는《이 사람을 보라Ecce Homo: wie man wird, was man ist》에서 인류가 될 수 있고 되어야 하는 존재에 대해 고대했다. 최정상의 기업가 중 일부는 동시에 위대한 인문주의자다. 기업가가 자본가나 기술 전문가로 여겨지는 경우가 많으므로, 누군가는 이 사실에 놀라워할 수도 있다. 하지만 인간으로서 우리가 누구고 어떤 사람이 될 수 있는지에 대해 생각하는 것은 기업가가 제품, 고객, 시장의 진화를 이루어 나가는 방법과 아주 유사하다.

이는 철학이 기업가 활동의 근간이 될 수 있는 이유기도 하다. 물론 철학이 무의미하다거나 해를 끼친다고 생각하는 기업가와 사업가도 많다. 이런 관점에서 볼 때, 기업가와 철학자는 효용성 스펙트럼의 정반대 끝에 존재한다. 기업가는 실용적인 실천가다. 그들은 대중의 실제 요구와 욕구를 충족시키기 위해 설계된 상식적인 이론을 이용한다. 철학자는 지적으로는 인상적일지라도 세상과의 관계에서는 살아남지 못하는 웅장하면서도 추상적인 이론을 만들어 낸다.

물론 숲을 위해 나무를 포기하는 철학자들도 있다. 하지만 생각과 행동을 결합하면 매우 강력한 조합이 탄생한다.

내가 가장 좋아하는 표현은 '이론적으로 이론과 실제 사이에는 차이가 없다'는 것이다. 이 말은 곧 이론과 실제 사이에는 상당한 차이가 있다는 것이다. 하지만 둘 다 매우 중요하다. 이론 중심 실천은 실천으로부터 이론을 향상하는 가장 강력한 접근 방식이다. 철학은 일반적인 이론으로 생각하는 법을 가르친다. 철학은 사고와 언어의 정확성을 가르친다. 철학은 이론을 구성하고, 그것이 사실인지 시험하고, 그 이론을 발전시키는 방법을 알려 준다. 당신이 제대로만 한다면 기업가 활동도 마찬가지일 것이다!

물리학, 경제학, 심리학 등 다른 여러 분야가 해당 영역에서의 이론을 발전시키는 방법을 가르쳐 주는 데에 비해, 철학은 보편성을 갖추고 있어 기업가들이 선호하는 도구가 된다. 기업가는 고객을 확보하거나 참여시키는 새로운 방법, 새로운 기술 플랫폼, 새로운 비즈니스 전략이나 운영 방식, 새로운 비즈니스 모델 등 독창적인 방법으로 일을 진행하는 경우가 많다. 이런 혁신은 일반적으로 현재의 이론과 틀에서 벗어나므로 목표, 전략, 새로운 시스템 등 그것을 표현하기 위한 새로운 공식이 필요하다. 철학은 새로운 이론을 만들기 위한 일반적인 용어를 제공한다.

마지막으로, 철학은 대부분 인간의 본성과 관련이 있다. 철학은 지혜를 사랑하고 진리와 지식을 추구한다. 이런 추구의 기초에는 인간 본성에 대한 이론이 깔려 있다. 진리와 지식을 추구하는 우리는 누구인가? 우리는 어떤 진리를 이해할 수 있는가? 우리는 그런 진리에 대해 어떻게 행동하는가?

나는 인간 본성에 대한 이론이 모든 기업가적 추구의 기초가 된다고 믿는다. 기존 제품이나 서비스보다 새로운 제품이나 서비스를 원하는 우리는 누구인가? 이 새로운 고객 확보 수단을 성공시키는 우리는 누구인가? 이 새로운 제품이나 서비스에 계속해서 깊이 관여하는 우리는 누구인가?

나는 기업가 프로젝트에 인간 본성에 대한 구체적인 이론이 필요하다고 생각한다. 때문에 투자에 대한 공개 강연을 할 때 종종 철학적인 이야기부터 시작하는 경우가 많다. 예를 들어, 지난 20년 동안 나는 소비자 인터넷에 투자하는 것은 7대 죄악 중 하나에 투자하는 것이나 마찬가지라고 말해 왔다. 경영대학원에 다니는 학생들은 대부분 고객 확보 비용CAC, 평생 가치LTV, 영업이익, 경쟁력 차별화 같은 개념을 배우면 투자에 능숙해질 거라고 생각한다. 하지만 모든 기업가 프로젝트는 미래의 CAC 또는 LTV를 목표로 하고 있다. 그렇다면 어떻게 그 목표에 도달할 수 있을까? 이 제품에 지속적으로 관여하게 될 우리는 누구인가? 철학은 인간 본성에 대한 이론과 그것이 기업가적 목표와 연결되는 방식을 예리하게 생각할 수 있게 한다.

니체로 돌아가서, 그가 기업가들에게 특히나 도움을 주는 철학자인 이유를 살펴보자. 니체는 과거, 특히 예전 사상가와 리더들의 이상과 이미지를 찬양하는 굴욕적인 철학적 관행에 저항했다. 그는 현재 시점에, 그리고 인류가 어떤 존재고 무엇이 될 수 있는지에 다시 집중하길 원했다.

그런 반항의 일환으로, 니체는 망치를 들고 철학을 했다. 그는 사람들을 과거에 가두는 낡은 사고방식을 파괴하고, 그들이 새로운 가능성을 받아들일 수 있도록 잘 준비하길 바랐다. 사고방식을 바꾸려는 이런 열망은 니체가 새로운 스타일의 논증을 강조한 이유기도 하다. 많은 철학자가 고전적인 형식으로 논증을 시작하거나 역사적인 위인을 검토하는 데 반해, 니체는 인상적인 잠언이나 완전히 새로운 신화적 서사를 제시한다.

그는 무엇보다 경건함과 인습의 파괴자로, 항상 새롭고 독창적으로 반대 의견을 제시할 방법을 찾았으며, 결코 현상 유지에 만족하지 않았다.

이것이 바로 기업가들이 받아들여야 할 사고방식이다. 매일 철학을 실천하는 것이 괜찮은 기업가를 위대한 기업가로 발전시키는 길인 이유다. 또한 날마다 니체의 철학을 실천하는 것이 기업인들에게 훌륭한 철학 연습이 되는 이유기도 하다.

니체는 《우상의 황혼Twilight of the Idols》에서 "아리스토텔레스는 세상에서 혼자 살기 위해서는 사람은 짐승이 되거나 신이 되어야 한다고 말했다. 그는 제3의 경우를 빠뜨렸다. 바로 이 두 가지를 합친 철학자가 되어야 한다."

기업가의 경우는 이렇게 말할 수 있을 것이다. "아리스토텔레스는 모델을 변화시키는 새로운 제품을 구상하기 위해서는 미친 사람이 되거나 천재가 되어야 한다고 말했다. 그는 제3의 경우를 빠뜨렸다. 바로 이 두 가지를 합친 기업가가 되어야 한다."

결국 니체를 번거롭고 가치 있는 존재로 만든 것은 새로운 것에 대한 니체의 맹렬한 충성이었다. 변화는 항상 문제를 야기한다. 예를 들어, 기업가들이 '혁신'을 일으킬 때 발생하는 문제 같은 것 말이다. 새롭고 더 나은 미래를 이루려면 먼저 낡은 것을 거부해야 한다. 미국의 가장 영향력 있는 현대 민권 영웅 중 한 명인 고故 존 루이스John Lewis 하원의원은 문제를 본질적인 것으로 묘사하는 훌륭한 방법을 알려 준다. 그는 "좋은 곤경, 필요한 곤경에 처하라"고 말하곤 했다. 좋은 곤경은 바로 우리가 시장과 사회에서 발전하는 방식이다.

리드 호프먼Reid Hoffman
기업가, 투자자, 때로는 철학자

이 책의 소개

THE HAMMER

니체? 그것도 사업가를 위한 니체?

1988년 1월 말, 브래드의 단독 컨설팅 사업 아이디어인 펠드 테크놀로지Feld Technologies를 실제 사업으로 전환한 지 9개월 정도가 지난 시점이었다. 남학생 사교 클럽에서 가까워진 우리는 케임브리지의 사교 클럽 본부 바로 길 건너편에 첫 번째 사무실을 열었다. 우리는 똑똑하면서도 임금이 싼 소프트웨어 개발자들을 이용해서 비즈니스 애플리케이션 소프트웨어를 구축할 계획이었다. 그래서 프로그래머 6명을 고용했는데 대부분 파트타임으로 일하는 우리 사교 클럽 소속 학부생들이었다. 우리는 브래드의 신용카드와 보통주를 매입하는 데 썼던 10달러를 제외하고는 사업 자금을 전혀 조달하지 못한 상태였다.

1월에 예비 재무 결과를 계산해 본 데이브가 브래드의 사무실을 찾아갔다. 손익분기점이 코앞이었지만, 이번 소식은 암울했다. 한 달 만에 만 달러나 잃은 것이다. 우리는 이런 상황을 전혀 예상하지 못한 탓에, 무엇이 잘못됐는지 확인하기까지 약간의 노력이 필요했다.

데이브는 고객들에게 시간당 요금을 청구하기보다 향후 출시될 제품을 개발하는 파트타임 개발자들을 관리하는 데 시간을 보냈다. 브래드도 고객에게 시간당 요금을 청구하는 대신 매출총수익이 낮은 컴퓨터 장비 판매에 힘을 쏟았다. 이달의 수익 대부분은 생산성은 높지만 변덕이 심한 대학생 개발자 마이크가 비용을 청구할 수 있는 고객 프로젝트를 진행하면서 겨우 발생한 것이었다.

우리가 앞으로 뭘 해야 할지 고민할 기회를 갖기도 전에, 마이크는 공부에 집중해야 한다면서 일을 그만뒀다. 이제 선택의 여지가 없었다. 직원을 모두 해고하고, 월 단위로 계약한 사무실을 폐쇄하고, 사무용 가구를 모두 팔고, 보스턴 시내에 있는 우리 아파트로 사업 거점을 옮겼다. 속이 쓰린 경험이었다. 브래드는 우리가 사업을 시작하자마자 실패한 이유를 궁금해했다. 데이브는 집세 걱정을 했다. 우리는 이 사업을 계속해야 할지 여부를 포함해서 회사의 미래에 대해 오랫동안 논의했다.

수익을 낼 수 있는 프로젝트가 있긴 했다. 우리는 더 이상 직원들을 관리하는 데 시간을 할애할 필요가 없었고, 어떤 부분에서 수익을 낼 수 있는지도 알고 있었다. 2월에는 긴장이 사라질 정도로 실적이 좋았고, 3월에는 더 좋아졌다.

또 하나 중요한 사실은, 이때 중요한 교훈을 몇 가지 얻으면서 사업을 진척시킬 매우 색다른 아이디어를 받아들이게 됐다는 것이다. 바닥을 쳤던 경험과 여기서 얻은 교훈이 우리 뇌와 회사 문화에 깊이 스며들어, 회사를 전보다 조직적이고 진취적으로 건설할 수 있었다.

그로부터 30년 뒤, 우리가 이 책을 쓰고 있을 때 데이브는《차라투스트라는 이렇게 말했다Thus Spoke Zarathustra》를 읽고 있었다. 그는 가장 높은 산들은 바다에서 솟아오르는 것이며, "그 증거는 산의 바위와 산 정상의 암벽에 쓰여 있다"는 구절을 접했다. 펠드 테크놀로지를 운영하면서 한 경험 (그리고 그 이후의 수많은 경험) 덕에, 우리는 이것이 책의 한 장이 되어야 한다는 걸 즉시 깨달았다. 우리는 이 잠언을 읽고 이해함으로써 위안과 교훈을 떠올렸다. 그것은 이 책의 '바닥을 치다' 장의 글과 혁신적인 기업인 소브른Sovrn이 망했다가 다시 일어선 경험담처럼 상황의 냉혹함과 가능성이 흑백처럼 명확하게 나타난 짧은 글을 통해 독자들에게 우리가 느꼈던 위안과 교훈을 줄 수 있을 것이라는 생각으로 이어졌다.

그것이 바로 우리가 이 책을 쓰고 이 프로젝트를 시작하게 된 이유다. 니체를 읽으면서 우리는 기업가 활동과 벤처 투자에서 자주 발생하는 상황, 궁금증, 걱정 따위를 자꾸 떠올리게 됐다. 니체는 단어를 다루는 요령을 알고 있었고, 우리는 그의 글 속에 몇몇 아이디어가 잘 요약된 것을 발견했다. 우리는 니체의 간결하고 함축적인 잠언을 확대·적용하면서 기업가들의 경험담을 수집하기 시작했고, 원하던 성과를 얻었다.

펠드 테크놀로지는 우리의 야망에도 불구하고 결코 혁신적인 기업은 되지 못했다. 1993년에 매각하기 전까지 올린 약 200만 달러의 수익에 만족해야 했다. 우리는 특정한 유형의 성공을 거두기 위한 기반을 탄탄히 다져 놓았기 때문에 다시는 최악의 상황을 겪지 않았고, 결과적으로 우리의 가능성을 재고해야 하는 고통스러운 일은 이제 없었다.

이때의 경험도 '바닥을 치다' 장에서 다루는데, 그걸 보면 우리가 글을 쓰고 기업가들의 경험담을 모으는 동안 왜 니체를 생략하지 않았는지 알 수 있다. 거의 눈이 먼 상태에서 고통 속에 홀로 앉아 있거나 이리저리 걸어 다니던 니체는 깊이 숙고해서 얻은 생각을 세상과 공유했다. 우리는 그의 잠언이 적용될 수 있는 추가적인 각도와 상황을 고민하면서 그의 선례를 따르려고 노력했다. 당신도 니체의 작품이 20세기 내내 그리고 21세기까지 큰 영향력을 행사하고 있다는 사실을 명심하면서 우리와 똑같이 해 보기 바란다.

비즈니스나 기업가 활동과 관련된 문헌에서는 영감이 때로 교육보다 더 도움이 된다. 이 책에는 많은 방법이 제시되어 있지만, 우리는 다양한 관점에서 생각할 거리를 제공하는 것을 목표로 하고 있다. 우리는 리더십, 동기 부여, 도덕성, 창의성, 문화, 전략, 갈등, 지식 문제를 다룬다. 당신과 당신의 기업이 무엇으로 구성되어 있는지 생각해 보기를 권한다. 우리는 당신이 이런 아이디어를 단순히 실행에 옮기는 것뿐만 아니라 의문을 품고 심사숙고하기를 기대한다.

당신은 이 책을 읽으며 때로는 화가 날 테고, 때로는 자부심을 느낄 것이다. 때로는 자기가 정말 알고 있는 게 뭔지 의아해질 테고, 때로는 앞으로 돌격하게 될 것이다. 니체의 다채로운 언어와 우리의 고심, 그리고 기업가들의 몇 가지 이야기가 어우러진 이 책이 당신에게 지적이고 감성적인 기업가적 영감을 안겨 줄 수 있기를 바란다.

니체는 상업 활동이나 사업가를 좋아하지 않았다. 그는 전자는 무신경하고 후자는 고결함이 부족하다고 여겼다. 그러나 니체가 오늘날 살아 있다면 기업가들을 다른 시선으로 바라보지 않았을까. 그는 강렬함과 열정을 흠모했고, 무언가를 창조하는 이들을 깊이 존중했으며, 전통이나 문화적 규범에 얽매이지 않는 '자유로운 영혼'에 대해 길게 썼다. 니체는 "모든 가치의 회복"을 자신의 사명으로 여겼고, 19세기 후반 유럽의 도덕적 전통을 모두 붕괴시키려고 했다.

니체의 캐릭터 차라투스트라는 "나는 작은 승리를 원하지 않는다! … 내가 원하는 건 단 한 번의 위대한 승리뿐이다!"라고 말한다. 이것은 혁신적인 기업가의 사고방식이다. 당신도 창조를 통한 혁신과 혁신을 통한 창조를 이루고 있다면, 프리드리히 니체는 당신의 팬이 됐을 것이고 우리도 마찬가지다.

니체는 읽기 어렵고, 그의 유명한 인용구 중 상당수는 이해가 불가능하다. 우리는 21세기의 언어에 맞게 개작한 짧은 잠언을 통해 니체를 이해하기 쉽게 만들려고 했다. 이 책에 나오는 글 가운데 니체가 직접 쓴 것은 얼마 되지 않으니 걱정할 필요 없다. 그의 망치는 당신을 죽이는 게 아니라 더 강해지게 할 것이다.

니체는 자주 오해를 받는데, 니체나 그의 철학에 대한 몇몇 주류적 인상은 당혹스러울 정도다. 그의 사상이 나치의 제3제국에 영향을 미쳤다는 이야기는 들어 봤을 것이다. 그가 '극보수주의'에 영감을 주고 있다는 최근 기사도 봤을 것이다. 하지만 우리는 니체의 실체적 철학에 대한 가장 강력한 주장, 특히 학자가 아닌 이들이 하는 주장은 의심스럽다는 사실을 알게 됐다.

니체의 작품을 조금만 노력해서 읽으면 니체와 관련해 가장 흔하게 제기되는 걱정과 주장이 기만적이거나 과장된 것임을 알 수 있다. 이를 뒷받침하고 당신이 품고 있을지 모르는 우려를 해소하기 위해, '니체에 대해 들은 이야기를 전부 믿지는 말자'라는 제목의 부록을 이 책에 포함시켰다. 이 부록에서는 일부에서 주장하는 극보수주의와의 연결고리에 대한 저널리즘적 역사를 조사한 결과, 그것이 대부분 낚시성 기사에서 유래된 것임을 밝혀냈다. 분명히 말하지만, 이런 주장에 타당성이 있다고 생각했다면 우리는 절대 이 책을 쓰지 않았을 것이다.

실리콘밸리를 비롯한 스타트업 커뮤니티에서는 스토이즘 철학이 유행하고 있다. 이 프로젝트를 진행하던 중에, 우리는 니체의 접근법이 특히 혁신적인 기업가를 위한 스토이즘의 생산적이고 건전한 속편이라는 것을 깨달았다. 니체에게 있어 기꺼이 부담을 짊어지고 일에 집중하면서 불편함 없이 요구되는 일을 하려는 스토아적 의지는 개인적인 발전의 첫 단계일 뿐이다. 그 단계는 세상을 다시 상상하고 완전히 새로운 가치와 가치 제안을 만드는 데 필요하지만, 그것만으로는 충분하지 않다. 당신이 스토아학파의 원칙을 따른다면, 이 책은 그 토대를 바탕으로 삼을 수 있는 방법을 잠깐 엿보도록 해줄 것이다. 스토이즘이 익숙하지 않더라도 걱정할 필요 없다. 니체 철학의 첫 단계와 겹치는 부분이 상당하므로 여기에서도 비슷한 생각들을 많이 찾아볼 수 있다.

링크트인LinkedIn의 리드 호프먼, 페이팔PayPal의 피터 틸Peter Thiel, 플리커Flickr와 슬랙Slack의 스튜어트 버터필드Stewart Butterfield를 비롯한 몇몇 성공한 기업가들은 대학에서 철학을 공부했다. 철학책을 읽거나 세상에 대해 생각하는 철학적 접근법을 이용해서 삶의 지침과 위안 또는 정신적 자극을 발견하는 이들도 많다. 우리가 당신에게 니체와 그의 철학에 대한 통찰력을 제공할 수 있기를 바라기는 하지만, 이 책이 그의 실제 작품을 읽는 것을 대신할 수는 없다. 니체에 대해 더 깊이 파고든다면 변혁적이고 즐거운 경험을 얻을 수 있을 것이다. 그것을 통해 우리가 준비한 글과 간단한 해석이 제공하는 것보다 훨씬 많은 불편함과 깊은 생각을 경험하게 될 것이다.

이 책의 구성 방식

이 책은 52개의 개별 장(매주 한 장)으로 구성되어 있으며 크게 '전략', '문화', '자유정신', '리더십', '전술' 5개 부분으로 나뉜다. 각 장은 공공 번역을 사용한 니체의 작품 중 하나의 잠언으로 시작하고, 그 잠언을 21세기식 표현으로 각색했다. 그다음에는 기업가 활동에 잠언을 적용한 간단한 글이 나온다. 각 장의 약 1/3은 우리가 아는 (혹은 세간에 알려진) 기업가가 잠언이나 글, 또는 양쪽 모두에 해당하는 개인적인 경험에서 우러난 구체적인 이야기를 들려준다.

각 잠언과 이어지는 글과 예시를 자신의 사업 상황에 맞게 숙고하는 것이 중요하다. 장을 하나씩 훑어보기보다는, 주중에 잠언과 글, 기업가들의 경험담에 대해 곰곰이 생각해 보는 걸 추천한다. 당신의 회사에서 일어나고 있는 일들과 일치하는가? 도움이 되는 것 같은가? 아니면 당신이 해야 하는 일과 반대되는 것 같은가? 당신의 조직에 그 장을 읽고, 생각하고, 토론해서 이익을 얻을 수 있는 사람이 있는가? 내용을 대충 훑어보는 게 아니라 좀 더 곱씹어 보길 바란다.

니체의 작품을 읽어 본 적이 없고 100년 전에 쓰인 글을 읽는 데 익숙하지 않다면, 잠언을 각색한 문장을 먼저 읽는 게 좋다. 그런 다음에 실제 잠언을 읽으면 된다. 글을 다 읽은 뒤에 다시 잠언으로 돌아가자. 일하면서도 잊지 않도록, 떠오르는 생각을 잠언과 연결하는 데 힘을 쏟자. 한 주 동안 그 장을 두세 번씩 읽어도 전혀 부끄러워할 일이 아니다.

각 장을 특정한 순서대로 읽을 필요는 없으며, 각 장을 읽을 때의 전제 조건이나 종속되는 부분도 없다. 각 장 사이에 상호관계가 있는 경우, 그 사실을 본문에 표시했다. 당신의 흥미를 자극하는 장으로 넘어가서 거기서부터 시작하면 된다.

처음에 나오는 두 개의 주요 섹션인 '전략'과 '문화'는 당신의 사업에 관한 것이다. 그다음 두 개인 '자유정신'과 '리더십'은 리더며 기업가로서의 당신에 관한 것이다. '전술'은 대부분 의사소통에 관한 것이다. 각 주요 섹션에 포함된 장은 가볍고 논리적인 흐름에 따르도록 순서를 정했다.

주요 섹션이나 책 전체에서 니체나 기업가 활동을 포괄적으로 다루지는 않는다. 니체는 기업가 활동에 대한 글을 쓰지 않았지만, 그의 작품 중 기업가 활동에 적용할 수 있는 범위가 눈에 띈다. 하지만 당연히 큰 차이가 있을 수밖에 없다. 심지어 그의 표면적인 주제들만 살펴봐도, 니체의 작품은 체계적이거나 포괄적이지 않다.

부록도 3가지를 포함시켰다. 이 책을 이해하는 데 반드시 필요한 것은 아니다. 부록 1은 니체와 영향을 주고받은 사람들의 전기와 개요를 포함하고 있다. 부록 2는 니체에 대해서 들은 사실을 모두 믿지는 말라는 글이다. 이것은 그의 작품과 삶에 대한 입문적인 통찰을 제공한다. 부록 3에는 우리가 선택한 니체의 잠언의 출처와 번역가를 정리해 뒀다.

우리의 해석적 접근법

우리는 니체를 연구하는 학자가 아니고 이 책은 니체를 학문적으로 다룬 책도 아니다. 우리는 또 기업가 활동을 연구하는 학자가 아니며, 이 책은 기업가 활동과 관련된 문제를 학문적으로 다루지도 않는다. 그러나 우리는 창업자와 투자자로서 상당한 경험을 겪었다. 우리의 목표는 이 책에 니체의 아이디어, 우리의 경험과 추론, 그리고 우리가 아는 기업가들의 사례를 모아서 당신의 기업가로서의 여정을 위해 옳은 시각과 영감을 제공하는 것이다.

우리는 니체의 잠언 중에 기업가 활동의 중요한 측면을 반영하는 잠언을 선택했다. 그러면서 되도록 의미가 불투명한 잠언은 피하고 다채로운 잠언을 골랐다. 니체의 작품 전반에서 잠재적인 통찰력을 폭넓게 찾으려 노력했지만 몇몇 위대한 잠언은 놓쳤을 것이다.

또한 문학 평론계에서 논쟁하길 좋아하는 복잡한 암시와 미묘한 상징성보다는 니체의 말과 은유에 대한 표면적 해석에 의존했다. 그런 더 심오한 해석은 대부분 논쟁의 여지가 있다. 우리는 당신이 자기 자신과 자기 사업에 대해 생각할 수 있는 책을 쓰려고 했을 뿐이므로, 그런 논쟁은 우리의 범위 밖이다. 우리는 규범적인 방식으로 이 책을 썼지만, 그렇다고 해서 당신이 반드시 우리 의견에 동의해야 하는 것은 아니다.

우리는 니체의 아이디어를 기업가 활동의 영역에 자유롭게 적용했다. 많은 잠언은 시인, 작곡가 같은 예술가를 향한 것이다. 리더에 대한 니체의 개념은 대개 철학적 리더(그는 자신을 철학적 리더라고 여겼다)나 정치적 리더다. 우리는 기업가를 다른 종류의 창조자, 지도자, 파괴자로 여기며 니체의 아이디어는 우리의 새로운 응용을 수용할 수 있을 만큼 깊고 일반적이라고 믿는다. 니체의 잠언이 글에 영감을 준 경우도 있지만 그걸 직접 적용하거나 해석하지는 않았다.

당신은 또 기업가들의 이야기 중 일부는 니체의 말이나 우리의 설명과 정확히 들어맞지 않는다는 것을 알게 될 것이다. 우리는 '요점을 정확히 파악'하기 위한 설명을 제공하지 않는다(일부는 그런 효과를 달성했지만). 대신 잠언과 우리의 글을 읽은 다음에 특정 기업가의 마음이 어디로 향했는지 이야기했다. 각 장에서 다뤘거나 당신에게 영감을 불어넣은 아이디어, 혹은 우려에 한계를 느끼지 않기를 바란다.

이 책에 나오는 경험담은 인위적인 비유가 아닌 실제 이야기다. 니체는 우리의 추상적인 개념과 일반적인 원칙은 일종의 환상이며 종종 오해를 불러일으킨다고 말했다. 따라서 이런 경험담은 단순히 색을 추가하는 게 아니라 주제에 대한 구체적이고 독립적인 각도를 제공한다.

질 들뢰즈Gilles Deleuze가 그의 고전《니체와 철학Nietzsche and Philosophy》에서 말했듯이, "일화는 삶에 대해 잠언이 생각하는 것과 같은 역할을 한다. 즉 해석 대상이 되는 것이다." 같은 맥락에서 '경험담'이라는 단어는 해석을 내포하고 있고, 우리는 바로 그런 이유 때문에 그 표현을 선택했다. 우리는 이런 이야기들이 사실인지 확인하려고 하지 않았다. 그것을 객관적인 저널리즘의 시도로 해석해서도 안 된다. 그보다는 벌어졌던 중요한 일에 대한 기업가의 해석으로 봐야 한다.

이 책을 니체가 좋아했을 거라는 꿈은 꾸지도 않았다. "최악의 독자는 약탈하는 군인처럼 행동하는 이들이다. 그들은 자기가 사용할 수 있는 것들만 꺼내고, 나머지는 더러움과 혼란으로 뒤덮으면서 전체를 모독한다." 우리가 후자와 같은 짓을 많이 하지 않았기를 바라지만, 우리가 사용할 수 있는 것만 선택했다는 건 분명 기회주의적인 행동이었다.

마지막으로, 니체가 자신의 작품에 대해 한 말을 기억하자.

"이것 또한 해석일 뿐이라는 것을 인정한다. 그리고 당신은 이에 반대할 만큼 열심일 것이다. 글쎄, 그 편이 훨씬 낫다."

모든 것이 해석일 뿐이라는 그의 주장도 또 다른 해석일 뿐이다.

1

전략

STRATEGY

기업가 활동에서 과도하게 남용되는 단어, '전략'부터 시작해 보자. 구글에서 간단히 검색만 해봐도 고전적인 정의의 토끼 굴, 손자의 《손자병법》, 피터 드러커Peter Drucker의 편지, 마이클 포터Michael Porter의 모든 책(《마이클 포터의 경쟁전략Competitive Strategy》 외) 등 MBA가 다른 어떤 책보다 많이 참조할 듯한 책들이 나온다.

니체는 경영 이론가나 리더가 아니었지만, 전략에 대한 그의 본능은 선견지명이 있었다. 그의 통찰력이 역사에 대한 첨예한 지식을 바탕으로 했을 뿐 아니라, 인간 본성과 심리학의 영속적인 요소를 기초로 삼고 있었기 때문이다. 그는 점진적인 변화와 근본적인 혁신의 차이를 본능적으로 이해했다. 그는 일을 하는 데 있어 올바른 방법은 단 하나가 아니라는 점을 알아차렸다. 가장 중요한 점은, 변화가 하룻밤 사이에 나타나는 것처럼 보일지라도 실은 시간이 걸린다는 것을 그는 알았다는 것이다.

'전략적 계획 과정'을 지칭하지 않는 한, 전략에서 '계획'이라는 단어는 제외될 때가 많다. 니체는 특히 야심 찬 진보와 붕괴의 맥락에서 계획의 중요성과 어려움에 대한 관점을 우리에게 제공한다. 무언가를 성취하려고 하는 사람은 이정표와 목표의 차이를 이해해야 한다는 것이다.

니체의 글은 도전적일 수 있다는 걸 기억하자. 천천히 큰 소리로 읽어 보라. 그가 말하는 것을 보강하고 나중에 그 장을 기억하는 데 도움이 되도록 종이에 써보는 것도 방법이다. 그리고 그 장을 다 읽은 뒤에 다시 훑어보자.

지배

"우리는 어떻게 이겨야 하는가. 상대를 제압할 수 있는 가능성이 오직 머리털 한 올 만큼밖에 없다면, 승리를 갈망해서는 안 된다. 훌륭한 승리란 패배한 자들을 기쁘게 하는 것이다. 훌륭한 승리에는 굴욕을 덜어 줄 만한 신성한 것이 존재해야 한다."

《인간적인, 너무나 인간적인》, 방랑자와 그의 그림자 #344

| 현대적으로 읽기 |

우리는 아슬아슬한 승리를 노려서는 안 된다. 훌륭한 승리는 경외심을 불러일으키고 너무나도 압도적이어서 패자조차 감명을 받고 자신들의 패배에 굴욕감을 느끼지 않는다.

성공한 제품을 보유한 대기업은 점진적인 개선과 이점에 집중하는 경향이 있다. 시장 점유율이 0.1퍼센트 늘거나 마진이 낮은 제품의 총이익이 2퍼센트만 증가해도 순이익이 수백만 달러에 달할 수 있다.

이런 식의 최적화는 기업가의 영역이 아니다. 이런 식으로는 기회가 늘거나 제품이 실질적으로 개선되지도 않는다. 당신은 현재의 상황을 완전히 혁신하고, 일반적인 수준보다 최소 10배 이상 나은, 새로운 업무 방식을 제시해야 한다. 이는 과장이 아니다. 일부 투자자는 자신의 투자 수익뿐만 아니라 상품이 제공해야 할 개선 수준에도 '10배'라는 개념적인 경험 법칙을 적용한다. 여기에는 여러 실질적인 이유가 있다. 기존 기업은 검증된 운영 프로세스, 조직 구조, 업계 관계, 판매 전략을 보유하고 있으나 당신은 이런 것이 없다. 이를 구축하는 과정에는 상당한 위험이 따르며, 단 한 번의 실수가 제품의 모든 이점을 압도할 수 있다.

기존 기업에게는 브랜드가 있다. 그 브랜드가 비록 높은 평가를 받지는 못하더라도 고객들은 그것을 '익숙하게' 받아들인다. 모든 변화에는 대가가 따르므로 고객은 잠재적인 이득이 비교적 적을 때는 변화를 시도하지 않는다. 투자자들은 빠르게 성장할 기업을 찾지만, 투자자들이 바라는 만큼의 빠른 성장은 당신의 비전이 아주 괜찮을 때만 가능하다. 직원들은 사소한 부분의 수정보다 '세상을 바꾸는 일'에서 훨씬 큰 동기를 부여받는다.

이런 혁신적인 개선이 항상 새로운 기술의 결과인 것은 아니다. 때로는 새로운 조직 프로세스, 서비스 제공 모드, 영업과 마케팅 방식이 크게 개선된 덕분일 수도 있다. 이런 쪽에서 기존 문제에 새로운 방식으로 접근하면 완전히 새로운 제품을 내놓은 것만큼 극적이고 압도적인 효과를 얻을 수 있다.

당신이 기존 경쟁사의 사업을 방해하고 그들의 오래된 제품 군을 쇠퇴시킨다면 그들이 '기뻐할' 리는 없을 것이다. 하지만 그 기업의 임원이나 개별적인 기여자들이 당신 회사에 합류하고 싶어 한다면, 당신은 스스로가 뭔가 '대단한' 것을 창조했다는 사실을 깨닫게 될 것이다. 그들은 해당 비즈니스 영역의 베테랑이기 때문에, 그것이 미래라는 사실을 깨닫는 이들도 있을 것이다. 그들은 당신의 회사가 자신들을 이겼다는 데 굴욕감을 느끼기보다, 그들의 터전인 이 업계에서 새로운 영감을 찾으려 한다.

기회에 대해 생각할 때는 기존 기업의 진취적인 직원들이 당신의 제안에 흥분할 정도로 매력적인 기회는 무엇인지 상상해 보자. 그들 중 몇 명에게 직접 물어보는 것도 좋은 방법이다.

혁신적인 변화를 일으킬 기회를 찾는 방법에 대한 자세한 내용은 '당연한 일을 하는 것', '놀이와 같은 성숙함', '일탈'을 참조하자. 크게 생각하는 것과 관련된 또 다른 관점은 '연쇄 창업가'를 참고하면 된다.

나만의 길을 찾자

" '이것이 — 지금 나의 길이다. 그대들의 길은 어디 있는가?'라고 나는 나에게 '길'을 묻는 자들에게 대답했다. 다시 말하면 그 길은 존재하지 않는 것이다."

《차라투스트라는 이렇게 말했다》, 3부, 중력의 영에 대하여

| 현대적으로 읽기 |

사람들은 종종 나에게 어떻게 해야 하냐고 물어본다. 나는 그들에게 내 방법을 알려 준 다음, 그들이 어떻게 할 것인지 되묻는다. 왜냐하면 방법이 늘 하나만 존재하는 것은 아니기 때문이다.

니체의 철학은 사물을 바라보는 방법이나 살아가는 방식이 매우 다양하다는 것을 강조한다. 그의 이런 접근 방식을 '관점주의 perspectivism'라고 한다. 우리는 이를 기업가 활동에 적용해서 회사를 설립하고 기업가가 되는 데도 다양한 방법이 있음을 보여 줄 생각이다. 이 책에서는 간혹 의도적으로 모순된 조언을 하기도 하는데, 이는 테크스타Techstars, 창업가들의 성공을 도와주는 글로벌 네트워크 프로그램에서 자주 볼 수 있는 '멘토 위플래시mentor whiplash'라는 방식이다. 결국 누구에게 어떤 조언을 얻든, 당신과 회사가 나아갈 길을 최종적으로 결정하는 사람은 당신 자신이다.

경험 많은 사업가들이 특정한 상황에 딱 맞는 답을 어떻게 알고 있는지 궁금하게 여긴 적이 있는가? 그들은 종종 올바른 경로에 대해 아주 확신에 차 있는 것처럼 보이고, 그들과 동일한 경로를 택하도록 당신에게 권할 수도 있다. 지금까지의 사업 경험이 그들에게 그런 믿음을 만들어 냈다. 하지만 정말로 경험 많은 사업가들이 대표적인 표본을 가지고 통제된 상황에서 공정한 연구를 해본 적이 있을까? 자신의 견해가 유효한 조건 범위가 어느 정도인지 충분히 조사해 봤을까? 아마 그러지 않았을 것이다. 드물겠지만, 특정한 방법이 더 좋거나 나쁘다는 사실을 학문적으로 증명한 연구가 있을 수도 있다. 하지만 이럴 때 취해야 하는 정확한 행동이나 적용 가능한 상황 범위를 확실하게 규정하는 것은 쉽지 않다.

사업가들은 대개 확실한 경험적 증거보다는 일화나 근거 없는 믿음을 바탕으로 경험과 지혜를 쌓는다. 기계 학습 분야에서는 데이터가 많을수록 효과적인 추론이 가능하다는 사실이 증명됐다. 그래서 다양한 사례를 살펴본 사람은 어느 정도 타당한 직관적 견해를 발휘하게 되고 통계에 대한 식견도 생긴다.

일례로 어떤 임원이 여러 조직에서 대규모 영업 팀을 성공적으로 구축한 경험이 있다면, 영업 사원 채용과 관련된 직감이 꽤 괜찮다고 인정할 수 있다. 반면 성공한 회사를 딱 하나만 경영해본 사람의 경우, 누군가 전략 때문에 고민할 때 조언을 해주거나 자기가 적합한 전략을 알고 있다고 자신할지도 모르지만, 그 생각이 정말로 옳은지 확신할 수는 없다. 많은 전략을 살펴본 투자자들이 오히려 잠재적 전략의 세부 사항에 대해 더 뛰어난 통찰력을 발휘할 가능성도 있다. 경험은 과거에 얻은 것이고 세상은 항상 변하고 있으며 변화 속도는 점점 빨라지고 있다는 사실을 잊지 말자.

오늘날에는 기업가 활동을 실천하는 과정이 몇 십 년 전보다 전문적이고 표준화됐다. 하지만 벤처 캐피털뿐만 아니라 엔젤 네트워크나 창업 기획자(액셀러레이터) 등 표준화된 자금 조달원이 증가한 탓에 다들 일을 처리하는 올바른 방법은 오직 하나뿐인 것처럼 군다. 이들은 모두 비슷한 계약서를 사용하고 비슷한 이사회 구조로 일한다. 또 비슷한 기술 분야에 주력하는 경향이 있다. 이는 편하게 살면서 사업 성공 기회는 늘리고 싶은 투자자들의 욕망에서 비롯된 것이다. 외부 자금 조달이나 액셀러레이터 프로그램 없이 혼자 힘으로 회사를 설립하려는 사람은 기본적으로 이와 완전히 반대되는 성향의 기업가라고 할 수 있다.

회사를 운영하는 올바른 방법이 딱 하나 있다고 하더라도(아마 없을 테지만) 그게 무엇인지 정확하게 아는 사람은 아무도 없다. 당면한 과제와 개개인의 특이한 경험에 따라 조언은 얼마든지 달라진다. 그러니 당신은 스스로 길을 찾아야 한다.

자기 방식대로 일을 처리하는 것과 경험 부족으로 실수를 저지르는 것은 종이 한 장 차이다. 처음 사업을 하는 사람은 세상이 돌아가는 방식이 잘못됐다고 주장하면서 자기 회사에서는 좀 다르게 해보려고 애쓴다. 하지만 그 결과 세상이 바뀌거나 개선되는 것이 아니라, 고생만 실컷 하다가 결국 세상이 그렇게 돌아가는 이유가 뭔지 깨닫게 되는 경우가 많다. 그래서 때로는 세상 사람들이 어떤 일을 어떻게 하는지 간단하게 말해 주는 것이 경험 많은 사람이 해줄 수 있는 최고의 조언일 때도 있다. 이런 조언은 그 자체로 큰 가치가 있다.

어떤 분야에서든 혁신을 이루려면 많은 노력을 기울여야 한다. 당신 회사가 새로운 상품만 제공하는 것이 아니라 완전히 새로운 조직 구조와 새로운 유통 방식, 독특한 자금 조달 전략까지 시도하고 있다면, 행운을 빈다. 이런 경우, 어느 한 부분에서 불가피하게 발생하는 반대와 싸우는 동안 다른 부분에서는 실패할 가능성이 크다. 유럽을 정복하고 싶다면 두 개의 전선에서 동시에 싸워서는 안 된다. 그런 행동에는 대가가 따르게 마련이다.

회사를 설립하고 운영하는 데 있어 유일무이한 정도正道 같은 것은 없다. 그러니 자기만의 길을 찾아야 한다. '아무렇게나' 회사를 운영하면서 무조건 잘 되리라고 기대해도 된다는 이야기는 아니다. 한꺼번에 너무 많은 분야를 혁신하려다가 사방에서 나타나는 장애물 때문에 무너질 수도 있다. 니체는 이런 역경을 이해할지도 모른다. 그도 한창 활발하게 저술 활동을 하던 시절에는 이름이 거의 알려지지 않았고 책도 별로 팔리지 않았으니까 말이다.

자기 길을 간다는 것이 의미하는 바에 관한 자세한 내용은 '일탈', '두 유형의 리더', '결과'를 참조하자. 경험이 풍부한 조언자가 초보자의 실수를 방지하도록 도와주는 방법은 '성숙'을 참조하자. 또 투자자와 다른 사람에게서 받은 조언을 평가하는 방법에 대한 자세한 내용은 '강한 믿음'과 '격한 사람들'을 참조하자.

대니얼 벤하무Daniel Benhammou의 경험담

에이사이클리카Acyclica 설립자 겸 CEO

내가 처음 설립한 회사는 해밀턴 시그널Hamilton Signal이라는 회사였다. 창업 자금을 마련하려고 가족과 친구에게 돈을 좀 빌리긴 했지만 대부분 혼자 힘으로 마련했다. 하지만 자본 부족으로 회사의 성장이 저해되는 듯했고, 수입과 지출 균형을 맞추느라 개인적으로도 많이 힘들었다. 해밀턴은 다른 회사에 매각할 때도 여전히 규모가 작은 회사였고, 매각 수익 대부분은 쓰지 않고 잘 모아 뒀다.

몇 년 전에 에이사이클리카를 시작했을 때, 투자 자본을 이용해 사업을 더 빨리 진행하고 일상적인 현금 흐름 압박을 피하고 싶어서 투자자들(엔젤 투자자와 벤처 캐피털 모두)을 만나 내 계획을 이야기했다. 이들은 교통 상황을 개선하고 혼잡을 줄이는 기술을 공공기관에 판매하겠다는 계획이 건실한 사업이 될 거라고 여기지 않았다. 그들은 공공기관과 일할 때 생기는 긴 영업 주기를 걱정했고, 우리가 신속하게 제품을 배치하고 확장할 능력이 있는지 우려했다. 늘 그렇듯이 시장 규모와 차별성에 대해서도 조바심을 냈다.

당시 나는 그것이 가능하다고 판단했고, 우리가 일단 상품을 만들어서 판매하면 투자자들에게 이 시장의 가능성을 보여 줄 수 있을 거라고 생각했다. 그래서 다시 혼자 힘으로 자금을 모았다. 우리는 안정적인 고객 기반과 유통 네트워크를 통해 에이사이클리카의 매출을 300만 달러까지 늘렸다. 그리고 다시 벤처 투자자들을 만날 준비를 했다. 그들을 설득하기 위한 자료를 만들고, 친구들과 조언자들과 상담을 하고, 잠재 투자자들을 만나기 시작했다.

하지만 투자자들의 반응은 놀라울 정도로 변함이 없었다. 성공을 거둔 결과를 보여 줬음에도 잠재 투자자들은 공공 기관을 고객으로 상대하는 회사에 투자하기를 불안해했다. 자금을 모으는 데 6개월이나 들여 집중했지만, 더는 이 막다른 길을 계속 갈 여유가 없다는 사실을 깨달았다. 그래서 돌아와서 내 사업을 직접 키우기로 했다. 투자자를 만나 자금을 모으기보다 제한된 자본을 이용해서 파트너들과 함께 일하는 데 집중했다. 이를 통해 비용 효율은 높지만 자본 집약적이지는 않은 방식으로 영업, 유통, 지원을 확대할 수 있었다.

그래도 벤처 캐피털, 사모펀드 투자자, 잠재적 인수자와 만난 덕분에 평소 같으면 스스로에게 물어보지 않았을 질문들을 던질 수 있었다. 그런 사고 과정을 거치면서 우리가 수집한 데이터의 전략적 가치에 초점을 맞추게 됐다. 우리는 공공 기관과 계속 협력하며 사업을 이어 나갔지만, 결론적으로 사업 자체는 데이터 사업으로 바뀌었다. 나는 지금도 에이사이클리카의 진정한 가치는 데이터와 공공 기관 고객의 강력한 네트워크 위에 구축될 것이라고 낙관한다.

당연한 일을 하는 것

"또한 영웅의 가치를 생각해 보라. 여기 열매가 익자마자 나무를 흔드는 것 외에는 아무 일도 하지 않은 영웅이 있다. 그것이 별일이 아니라고 생각하는가? 그렇다면 그가 흔든 나무를 보라."

《인간적인, 너무나 인간적인》, 방랑자와 그의 그림자 #347

| 현대적으로 읽기 |

어떤 사람은 명백해 보이는 일을 했기 때문에 영웅이 됐다. 그렇다고 해서 그들의 영웅적인 성과가 과소평가되는가? 그 결과를 보라.

스타트업은 적절한 시기와 적절한 장소에 있어야 성공한다. 그 것이 어떻게 이루어졌고, 얼마나 어려웠는지는 사업의 관점에서 볼 때 크게 중요하지 않다.

요즘 같은 경쟁 사회에서는 새로운 벤처 기업을 설립하고 기회를 찾는 과정도 전문적이고 체계적으로 진행된다. '열매가 익자마자 나무를 흔드는 것', 즉 해결될 준비가 된 미해결 문제를 찾아내는 것은 흔히 할 수 있는 일이 아니다. 가끔 다른 기업가들이 같은 기회를 발견할 때도 있다. 그런 경쟁자가 아예 없으면 오히려 투자자들은 그것을 적신호로 여기고 꺼리기도 한다. 경쟁자가 없다는 것은 시장이 아예 존재하지 않거나, 시기가 너무 이르거나, 투자를 노리는 기업가가 다른 사람들이 뭘 하는지 제대로 이해하지 못한다는 뜻일 수도 있기 때문이다.

어떤 사업가들은 남들 눈에 띄지 않은 잘 익은 과일을 찾아낸다. 그들은 해당 산업에 이미 종사하고 있거나 전문가로서 활약하고 있는 경우가 많다. 이렇게 유리한 지점에 있으면 새로운 기회가 생겼을 때 바로 알아볼 수 있다. 그리고 문제를 겪고 있는 잠재고객에게 매력적이면서도 효과적인 해결책을 제시할 수 있다. 문제가 있다는 것을 알아차린 사람은 많을지 모른다. 그러나 해결책을 찾을 준비가 되어 있거나 그럴 마음가짐을 가진 사람은 적다.

해당 분야의 전문가라면 더 멀리 내다보거나, 당장 눈앞에 있는 중요한 문제를 해결하는 것보다 어려운 일을 할 필요가 없다. 당신이 회사를 운영하고 있을 뿐, 해당 분야의 전문가는 아니라면 전문가를 찾아가 파트너 관계를 맺도록 하자. 전문가는 당신이 기회를 찾을 수 있도록 도와주고 해당 분야에 익숙하지 않아서 할 수 있는 여러 실수를 방지해서 당신의 고통을 덜어 줄 것이다. 궁극적으로 전문가인 파트너는 산업 구조와 해당 분야의 기본적인 가정들assumptions, 중요 업체 파악을 위해 들여야 할 수개월 혹은 수년의 시간을 절약해 줄 수 있다. 무엇보다 중요한 것은 당신이 고심하고 있는 문제를 해결하는 데 도움을 받을 수 있다는 점이다.

물론 해당 분야에 대한 전문지식이 없는 기업가도 남들보다 먼저 기회를 발견할 수는 있다. 그러나 그렇게 하기 위해서는 상당한 행운과 남들보다 빠른 실험, 가설 테스트, 반복이 결합해야 한다. 군더더기 없고 민첩한 창업을 하기 위해서는 제품에 맞는 시장과 시장에 맞는 제품을 찾아야 하고, 그러기 위해서는 일반 영역을 대상으로 다양한 요소를 탐색하는 것부터 시작해야 한다. 근처에 기회가 있을 수도 있지만 없을 때도 있다. 기업가가 가장 먼저 찾을 때도 있지만 그렇지 않을 때도 있다.

'익은 과일'을 찾는 것은 시작에 불과하다. 그다음에는 '나무를 흔들어야' 한다. 아이디어에 전념하면서 제품, 고객층, 조직을 구축해야 한다. 창업을 준비하는 사람이 모두 이렇게 하는 것은 아니다. 때문에 이 과정을 준비하는 사람은 기업가이자 영웅이 될 수 있다.

성숙된 기회를 찾는 과정에 대한 자세한 내용은 '정보', '바닥을 치다', '놀이와 같은 성숙함'을 참조하자.

제이슨 멘델슨Jason Mendelson의 경험담

파운드리 그룹Foundry Group 명예 창립 파트너,
SRS 아퀴옴SRS Acquiom 공동 설립자

이 이야기를 읽으면 당신은 내가 왜 스스로를 영웅으로 여기지 않는지 알게 될 것이다. 나는 불평만 늘어놓지 않고 실제로 새로운 일을 실행하는 진취적인 사람은 누구나 인정받을 만하다고 여긴다. 그러나 나는 그저 혼자 힘으로 아주 큰 문제를 해결하고 있었던 것뿐이다.

기업을 인수할 때 매입 대금을 마지막에 모두 지급하는 경우는 극히 드물다. 거래의 일부분이 무효가 되는 경우에 대비해서, 매수자를 보호하기 위해 대금 일부를 '에스크로escrow'하는 경우가 많다. 간단한 예로, 매각 측이 매수자에게 대차대조표에 반영된 것보다 훨씬 많은 돈을 빚진 경우를 들 수 있다. 또 차후 정산이나 거래가 종료된 후에 진행해야 하는 다른 과정이 있을 수도 있다. 이를 관리하기 위해 거래 문서에 매각 측 주주의 이익을 대변하는 '주주 대리인'을 지정한다. 예전부터 이런 대리인 지정은 매각 주주 중 한 명이 '자발적으로' 나서면서 마지막 순간에 결정

되곤 했다.

2000년에 나는 뫼비우스 벤처 캐피털Mobius Venture Capital(당시에는 '소프트뱅크 테크놀로지 벤처스Softbank Technology Ventures'라는 이름이었다)의 고문변호사로 일하게 됐다. 뫼비우스는 25억 달러를 운용하는 대형 펀드였다. 당시에는 법률 고문을 둔 작은 벤처 기업은 몇개 있었지만 대형 벤처 기업은 없었다. 우리가 투자한 회사가 인수됐을 때, 내가 주주 대표로 선임된 건 당연한 결과였다. 그것은 변호사라는 직업상 해야 하는 업무 중 하나일 뿐이었다.

몇 년 만에 나는 약 30개 회사의 주주 대표가 됐다. 이런 상황을 경험한 것은 내가 최초였을 것이다. 예전에는 이런 임무를 더많은 사람에게 분산시켰기 때문이다. 업무량이 상당했지만 그래도 감당할 수 있는 수준이었고, 나는 곧 주주 대표 분야의 전문가가 됐다.

난 2억 달러의 에스크로가 설정된 운명적인 대규모 거래의 주주 대표를 맡았다. 그 거래는 매수측이 에스크로를 청구해야 하는 날짜가 정해져 있었다. 에스크로를 100퍼센트 지급해 달라는 청구를 받은 것은 그 마감일이 며칠이나 지난 후였다. 나는 매수자에게 안타깝지만 청구가 너무 늦었다고 말했다. 그러자 그들은 기업을 매각한 회사를 고소하고 나까지 개인적으로 고소하면서 1억 5000만 달러를 요구했다. 그 역할이 새로운 반전을 맞게된 것이다.

당시 나는 뫼비우스에서 하던 역할을 계속하면서 파트너 몇 명과 함께 새로운 펀드인 파운드리 그룹을 설립하기 위해 콜로라도로 거처를 옮기고 있었다. 콜로라도 번호로 새 전화를 개통해야 해서 매장에 방문했을 때였다. 매장 직원은 내 신용카드를 사용할 수 없다며 거부했다. 다른 신용 보고서는 훌륭하지만, 소송 기록이 남아 있었기 때문이다. 그 순간 '내가 주주 대표여서 새 전화도 개통을 못 하는구나!' 하고 깨달았다.

나는 파운드리 그룹을 위해 사력을 다했지만, 당시 자금 사정은 상당히 나빴다. 때문에 내 '주주 대표 문제'를 해결하기 위한 새 사업을 시작해야겠다고 결심했다. 이 사업이 파운드리 그룹을 위한 자금을 모으지 못했을 때를 대비한 대안이 되지는 않을까, 하는 생각도 있었다. 다른 법률 고문들도 나와 같은 주주 대표 문제를 겪기 시작했다는 걸 알고 있었고, 더 중요한 것은 일반적으로 매각 측 주주들은 경험이 풍부한 대표를 둔 경우가 별로 없기 때문에 매수인보다 불리한 상황이라는 점이었다. '믿을 만한' 타사 주주 대표는 거의 모든 인수 거래에서 유리한 입장을 차지하고 있다. 이것이 SRS 아퀴옴이 나무에서 따야 하는 '열매'였다(SRS는 '주주 대표 서비스Shareholder Representative Services'의 약자다).

나는 파운드리 업무에 전념하느라 SRS를 직접 운영할 수 없었기 때문에 공동 설립자와 CEO를 찾아야 했다. 내 친구이자 동료인 폴 쾨닝Paul Koenig이 내가 중요하게 여기는 여러 기준에 완벽하게 들어맞는다는 것을 알았다. 유일한 문제는 폴이 자기 이름을 건 로펌을 운영한 지 1, 2년밖에 안 됐다는 것이었다. 그가 마음을 돌리기까지 거의 3주가 걸렸다.

SRS는 현재 주주 대표 서비스 분야에서 가장 잘 나가는 회사다. 폴은 훌륭한 CEO고, 로펌 창업자로서 안정적이고 돈벌이가 되는 경력을 버릴 용기가 있는 영웅이다. 파운드리는 2007년에 첫 번째 자금 조달에 성공했고, 나는 모든 주주 대표 업무를 SRS에 넘길 수 있었다. 그 이후로 나는 그런 역할을 맡은 적이 없다. 그리고 이제는 내가 원하는 전화와 전화번호는 다 얻을 수 있다.

장애물 극복

"저항에 대한 놀라움—우리는 무언가를 꿰뚫어 볼 수 있게 됐을 때 그것이 더 이상 저항할 수 없다고 생각한다. 그리고 그것을 꿰뚫어 볼 수는 있지만 뚫고 나갈 수는 없다는 사실에 놀란다! 이는 파리가 유리창 앞에서 겪는 것과 같은 어리석음과 놀라움이다."

《서광》#444

| 현대적으로 읽기 |

우리는 무언가를 이해하면 그것을 반드시 극복할 수 있다고 생각한다. 변화를 위해 할 수 있는 것이 아무것도 없는 것처럼 보이는 데도 기대했던 대로 일이 전개되면 놀라고 만다. 이것은 파리가 몇 번이고 창문에 몸을 부딪치는 것과 같은 어리석은 행동이다.

기업가 활동은 때로 장애물 코스처럼 느껴진다. 앞으로 나아가려고 할 때마다 뭔가가 우리 앞길을 가로막는다. 그걸 뚫고 나가거나 우회해야 하므로, 계획을 진행하려면 항상 예상보다 시간이 오래 걸린다.

기업가 중에는 낙천주의자가 많다. 당신은 자기가 가고 싶은 곳이 어디인지 볼 수 있고, 당신을 그곳까지 데려다줄 자신감과 열정이 있다. 예상치 못한 장애물이 생기면 물론 놀랄 수밖에 없다. 니체는 이 감정을 잘 포착했다. 집 밖으로 나가려는 파리가 유리에 부딪히는 소리를 들어 본 적이 있을 것이다. 자기가 가야 할 길이 보이지만 유리 때문에 계속 놀라게 되는 것 말이다.

이 패턴을 깨는 것은 어렵다. 사업이 성공하려면 팀을 위해 과감한 목표를 세우고 달성해야 한다. 하지만 당신은 예상치 못한 장애물이 나타날 것을 알고 있고, 장애물은 그저 더 열심히 노력하는 것만으로는 극복할 수 없다. 이것 때문에 갈등이 생기고 결국 실망을 느낀다.

이 문제를 해결할 수 있는 묘책은 없다. 하지만 문제를 풀어나가기 위한 첫 번째 단계는 바로 그런 일이 발생했을 때 놀라거나 속상해하기를 멈추는 것이다.

두 번째 단계는 끈기만으로는 장애물을 뛰어넘을 수 없다는 사실을 깨닫는 것이다. 가끔 문제가 해결되는 데에 생각보다 오랜 시간이 걸리기도 한다. 또 당신의 접근법이 잘못됐을 수도 있다. 유리창의 비유를 확대해서 이를 설명하자면, 창문이 열려 있을 수도 있으니 열려 있는 곳을 찾는 것이 관건일 수 있다는 것이다. 창문이 꽁꽁 닫혀 있다면 다른 출구를 찾아 집 안을 이리저리 날아다니는 것이 유일한 해결책일 수도 있다.

다른 루트를 찾기 위해 얼마나 더 같은 창문에 뛰어들어야 할까? 이 질문에 확실한 답은 없다. 하지만 끈기나 전략 변경 모두 항상 옳은 해결책을 가져다주는 것이 아니라는 것을 인식한다면, 당신은 기회를 잡을 수 있다. 때로는 경험이 풍부한 사람에게 얻는 조언이 큰 도움이 된다.

창문을 향해 날아갈 때 놀라지 말자. 그리고 언제 어느 정도로 방향을 바꿔야 창문을 빠져나갈 수 있을지 잘 생각해 보자.

경험이 많은 조언자에 대한 자세한 내용은 '성숙'을 참조하자. 끈기에 대한 다양한 관점은 '지속성', '혁신에 대한 인내심', '단호한 결정'을 참조하면 된다.

랠프 클라크의 경험담

샷스파터Shotspotter CEO

샷스파터는 범죄 감소와 생명 구조를 위해, 총성을 감지해서 그 위치를 확인 및 경고하는 하드웨어와 소프트웨어 시스템을 구축하는 회사다. 내가 샷스파터의 CEO로 합류했을 당시, 우리 회사의 판매와 배포는 지자체를 대상으로 한 직접 대면으로 이루어졌다. 고객층은 주로 미국의 기술적으로 진보된 시 지자체와 경찰이었다. 일단 판매가 성사되고 기기와 소프트웨어 설치가 완료되면 기술지원과 유지보수 외에는 고객이 다 알아서 할 수 있었다.

회사 설립자들은 이 방식을 확실한 성공의 길로 생각했지만, 판매량은 증가하지 않았다. 우리는 투명한 유리창에 부딪힌 기분이었다. 나는 원인을 알아내기 위해 기존 고객뿐만 아니라 잠재고객들과도 많은 이야기를 나눴다. 그 결과는 아주 흥미로웠다. 고객은 스스로가 기술적으로도 능숙하다고 했지만, 자세히 들여다보니 고객이 능숙한 부분은 아주 협소했고 자원도 많이 부족했다. 다양하고 새로운 기술을 이용해 작업할 실질적인 능력은 부족한 상태였다.

나는 또 고객이 시스템을 적극적으로 사용하지 않는다는 것도 알게 됐다. 실태 조사를 하면서 고객의 행간에 담긴 메시지를 공감하는 태도로 들어 보니, 우리가 제공한 시스템 때문에 불편한 상황도 있는 듯했다. 경보는 진짜 총성이 들리지 않았을 때도 울렸기 때문에 누군가가 책임을 지고 판단을 내려야 했다. 허위 경보에 반응하면 자원을 낭비하게 되고, 진짜 경보에 반응하지 않으면 생명을 잃을 수 있다. 경찰들은 위기 상황에서 내린 판단에 대해 부당한 책임을 져야 하는 경우가 종종 있기 때문에, 이렇게 불완전한 정보를 제공하는 새로운 기기에 반감을 느꼈다.

내 해결책은 비즈니스 모델을 완전히 바꾸는 것이었다. 나는 샷스파터를 구독 관리 서비스로 전환하기로 했는데, 그렇게 하면 회사가 모든 소프트웨어를 관리하고 하드웨어를 배포, 유지, 관리할 수 있다. 가장 중요한 것은 시스템에서 생성된 모든 경보를 모니터링하는 중앙 운영 센터가 있어서, 거기에서 각 사례를 평가한 뒤 진짜 총소리일 확률이 매우 높은 경우에만 해당 경찰서에 보고하는 것이다.

하지만 창문을 열어 줄 것이라 믿었던 이 새로운 전략을 고안한 뒤에도 장애물에 부딪혔다. 우리 팀은 이 변화를 완전히 받아들이지 못했다. 그들은 내가 시장을 정확히 읽고 있다고 확신하지 못했고, 미미한 변화를 주거나 좀 더 노력하는 방법으로 기업 영업 전략을 계속 시도하려고 했다. 몇몇은 적극적으로 저항했고, 몇몇은 수동적으로 저항했다.

　나는 내 새로운 전략이 옳고, 여기에 동참하지 않는 사람은 회사와 함께 앞으로 나아가지 못할 것이라는 어려운 결정을 내렸다. 나는 우리가 새로운 해안에 착륙했고 배를 불태웠다고 설명했다. 기존 전략으로 돌아갈 일은 없을 것이고 우리는 새로운 전략에 회사를 걸었다. 이 과정에서 직원 몇 명을 잃었지만, 남은 직원들의 문화는 새로운 전략을 성공시키는 쪽으로 방향을 틀었다. 다행히 그 방향은 옳은 것으로 밝혀졌고, 현재 샷스파터는 전 세계에서 생명을 구하고 있다.

혁신에 대한 인내심

"적은 분량—최대한 심오하고 급진적인 변화를 원한다면 치료제를 소량으로, 그러나 장기간 지속해서 사용해야 한다. 위대한 일이 한 번에 성취되겠는가!"

《서광》#534

| 현대적으로 읽기 |

급진적인 변화를 이루려면 오랜 기간에 걸쳐서 점진적이고 일관성 있게 진행해야 한다. 로마는 하루아침에 이루어지지 않았다.

당신이 세운 새로운 기업 조직은 발 빠르게 움직이면서 즉시 방향을 바꿀 수 있다. 해고와 고용을 이용하면 기업 문화는 빠르고 극적인 변화를 얻을 수 있다. 이때, 당신이 서두르는 이유는 세상을 바꾸겠다는 야심이 있어서가 아니다. 현금 흐름을 확보하지 못하거나 재원을 더 마련하지 못하면 돈이 바닥나게 되기 때문이다. 당신은 초반에 어느 정도 성공을 거두었고 운이나 의지의 힘으로 초기 고객과 우호적인 언론을 확보했다. 당신은 세상을 바꿀 수 있고 변혁을 일으키게 되리라 기대하게 될 것이다.

그러나 세상이 얼마나 느리게 움직이고 변화에 얼마나 격렬히 저항하는지 알면 좌절할지도 모른다. 진정한 혁신은 시간이 걸린다. 아마라의 법칙Amara's Law에 따르면 '우리는 기술의 효과를 단기적으로는 과대평가하고 장기적으로는 과소평가하는 경향이 있다.' 때로 유행은 제품의 빠른 성공을 도와주기도 하지만, 유행을 따르는 이들이 새로운 것으로 넘어가면 이런 성공은 갑자기 사라져 버린다. 유행으로 많은 돈을 벌 수 있지만, 유행을 창조하려면 행운이 따라 줘야 한다. 제품을 판매할 때도 절묘한 타이밍이 필요하다.

혁신을 이루려면 인내심이 필요하다. 예상되는 저항과 솔루션이 비즈니스 프로세스와 소비자의 라이프 스타일에 깊게 파고들기까지 걸리는 시간을 모두 고려해 전략을 짜야 한다. 가트너 하이프 사이클Gartner Hype Cycle, 기술의 성숙도, 수용도, 사업화 수준을 표현하는 시각적 도구 같은 신뢰할 수 있는 패러다임을 통해 우리는 적절한 시기가 도래한 것처럼 보이는 업계에서도 진정한 변화가 이루어지려면 오랜 시간이 걸린다는 것을 알 수 있다.

당신은 산업을 혁신하기 위해 회사와 제품에 대한 중요한 비전을 가지고 있다. 기업 고객이 당신의 회사 제품을 조직 전체에서 사용하거나, 소비자가 하루에도 몇 번씩 자기 생활의 여러 부분에서 그 제품을 사용할 거라고 상상한다. 그 목표를 이루기 위해서는 비전을 마음에 새기면서, 소비자가 쉽게 사용할 수 있거나 특정한 문제를 즉시 해결할 수 있는 제품을 제공해야 한다. 고객은 당신의 비전을 전부 받아들이지 않고도 이런 혜택을 누릴 수 있어야 한다.

이런 식으로 고객을 최대한 많이 확보하고, 필요에 따라 다양한 부분을 공략할 수 있는 제한적인 기능을 추가하자. 자신의 비전을 지향하면서도 즉각적인 이익을 제공하는 것에 중점을 두고 계속 기능을 추가해야 한다. 이런 '투여량'이 시간이 지나면서 누적될 것이다. 그렇게 하다 보면 결국 당신의 중요한 비전을 납득시키기 시작할 수 있을 만큼 고객들의 행동에 변화가 생길 것이다.

10년이 걸릴 것이라 예상하고 계획을 세워야 한다. 그리고 당신의 장기적인 관점을 이해하고 그 노력을 뒷받침할 자금이 있는 투자자들을 모으자. 당신이 '지속적인 치료'의 초기 단계에 머물러 있는 동안 경비 지출 속도를 느리게 유지할 계획을 세워야 한다.

인내에 관한 자세한 내용은 '지속성', '강도 유지', '집착'을 참조하자. 비전을 실행하는 방법에 관한 자세한 내용은 '천재'와 '계획 세우기'를 참조하자.

제니 로튼Jenny Lawton의 경험담

테크스타Techstars COO

나는 업계를 여러 번 혼란스럽게 만들었다. 매번 초기에 큰 성과를 내기 위해 서두르면서 업무를 최적화하려다가 사업에 타격을 입힌 것이다.

내가 처음 설립한 IT 회사는 1990년대 초반의 불황기에 설립한 NDANet Demons Associates라는 전문 서비스 회사였다. 컴퓨터 네트워크를 지원하는 회사였는데, 인터넷 서비스 제공 업체와 협력해서 당시에 막 상용화된 인터넷을 활용했다. 우리는 또 Monster Board(현재의 Monster.com)와 같은 고객과 함께 웹 사이트에 활기를 불어넣는 선구자기도 했다. NDA는 인터넷의 초기 성장과 비슷한 성장 궤적을 따랐지만, 우리는 투자자 없이 모든 자금을 스스로 마련해야 했다. 우리는 인터넷 분야의 호황을 이용해 빠르게 성장했다. 그러나 수요가 확실하지 않은 기술과 서비스를 제공했기 때문에 상황을 속단할 수는 없었다.

1999년, 우리가 가치 있는 시장의 범주에 속해 있다는 것을 깨닫고 투자금을 회수를 결정했다. 우리는 세계에서 가장 큰 웹 호스팅 및 애플리케이션 서비스 제공 업체가 되겠다는 포부를 가진 '롤업' 기업인 세이지 네트워크SAGE Networks에 인수됐다. 세이지 네트워크는 27개의 기업을 인수했는데, 우리는 그중 15번째였다.

우리 회사의 인수가 완료된 다음 날, 세이지는 로터스 노츠Lotus Notes 호스팅 회사 가운데 규모가 가장 큰 인터라이언트Interliant를 인수하기로 했다. 이 인수를 통해 회사의 전체적인 규모가 두 배로 늘었다. 세이지는 아예 회사 이름을 인터라이언트로 바꾸었고 그 후 얼마 되지 않아 상장했다. 우리는 증권 시장의 거품 속에서 매우 큰 혼란의 물결을 타며 높이 날고 있었다. 그리고 웹 호스팅 회사를 발견하면 그 즉시 인수하는 작업을 계속했다.

인터라이언트에서는 기본적인 업무가 만일에 대비한 업무에 밀려났다. 돈을 벌고 시장의 역동성을 이해할 시간은 앞으로도 충분할 것이다. 인터넷 초창기에는 그런 일상적인 이슈들이 구식처럼 느껴졌다. 우리는 이기고 있었고, 빠르게 시장 점유율을 얻는 것이 중요했다.

다른 많은 회사처럼, 우리도 우리만의 타임라인을 세상 전체의 타임라인으로 착각하는 바람에 기회를 놓쳤다. 인터넷 유비쿼티를 지원할 수 있는 도구가 없었다. 실제 시장은 존재하지 않았고, 온라인 상거래를 할 수 있는 쉬운 방법도 아직 존재하지 않았다. 당시에는 모든 사람이 컴퓨터를 가지고 있지 않았다. 휴대 전화는 여전히 그냥 전화기일 뿐이었다. 디스플레이와 배터리, 처리 능력 등에서는 무어의 법칙Moore's Law, 반도체 집적회로의 성능이 24개월 마다 2배로 증가한다는 법칙이 아직 발휘되지 않았다. 우리가 세계 최대의 웹호스팅 회사를 만든 것은 사실이지만, 소비자 채택 곡선을 너무 앞서나가는 바람에 시장 교란의 가치가 실현되기까지 10년은 더 걸릴 터였다.

시장 거품이 꺼지고 먼지가 걷히자 우리는 새로운 세계에 들어섰다. 순이익이 다시 중요해진 세상, 단순히 영업 이익의 증진만으로는 성공할 수 없는 세상이었다. 우리가 급성장하고 있는 시장을 교란한 것은 사실이지만, 높은 포부만 가지고는 회사 운영까지 성공시킬 수는 없었다.

바닥을 치다

"가장 높은 산들은 어디서 오는가? 언젠가 나는 이렇게 물어본 적이 있다. 그때 그런 산들은 바다에서 온다는 것을 배웠다. 그 증거는 산의 바위와 산 정상의 암벽에 쓰여 있다. 가장 높은 것은 가장 깊은 곳에서부터 지금의 높이에 도달해야 한다."

《차라투스트라는 이렇게 말했다》, 3부, 방랑자

| 현대적으로 읽기 |

가장 높은 산이 어디서 생겨난 것인지 궁금했다. 그게 바다에서 나온다는 사실을 알게 됐다. 그 산의 바위와 정상 암벽에 증거가 남아 있다. 가장 높은 것은 가장 낮은 데서부터 시작된다.

—✳—

큰 성공을 거두려면 먼저 큰 고통을 겪어야 하는 경우가 많다. 이것은 니체의 핵심 원칙 중 하나며 기업가들 사이에서 꽤 흔하게 볼 수 있는 일이다. 성공한 기업인 중에는 한 번쯤 실패를 경험한 사람이 많다. 위대한 기업 중에는 살아남을 수 있을지 의문스러웠던 시기를 겪은 회사가 많다. 이건 특별한 이유가 있는 것일까? 그렇지 않다면 단순한 통계상의 문제일까?

우리는 대부분 일이 잘 풀릴 때는 특별히 반성하지 않는다. 자신의 행동에 대해 생각하고 진로를 수정할 때도 있지만, 우리의 기본 전제에 의문을 제기하는 일은 없다. 왜 고장 나지 않은 것을 고치겠는가?

그와 반대로 일이 잘 안 풀리거나 고통을 느낄 때는 깊게 파고든다. 즉 사업의 근본적인 가정을 살펴보거나 자신의 심리 상태를 확인하거나 자기 행동의 어두운 진실을 직시하는 것이다.

자기가 낮은 지점에 있다는 걸 깨닫는 것은 생각을 완전히 재구성할 기회기도 하다. 새로운 가치관, 자기가 추구하는 기회의 본질에 대한 새로운 가정, 그리고 리더로서 자기 역할에 대한 새로운 관점을 고려할 수도 있다. 심지어 자기 자신이 리더와 기업가, 둘 중 무엇이 되어야 할지 다시 생각하게 될 수도 있다. 이전의 접근법은 효과가 없었으니, 당신은 아마 완전히 새로운 방법을 쓰게 될 것이다.

심층적인 재평가가 성공을 보장하지는 않는다. 기회만 줄 뿐이다. 낮은 지점에 도달한 모든 기업이나 기업가들이 방향을 바꿨다가 결국 실패했다는 이야기는 거의 듣지 못했다. 바다 밑바닥은 대부분 수면 아래에 머물러 있다. 그래도 이것은 가장 큰 성공 가운데 일부가 발생하는 메커니즘이다. 기업가들은 상당한 경험을 바탕으로 정말 근본적인 문제에 의문을 제기하기 시작한다. 니체가 "그 증거는 산의 바위와 산 정상의 암벽에 쓰여 있다"고 한 것이 바로 그런 경험을 이야기하는 것이다.

당신이 곤경에 처해 있다면, 이 개념이 위로와 지침을 안겨 줄 것이다. 그러나 낮은 지점이 아니라 그저 그런 수준의 성공을 거두고 있다면 극댓값은 어느 정도일 것 같은가? 이것은 사업에서 맞닥뜨리는 어려운 결정 중 하나다. 위대한 성공을 거두기 위해 적당한 성공을 포기하려면 특정한 성향이 필요하다. 그건 아주 큰 수익을 추구하는 투자자와 기업가가 단절을 겪게 되는 흔한 이유다. 우리는 니체가 뭐라고 말할지 알지만, 그가 살아 있는 동안 그의 책을 읽은 사람은 거의 없었다.

실패로부터 배우고 회복하는 방법에 관한 자세한 내용은 '연쇄 창업가', '정보', '경험에서 우러난 지혜'를 참조하자. 높은 곳을 목표로 하는 것과 관련된 자세한 내용은 '지배'를 참조하자. 낮은 지점에 도달했을 때의 위로에 관한 자세한 내용은 '자신의 빛을 비추라'를 참조하자.

월터 냅의 경험담

소브른 홀딩스Sovrn Holdings CEO

2010년에 나는 리지트Lijit라는 회사의 COO였다. 우리는 팔리지 않은 막대한 양의 광고 인벤토리를 결합하고 경매에 올려 더 많은 돈을 벌 방법을 알아냈다. 견고하고 빠르게 성장 중인 수익 기반을 갖추고 있었던 우리는 IPO 가능성이 있는 더 크고 유명한 페더레이티드 미디어Federated Media에 회사를 매각할 수 있었다. 그 시절은 행복한 나날의 연속이었다.

하지만 2년 뒤, 상황은 많이 달라졌다. 인수 통합이 제대로 이루어지지 않았고, 페더레이티드 미디어는 심각한 침체를 겪었으며, 몇몇 고위 경영진은 더 이상 회사에 없었다. 결국 내가 CEO가 되어서 회사를 지휘해야 했다.

우리는 페더레이티드 미디어 사업을 매각하고 대차대조표를 정리한 뒤 남은 팀에 다시 집중할 수 있었다. 회사를 완전히 다시 설정한 것이다. 모회사 매각을 통해 우리에게는 은행에 있는 약간의 현금과 탄탄한 고객 기반이라는 2가지 중요한 자산이 남았다. 하지만 여전히 손실이 이어지고 있었다. 우리는 회사명을 '소브른'으로 변경하고 다시 시작했다. 남은 직원들은 성장, 인수, 엄청난 경기 상승에 대한 희망과 심각한 경기 침체라는 롤러코스터를 겪었다. 당시에는 다들 어찌할 바를 모르는 상태였다. 그러나 우리는 새 출발을 했고, 나는 우리 미래에 큰 기대를 걸었다.

당시에는 몰랐지만, 그때는 우리의 '낮은 지점' 아니었다. 2014년 초에 우리가 광고주들에게 사기성 광고 인벤토리를 구매하도록 했다는 '조사' 기사가 나온 것이다. 이는 당시 업계에 만연한 문제였고 사실 지금도 그렇다. 그래서 우리는 이에 맞서기 위한 정교한 시스템을 갖추고 있었다. 하지만 우리 네트워크는 워낙 방대하고 사기꾼들의 기만행위는 끝도 없이 진화한다는 걸 감안하면, 몇몇 사기 행위가 우리 필터에서 걸러지지 않았을 가능성이 있다.

혐의가 입증되지는 않았지만 나는 그 상황을 마음에 새겼다. 나는 불법 행위를 조장하는 사업을 하고 싶지 않았다. 그래서 잠재적으로 합법적인 트래픽일지라도 의심의 소지가 있는 트래픽은 모두 차단하기 위해 엄격한 조치를 취했다. 우리가 차단한 트래픽 중 상당수는 경쟁업체 쪽으로 향했다. 경쟁업체는 잠재적인 사기 문제는 별로 걱정하지 않았고, 자기들이 얻을 수 있는 수익에 훨씬 관심이 많았다.

3개월 만에 수익률이 60퍼센트 가까이 떨어졌고, 우리는 엄청난 현금을 지출해야 했다. 이미 위기에 처한 직원들은 회사에 대한 믿음을 잃고 있었다. 어쩔 수 없이 회사 규모를 축소하고 수익성 있는 운영을 시도할 수밖에 없었다. 예전에는 사기가 떨어지는 정도였다면 이번에는 해고와 급격한 수익 감소 때문에 팀 전체가 PTSD를 겪게 됐다. 한때는 IPO도 꿈꿨지만, 이제는 생존을 위해 하루하루 고군분투하는 실정이었다.

그러던 중에 재미있는 일이 일어났다. 수익이 처음에는 천천히, 그러다가 이내 빠르게 증가하기 시작한 것이다. 우리가 회사 규모를 축소할 무렵, 광고 시장은 마침내 트래픽 품질과 교활한 사기 행위 문제를 직시하기 시작했다. 이 2가지 요소 모두 그들의 수익과 가치에 큰 영향을 미쳤다. 대형 광고주들은 자사의 구매 알고리즘을 통해 우리가 경쟁사들보다 더 적극적으로 필터링하고 있다는 걸 알게 됐다. 우리는 실제로 콘텐츠에 시간과 관심을 쏟는 사람들에게 다가갈 수 있는 더 매력적인 경로가 됐다. 품질을 추구하는 고객들은 우리 서비스를 통해 다시 더 많은 돈을 벌고 있었다. 우리는 가장 여유가 없을 때 도약을 시도해서 신뢰를 회복했다. 모두가 자랑스러워할 수 있는 제안을 기반으로 사업을 다시 시작했다. 그렇게 추진력이 회복됐다.

우리는 계속해서 빠르게 성장했다. 오늘날 이 사업은 다른 사업들이 다 그렇듯이 새로운 역풍을 맞고 있지만, 품질과 내구성에 대한 우리의 고집은 이제 "암벽에 단단히 쓰여 있다." 우리는 모든 위험을 무릅쓰고 가장 적극적인 행동 노선을 택했고, 그것은 효과가 있었다. 경기 침체는 매우 고통스러운 경험이었다. 그러나 덕분에 우리의 현재와 미래의 성공을 위해 스스로를 냉정하게 재평가할 수 있었다.

조용한 킬러 기업

"대사건은 가장 시끄러운 시간이 아니라 가장 조용한 시간에 발생한다. 세계는 새로운 소요를 창안한 이들이 아니라 새로운 가치를 창안한 이들의 둘레를 돌고 있다. 소리 없이 세계는 돌고 있다."

《차라투스트라는 이렇게 말했다》, 2부, 대사건에 대하여

| **현대적으로 읽기** |

가장 큰 사건은 소음보다는 고요함 주변에서 일어난다. 세상은 소란을 일으키는 사람이 아니라 새로운 가치를 창출하는 사람을 중심으로 묵묵히 돌아간다.

당신이 하는 사업을 널리 알리고 관심을 얻기 위해 많은 에너지를 쏟고 있는가? 그 일이 시간을 들일 만한 가치가 있는 일인지 생각해 본 적이 있는가?

특히 기술 산업에서는 공격적인 홍보가 성공과 성장에 필수적이라고 믿는 이들이 있다. '바이럴' 서비스는 고객을 확보하기 위해 펌프를 준비해야 한다. '핫'한 사업처럼 보이면 가치평가가 더 높아져서 자본을 조달하는 데 도움이 된다. 사람들 입에 오르내리면 직원이나 파트너 유치도 수월해진다.

이에 대한 대안적인 접근법은 '조용한 킬러 기업'이 되는 것이다. 조용한 킬러 기업은 조용히 제품을 만들고 고객에게 서비스를 제공한다. 그들은 속해 있는 지역이나 관련 기술 공동체 내에서는 이름이 알려졌을 수 있다. 하지만 적어도 아직은 누구나 아는 이름은 아니다. 그들이 얻은 명성은 다 그들이 말한 내용이 아니라 그들이 한 일을 통해서 얻은 것이다.

이건 기업의 가시성이 적절한 시기, 장소, 생산량에 도움이 되는가에 대한 논쟁이 아니다. 그보다는 무엇을 우선시하느냐가 문제다. '새로운 노이즈' 생성을 우선순위에 두는 것은 위험한 전략이다. 그 방법은 당신이 제공하려는 미래 가치에 대한 열정을 미리 빌려 쓰는 것과 마찬가지다. 결국 고객에게 가치를 제공해야 하므로 투자자, 직원, 파트너가 그 가치를 나눠서 부담해야 한다는 사실을 피할 수 없다.

회사가 화제성을 일으키는 데만 에너지와 집중력을 쏟는다면, 제품을 만드는 과정이나 고객을 성공시킬 요소 이해에 집중하지 못할 것이다. 설상가상으로 그 흥분과 숭배에는 중독성이 있다. 더 강하게 밀어붙이려는 유혹이 들 것이다. 반면, 적합한 제품과 시장을 찾는 데는 예상보다 시간이 오래 걸릴 수 있다. 고객 문제를 해결하는 제품을 만드는 것이 어려울 수 있다. 이렇게 시간은 자꾸 지연되는데 흥분과 기대만 높이 쌓인다면 필연적으로 발생할 실망감에서 회복하기 어려울 수 있다.

언론이 아니라 고객과 대화하자. 기자들이 아니라 엔지니어들에게 활력을 불어넣자. 억지로 가시성을 얻으려고 하지 말고 주목받을 때까지 기다리자. 기자와 블로거들이 먼저 손을 내밀면, 본인이 '새로운 가치의 창안자'라는 사실을 확신할 수 있고 그것이 당신의 '훌륭한 사건'이 된다.

업계의 관심에 저항하는 방법에 대해서는 '미래 내다보기'를 참조하자. '가장 조용한 시간'의 또 다른 측면에 대해서는 '내향적인 사람'을 참고하자. 회사의 발전을 서두르지 않는 방법에 대한 자세한 내용은 '혁신에 대한 인내심'을 참조하자.

맷 엘리스Mat Ellis의 경험담

클라우더빌리티Cloudability 설립자

모든 노이즈가 홍보에 도움이 되는 건 아니다.

"이 문제에 대해 변호사를 선임해야 할 것 같습니다." 이 이메일은 아무도 손대려 하지 않는, 접시에 남은 마지막 쿠키처럼 내 계정의 받은 편지함에 들어 있었다.

우리는 2년 동안 엔지니어링과 제품을 집중적으로 강조했다. 그런 후 최근에 시장에 진출하는 쪽으로 투자를 전환했다. 영업부장이 바뀌었고, 이는 신임 임원과 직원들이 피할 수 없는 퇴출 물결로 이어졌다.

그러던 중, 경쟁업체가 우리 회사에서 나간 직원들을 고용했거나 고용하려고 한다는 걸 알게 됐다. 우리 주에서는 직원과 '경쟁사 입사 금지' 조약을 맺을 수 없다. 그래도 우리는 떠난 직원들을 매우 관대하게 대했다. 게다가 그들은 대부분 퇴사 요청을 순순히 받아들인 이들이었기 때문에 이 소식은 우려스럽다기보다 감정적인 충격에 가까웠다. 자발적으로 떠난 이들이 전부 경쟁자에게 어디로 가야 하는지 방향을 알려 주고 있었기 때문이다.

그리고 이 경쟁사는 우리 회사에 테스트 계정을 등록하려고 했다. 우리의 라이선스 협약은 리버스 엔지니어링을 금지하고 있고, 우리는 외부인들이 우리가 뭘 하는지 들쑤시고 다니는 걸 원치 않았다. 그들은 경쟁업체로 넘어갔을 뿐만 아니라, 이제 우리 시스템에 대한 지식을 활용해서 이런 일을 막기 위해 만들어 놓은 필터를 우회하려고 하는 것이다. 정말 화가 나는 일이었다. 우리 팀은 충분히 참았다.

"신의를 지키지 않은 것에는 화가 나는 정도였지만, 이건 배신입니다! 대체 뭐 하는 짓입니까." 이메일은 그대로 있었다. 그리고 난 뭘 해야 할지 결정해야 했다.

우리는 새로운 시장 카테고리를 만들었고, 확장에 실패하기 전까지는 논란의 여지 없는 선두주자였다. 중간에 1, 2년 정도 리빌딩을 하는 동안 새로운 시장 진입자들이 우리를 따라잡았고, 이제 우리는 2, 3개의 경쟁업체들과 죽어라 싸우고 있는 상황이었다.

우리는 이 분야를 개척한 사람들로서 항상 옳은 길을 걸어왔다. 모든 뜬소문을 무시했다. 우리 제품은 결국 빛을 발할 것이다. 하지만 경쟁사에서 일하는 동료들을 보는 건 새로운 상황이었다. 우리의 사내 문화는 강력한 윤리 정신을 갖추고 있었기에 이런 불성실함을 겪어 본 적이 없었다. 이제 모든 것은 개인적인 복수가 되어 버렸다.

"이 문제를 다음 e-팀 회의에서 논의해야 합니다." 또 다른 메일이 왔다.

나는 항상 직원들의 감정을 잘 감지하는 리더라고 자부해 왔다. 때로는 리더의 위치 때문에 뭔가를 해야 할 때도 있다. 팀에서는 내가 뭔가를 해주기를 바랐다. 나도 화가 났다. 내게는 최근에 변절한 이들의 이메일 주소가 있었고, 그들에게 진지하고 따끔한 어투로 '당신에게 실망했다'라는 메모를 보낼 준비가 되어 있었다. 하지만 그런 메모는 쓰지 않을 것이다. 왜 그래야 한단 말인가? 그래 봤자 좋은 일은 생기지 않을 것이다. 물론 기분은 후련하겠지만!

어떻게 해야 할지 곰곰이 생각해 보니 사업과 고객에게 계속 집중해야 한다는 확신이 들었다. 또 이런 일 때문에 흐트러져서는 안 된다고도 생각했다. 그들과 합법적이면서 반공개적인 말싸움이나 벌일 생각은 없었다. 그런 행동은 아무런 목적도 달성하지 못한 채 우리를 위험에 빠뜨릴 것이다.

"변호사들이 이 배신자들에게 보내려고 쓴 이메일을 검토하겠는가?"

이 일은 이제 스스로 생명을 얻고 있다. 그러니 그만둬야 할 때가 됐다.

미래 내다보기

"일기를 예보하는 자—구름이 우리 머리 위 높은 곳의 바람이 어느 쪽으로 부는지 알려 주는 것처럼, 가장 가볍고 자유로운 영혼을 지닌 이들은 자신들의 진로를 통해 앞으로 다가올 날씨를 예보해 준다. 계곡의 바람과 오늘 장터에서 나눈 이야기는 앞으로 다가올 일에 대해서는 아무것도 알려 주지 않고 과거에 있었던 일들하고만 관련이 있다."

《인간적인, 너무나 인간적인》, 방랑자와 그의 그림자 #330

| 현대적으로 읽기 |

높은 고도에서 바람이 부는 방향은 구름의 움직임을 통해 알 수 있다. 그리고 미래의 트렌드는 가볍고 자유로운 사람들에 의해 드러난다. 현재의 사건과 일반적인 의견은 미래가 아니라 과거에 관한 것만 알려 준다.

당신의 관심은 소중하고 한정된 자원이다. 따라서 불필요한 소음에 정신이 팔리지 않도록 주의해야 하는데, 니체는 이 잠언에서 바람의 은유를 사용해서 그 점을 지적한다. 그는 진정한 선각자들은 일상적인 논쟁에 몰두하지 않고 다른 분야에서 활동한다고 말한다.

기업가들은 자기 사업 분야에서 생기는 시사 문제에 관심을 둔다. 당신이 이해하는 주제나 아는 사람, 회사에 관한 뉴스와 전문가들의 의견은 서로 관련성이 높은 것처럼 느껴진다. 업계 모임에서의 대화도 마찬가지다. 이런 정보는 당신이 앞으로 내릴 결정에 영향을 미칠 수 있다.

이런 문제는 때로 약간 극적인 요소와 갈등, 가십거리, 심지어 남의 불행에 대해 느끼는 쾌감이 포함되기도 하는데, 이것 때문에 뉴스가 더 유용해지는 것은 아니지만 훨씬 흥미롭고 구미 당기는 이야깃거리가 된다.

기업과 사람들은 당신의 관심을 끌기 위해 오랫동안 이런 심리적인 경향을 이용해 왔다. 1890년대 황색 저널리즘 시대에 신문들은 종종 날카롭고 부정적이거나 과장된 헤드라인을 이용해서 관련성과 극적 요소를 인위적으로 강화했다. 최근에는 웹, 블로그, 소셜 미디어, 그리고 상업 미디어의 수익 문제가 대두되면서 관심을 끌기 위한 경쟁이 새로운 정점에 도달했다. '계곡의 바람'이 거세다.

하지만 이런 식으로 당신에게 오는 정보는 대부분 과거에 관한 것이다. 기업들의 계획에 대한 연말 예측이나 소문조차 먼 미래를 내다보는 경우는 거의 없다.

최신 뉴스와 가십에 지나치게 반응하지 않도록 주의해야 한다. 당신이 하는 사업은 데이 트레이딩day trading이 아니다. 장기적으로 지속 가능한 기업을 구축하려면 태도와 시장 상황의 단기적 변동에 크게 영향을 받지 않는 방향과 전략이 필요하다. 그렇다고 현재 벌어지고 있는 사건을 완전히 무시하라는 이야기는 아니다. 하지만 그것이 당신의 회사가 하는 일에 부당한 영향을 미쳐서는 안 된다.

구름이 어디로 향하는지 알아내기 위해서는 잠재고객의 의견에 귀를 기울여야 한다. 그들에게 지금 당장 필요한 것만 물어보지 말고, 앞으로의 상황에 대한 의견도 물어보자. 그들이 항상 옳거나 일관성이 있는 건 아니겠지만, 들은 내용을 종합하면 그에 대한 견인력을 얻을 수 있다. 그러면 경로를 설정하는 '가장 자유로운 영혼'이 될 수 있다.

또 공개적인 대화에 직접 참여하지는 않더라도 자신의 행동으로 방향을 제시하는, 장기적인 계획에 집중하는 이들을 바라보자. 이들은 업계에 대해 떠드는 사람이 아니라 업계 그 자체인 사람들이다. 이들은 미래에 대한 의견을 말하기보다는 적극적으로 그 방향으로 나아가고 있다.

자기가 만든 소음을 관리하는 방법에 대한 자세한 내용은 '조용한 킬러 기업'을 참조하자. 시장을 따라잡기 위한 다른 각도의 시선은 '두 유형의 리더'를 참조하자. 장기적인 시각을 취하는 것에 대한 자세한 내용은 '혁신에 대한 인내심'과 '이정표'를 참조하자. 시장의 분야별 전문지식에 대한 자세한 내용은 '당연한 일을 하는 것'을 참조하자.

로라 리치Laura Rich의 경험담

스트리트 파이트Street Fight 공동 설립자 겸 CEO

스트리트 파이트는 특정한 지역을 대상으로 하는 마케팅에 초점을 맞춘 틈새 디지털 미디어 회사다. 미디어 업계 전체가 새로운 비즈니스 모델을 찾기 위해 고군분투하고 있다는 것은 비밀이 아니다. 과도기 시장에 있는 기업들은 어떤 방식이 효과가 있는지 확인하기 위해 서로를 주시하는 경우가 많은데, 우리도 예외는 아니었다.

우리가 2011년에 스트리트 파이트 사업을 구상했을 때, 디지털 미디어 회사들은 여전히 광고 수익에 집중하고 있었다. 그러나 광고 시장은 전반적으로 빈약했고, 새로운 비즈니스 모델이 등장하고 있었다. 이 모델 중 하나는 이벤트와 시장 조사를 제품 믹스에 추가했는데, 특히 우리 회사와 인접한 시장에서 활동하는 한 회사가 큰 성공을 거두고 있었다. 우리는 그 회사를 염두에 두고 스트리트 파이트를 시작했다.

광고 수익은 괜찮았다. 이벤트도 훌륭했다. 하지만 시장 조사는 상당히 힘들었다. 우리가 만든 조사 주제를 원하는 이들이 있었지만, 수익 모델이 까다로웠다. 초기에는 고객이 후원하는 보고서가 조사 작업과 수익의 대부분을 차지했다. 수익성은 높았지만 확장 혹은 지속 가능하거나 전략적인 사업처럼 보이지는 않았다.

약 18개월 뒤에 기업 확장 자금을 마련하려고 자금 조달 라운드를 진행했는데 '계곡의 바람'이 불기 시작했다. 시장 조사가 논의의 큰 부분을 차지했고, 일부 잠재 투자자들은 안정적인 수익 기반이라는 이상에 이끌려서 조사 구독 모델에 열광했다. 어떤 사람들은 실제 가치가 있더라도 무료로 이용할 수 있는 정보가 너무 많다면서 시장 조사 분야를 완전히 포기하라고 주장했다. 그 와중에 우리가 모델로 삼았던 회사는 시장 조사와 관련된 잘못된 수익 모델로 인해 무너졌다.

우리 회사의 수익 모델은 중요한 세부 사항에서 그 회사와 차이가 있었고, 우리는 그 회사가 망한 뒤 거기에서 일하던 연구 책임자를 영입했기 때문에 똑같은 실수를 피할 수 있었다. 하지만 자금을 조달하기는 했어도 시장 조사 작업에 계속 자원을 투입해야 했기 때문에 지속적인 어려움을 겪었다. 새로운 경쟁사가 우리 공간에 진입해서, 다른 회사를 몰락시킨 것과 매우 비슷한 구독 모델로 이 시장을 차지하겠다고 주장하는 바람에 잡음이 계속됐다. 이것은 우리뿐만 아니라 틈새 고객층에 초점을 맞춘 모든 기업에게 시장 조사에 대한 새로운 (그리고 아마도 잘못된) 희망을 안겨 줬다.

우리의 시장 조사 수익 모델은 제대로 효과를 발휘한 적이 없다. 결국 우리는 성공하려면 비즈니스 모델이 문제가 아니라 고객이 원하는 게 무엇인지 알고 이를 제공하는 것이 중요하다는 사실을 깨닫게 됐다. 비즈니스 모델 '모범 사례'를 둘러싼 잡음은 우리를 혼란스럽게만 했다. 우리의 성공을 이끈 것은 고객과의 긴밀하고 역동적인 관계였다.

정보

"사상가는 자신의 행동을, 무언가를 해명하기 위한 실험과 질문이라고 생각한다. 즉 일의 성공과 실패는 그에게 무엇보다 중요한 답이다. 그러나 어떤 일이 성공하지 못하더라도 화를 낸다든가 후회한다든가 하는 것은 그렇게 하라고 명령받은 자들, 주인이 결과에 만족하지 않으면 두들겨 맞는 걸 각오하는 자들에게 맡겨 버린다."

《즐거운 지식》#41

| 현대적으로 읽기 |

사상가는 자신의 행동을 정보를 얻는 방법으로 여긴다. 그에게 성공과 실패는 자기가 던진 질문에 대한 대답일 뿐이다. 이런 태도 때문에 실패해도 괴로워하지 않고 후회도 하지 않는다. 후회는 불만족스러운 상사로부터 질책이나 벌을 받을 추종자와 부하 직원의 몫이다.

안정적인 사업에서는 지식을 얻는 것보다 즉각적인 결과가 우선시된다. 이런 기업들은 적어도 당분간 필요한 답은 이미 알고 있다. 기업가 활동은 다르다. 혁신과 교란을 위해서는 미지에의 탐구가 필요하다. 종종 실패할 수 있는 실험을 통해 의도적으로 지식을 습득해야 한다. 이 지식은 궁극적으로 성공을 위한 수단이 되기 때문이다. 실리콘밸리를 비롯한 스타트업 커뮤니티에서는 실패의 수용을 학습과 자기 개발을 위한 수단으로 받아들이고 이해하면서 심지어 권장하기도 한다.

하지만 무언가를 배우기만 하면 사업에 실패해도 괜찮다고 말하는 단순 투자자를 본 적이 있는가? 그들은 그 모든 실패와 배움을 투자하기 전에 얻었어야 한다고 생각한다. 반면 노련한 투자자들은 실패를 더 평온하게 받아들이고 종종 당신이 실패를 통해 뭔가를 배웠다고 생각되면 다음 여정에서도 당신을 지지한다.

실패의 결과는 개인적인 것일 수도 있다. 당신은 월급 한 푼 받지 못하고 2년 동안 일했을지도 모른다. 이 기간 동안 배우자가 가족을 부양했고, 집을 담보로 대출받은 현금도 다 써버렸고, 가족과 친구들에게 돈을 빌렸을 수도 있다. 어떤 교훈을 얻든, 사업이 실패할 경우 '매질을 당한다'고 생각하면 위로가 되지 않을 것이다.

니체의 잠언에는 '사상가'가 등장하는데, 그가 말한 것처럼 성공의 필요성을 완전히 무시하는 행위가 실제 경기장에 있는 당신에게도 적용될지 궁금할 것이다. 그러나 발견과 결과 사이의 이 긴장감은 새로운 분야를 다루는 모든 영역에서 작용한다. 과학자들은 흥미롭고 중요한 새 결과를 보여 주는 실험 내용을 발표해야 한다. 그렇지 않으면 종신 재직권이나 자금 지원을 받지 못한다. 예술가, 시인, 음악가는 청중을 찾아야 한다. 그렇지 않으면 그들의 열정은 단순한 취미로 변한다. 심지어 철학자들도 그들의 사상이 사람들에게 영향을 미치기를 바라며, 자기가 '품위 있는 주인'이 될 수 있음을 보여 줘야 한다.

기업가들은 그들 자신의 가장 혹독한 비평가가 될 수 있다. 그들은 실패하면 자존감이 무너지고 성취욕이 약해진다고 느낄지도 모른다. 그러나 이 모든 노력을 통해 혁신적인 발전을 이루려면 위험을 감수하고 주기적으로 실패를 겪어야 한다.

린 스타트업 모델 같은 접근 방식은 긴장을 조정하는 방향으로 긍정적인 발걸음을 내디뎠다. 이 모델에서는 작은 실험을 수행하거나 제품과 시장 적합성을 향해 반복적으로 선회하는 과정에서 작은 실패를 여러 번 경험한다. 당신과 투자자, 그리고 공동 창업자와 직원들이 특정한 전략에 너무 집착하지만 않는다면, 이것은 최고의 기회를 찾는 데 효과적이다. 하지만 그 접근은 너무 오래 걸린다. 제대로 된 방향을 찾지 못하면 돈이 바닥날 것이다.

사업 실패의 결과가 지나친 악영향을 끼치지 않도록 유지하는 것이 중요하다. 개인적으로 리스나 빚 보증을 서지 말자. 대여자가 (전환 채무와 마찬가지로) 자본 특성의 위험이 높다고 이해해 주지 않는다면 차입을 피하자. 위험을 제대로 이해하고 올바른 답을 찾기 위해 기꺼이 기회를 잡을 의향이 있는 공동 창업자들과 협력하자. 모호함과 잦은 방향 전환을 마음 편히 받아들이는 초기 직원을 고용하자. 마지막으로, 포트폴리오 이론을 건전하게 존중해 주는 투자자를 모집해야 한다. 경험이 풍부한 초기 단계 투자자들은 포트폴리오의 중요한 부분에서 실패를 예상하며 당신 회사의 전략 변화에도 당황하지 않을 것이다.

이 모든 것이 갖춰지면 필요에 따라 실험하고 학습하면서 중요한 혁신 비즈니스를 만들 수 있으며, 능숙하게 실행하면 '(당신 자신을 포함한) 품위 있는 주인'은 그 결과에 만족할 것이다.

어려운 일을 통한 학습에 대한 자세한 내용은 '바닥을 치다'와 '경험에서 우러난 지혜'를 참조하자. 학습을 통한 향상에 대한 자세한 내용은 '능가'를 참조하자. 정보를 얻기 위한 다른 접근 방식은 '뒤로 물러서기'와 '성숙'을 참조하자.

맷 먼슨 Matt Munson의 경험담

트웬티20 Twenty20 CEO 겸 공동 설립자

창업 8개월 만에 우리 회사 역사상 가장 힘든 시기가 닥쳤다. 당시 우리 회사 이름은 액셉틀리 Acceptly였고, 우리의 첫 목표는 무료 디지털 대학 입학 상담사를 통해 학생들이 대학 입학 정보를 쉽게 탐색할 수 있게 하는 것이었다. 우리는 12명의 엔젤 투자자와 선도적인 교육 중심의 벤처 투자가를 통해 50만 달러를 모았고, 교육 분야를 목표로 하는 4인조 팀을 만들었다. 초기 제품이 출시되면서 우리는 뛰어난 스타트업 액셀러레이터 accelerator, 실리콘밸리에서 단기간에 신생 기업의 활성화를 돕는 지원 단체로 아이디어와 비즈니스 계획을 자문해 주고 자금과 인력을 지원함의 자리를 확보했다.

그 프로그램은 12주짜리였다. 팀들은 업무 공간을 공유하고 비즈니스 구축의 다양한 요소를 배우기 위한 일일 세션에 참석했다. 그 프로그램은 수백 명의 투자자들이 우리 의견을 듣기 위해 찾아오는 데모 데이에 절정에 달할 것이었다. 그러나 프로그램이 시작되고 4주 후, 그리고 데모 데이가 8주 남았을 때 큰 문제를 깨달았다. 아주 열광적인, 하지만 수십 명밖에 되지 않는 기존 사용자 외에는 우리 제품을 사용해 본 사람이 아무도 없었다. 이 문제를 해결하려고 5가지 접근 방식을 반복해서 시도해 봤지만, 아무것도 효과가 없었다.

팔로 알토에서 린 스타트업 중심의 주말 과정이 열렸을 때, 우리는 쇼핑몰을 돌아다니면서 고등학생들을 상대로 우리 아이디어를 이야기했다. 그들의 눈빛이 게슴츠레해졌다. 우리는 제품을 만들고 자금을 모으기 전에 목표 사용자층을 완전히 이해하지 못했다는 사실을 깨달았다. 게다가 그걸 알아내기 위해 8개월 동안이나 머리를 벽에 부딪힌 후에야 겨우 깨달음의 순간을 맞이한 것이다. 우리는 심지어 교육 분야에 완전히 질려 버렸다. 더 이상 그 일을 하고 싶지 않았다. 하지만 데모 데이가 다가오고 있었다.

내가 불안에 떨지 않았다고 말한다면 거짓말일 것이다. 그렇다. 나는 그때 심한 우울증을 겪었다. 매일 새벽 2시에 일어나서 몇 시간씩 잠들지 못하고 깨어 있었다. 회사를 차린 것은 큰 모험이었다. 저축한 돈을 거의 다 써버렸다. 회사가 위기에 처했을 뿐만 아니라 데모 다음 주에는 첫 아이가 태어날 예정이었다. 그 몇 주간은 내 인생에서 가장 힘든 시기였다.

하지만 우리 팀은 허둥댈 시간이 없었다. 그리고 초기 아이디어의 실패를 자책해 봤자 아무 도움도 안 된다는 걸 알고 있었다. 그래서 다시 시작점으로 돌아가기로 했다. 다들 마음에 들었던 다른 아이디어를 브레인스토밍하기 시작했다. 그리고 결국 인스타그램 세대가 자기가 찍은 사진을 캔버스 월 아트로 만들어서 친구나 팔로워에게 판매해, 창의력으로 돈을 벌게 해주는 사업 아이템을 정했다. 액셉틀리의 실패에서 얻은 교훈을 이용해서 신제품에 그 아이템을 제대로 넣었는지 확인했다. 그리고 미리 수백 명의 사용자들과 접촉했고 제품의 첫 번째 버전을 제작하기도 전에 인수 채널을 테스트했다. 그 제품은 마침내 이륙에 성공했다.

우리가 계속해서 새로운 실수를 저지르는 동안, 액셉틀리가 실패했을 때 우리가 팀으로서 어떻게 대응했는지에 대한 기억이 그 이후로도 도움이 됐다.

초기 사진 제품인 인스타캔버스Instacanvas가 약 100만 달러의 수익선에 머물자, 우리는 사진작가들이 주요 브랜드와 에이전시에 디지털 라이선스를 부여할 수 있도록 다시 한번 노력을 기울였다. 현재 트웬티20이라는 서비스는 수천 개의 브랜드에서 사용되면서 수백만 달러의 수익을 올리고 있다.

이정표

"모든 끝이 목표인 것은 아니다. 선율의 끝은 선율의 목표가 아니다. 하지만 선율이 그 끝에 도달하지 못한다면 목표에도 도달하지 못할 것이다. 하나의 비유."

《인간적인, 너무나 인간적인》, 방랑자와 그의 그림자 #330

| **현대적으로 읽기** |

무언가의 끝에 도달하는 것과 그것의 목표에 도달하는 것은 다르다. 멜로디의 목표는 단순히 끝까지 연주하는 것이 아니다. 하지만 멜로디를 끝까지 연주하지 않았다면, 그 멜로디는 목표에 도달하지 못한 것이다. 이것은 생각해 봐야 할 비교다.

기업가 활동에서 흔히 혼동하는 것은 투자 자본을 모으는 것과 성공을 동일시하는 것이다. 스타트업 직원들은 중단기적인 외부 자금 조달 여부에 따라 직업 자체와 근무 여건, 인지도가 달라지기 때문에 자연스럽게 이렇게 생각한다. 벤처 캐피털 투자에만 관심을 기울이는 미디어도 이런 혼란을 악화시킨다. 벤처 투자 유치는 니체가 이 잠언에서 이야기한 차이의 좋은 예다. 자본 조달의 '목표'는 기업이 발전하고 성장할 수 있도록 운영에 필요한 연료를 제공하는 것이다. '끝'은 회사의 은행 계좌에 찍힌 송금액으로 표시된다. 목표(성장)를 이루려면 끝까지 가야(돈을 받는 것) 하지만, 둘은 전혀 같은 것이 아니다.

니체는 목표 달성을 위해서는 끝까지 도달해야 하지만 그것만으로는 충분치 않다고 주장한다. 사업을 할 때 특정한 이정표나 끝에 도달하는 것은 종종 필요하지도 않고 충분하지도 않다. 목표를 달성하는 데는 보통 다른 경로가 있으며, 이정표에 도달한 후에도 대개 해야 할 일이 더 남아 있다. 따라서 계획을 세우고 실행하기 시작한 후에는 실제 목표를 마음속 깊이 새겨야 한다. 이정표가 얼마나 세부적으로 구성되어 있는지는 때마다 다르지만, 그건 수단이자 방법일 뿐이며 단독으로 존재하지 않는다.

그 구분은 폭넓게 적용될 수 있다. 당신은 회사의 궁극적인 목표를 어떻게 평가하는가? 인수자가 많은 돈을 지불하고 당신의 회사를 매입한 뒤 그걸 자기 회사 운영에 녹아들게 하는 바람에, 당신이 상상했던 산업 혁신이 실제로 일어나지 않는다고 상상해 보라. 분명 끝에 도달한 건 맞지만, 그 시나리오가 목표를 달성했다고 생각하는가? 투자자들은 당신이 크고 영향력 있는 기업을 건설하려는 높은 목표를 세우고 있다는 말을 듣길 바라기 때문에 일은 더 복잡해진다. 당신은 이미 그것을 자신의 목표로 삼았다. 그러나 투자자들이 돈을 낸 것은 본인의 투자자들에게 자본을 몇 배로 돌려주기 위한 것이지 산업을 혁신하기 위한 것이 아니다. 그들의 목표는 유동화다. 혁신에 성공하는 과정에 있는 기업들은 유동화 기회가 생기는 경우가 많으므로 성공한 기업들은 의문이 들게 된다. 유동화의 '끝'이 목표가 아니라면 투자자의 목표를 충족시키면서 동시에 자신의 목표를 계속 추구할 방법을 찾아야 한다. 이는 인수 시나리오를 선별하거나 IPO를 목표로 삼는 것일 수도 있다.

또 당신의 삶과 직업이라는 더 넓은 범위를 고려할 수도 있다. 어쩌면 기업을 매각하는 것은 더 넓은 길에 존재하는 하나의 이정표에 불과할지도 모른다. 세상에는 회사를 연속적으로 창업하는 이들이 많다. 일론 머스크Elon Musk가 좋은 예다. 그는 페이팔을 매각하고 엄청난 부자가 됐지만, 분명히 더 큰 목표를 염두에 두고 있었다. 페이팔 매각은 필연적인 마무리였고, 실제로 페이팔은 인터넷 결제 방식을 바꿔 놓았다. 그러나 그가 최근에 테슬라 Tesla와 스페이스 SpaceX에서 쌓은 경력을 생각하면, 페이팔은 더 거대한 포물선 안에 존재하는 임시 이정표였을 뿐이며 이제 각주에나 등장하는 수준으로 밀려나고 있다.

반면, 일론 머스크는 더 거대한 포물선의 세부적인 부분에 대해서는 전혀 알지 못했을 수도 있다. 그의 목표는 그냥 성공하는 것이거나 비전을 만들어서 그걸 실현하는 것이었을 수도 있다. 마찬가지로, 성공적인 회사를 설립하는 것은 그냥 다른 인생 목표에 도움이 되는 이정표에 불과할 수 있다는 것을 명심하자.

당신은 어떤 목표가 있는가? '자유정신' 섹션의 여러 장에서는 회사, 경력, 인생 측면에서 기업가적 성공의 개념을 탐구한다. 성공이 어떤 모습이고 진정한 목표가 무엇인지 생각해 보지 않았다면, 끝과 목표의 차이가 또다시 문제를 일으킬 수도 있다. 목표를 이루지 못한 채로 끝에 도달할 위험이 있는 것이다.

목표 측정에 관한 자세한 내용은 '뒤로 물러서기'를 참조하자. 자신만의 비전을 창조하려는 의지에 관한 자세한 내용은 '천재'를 참조하자. 사업 성공을 향한 지속적 집중과 관련된 내용은 '조용한 킬러 기업'을 참조하자.

계획 세우기

"계획을 세우고 프로젝트를 구상하는 과정에서는 매우 흡족한 기분을 느끼게 된다. 평생 다른 일은 못하고 계획을 세우기만 하는 사람은 아주 행복한 사람이다. 하지만 그도 가끔은 계획 세우는 것을 멈추고 계획을 실행에 옮겨야 하는데, 그때는 분노와 환멸이 밀려올 것이다."

《인간적인, 너무나 인간적인》, 여러 가지 의견과 잠언 #85

| 현대적으로 읽기 |

계획을 세우고 아이디어를 내는 것은 즐겁다. 아이디어를 탐구하는 데 모든 시간을 할애할 수 있다면 매우 행복할 것이다. 그러나 때로는 계획을 세우거나 아이디어를 구상하는 것을 중단하고 실제로 실행에 옮겨야 하는데, 이것이 좌절과 스트레스를 유발한다.

계획과 실행의 관계를 논의하면서 '전략' 섹션을 마무리하려고 한다. 아이디어 창출, 전략, 계획은 좋은 의미에서 놀이와 비슷하다. 미래에 대해 공상하고 그런 미래를 실현하는 방법을 생각해 볼 기회다. 공상 속에는 불쾌한 놀라움도 없다. 처리해야 하는 특정한 일(경쟁자, 소비자 거부, 유통, 기술적 문제 등)이 있다는 건 알지만 그 문제의 해결법을 알아내는 것도 재미의 일부다.

일단 행동에 옮기면 계획대로 되는 일은 거의 없다. 실행 과정에서 발생하는 요소들을 사전에 다 알 수는 없는 일이고, 그게 가능하다고 하더라도 여건이 예측할 수 없는 방식으로 변한다.

이 문제에 대해 과잉 대응하는 2가지 방법은 완전히 상반된 것이다. 하나는 계획이 무의미하다는 가정하에 계획을 아예 세우지 않는 것이다. 다른 하나는 가급적 오랫동안 실행을 미루고 가능한 한 충격을 최소화하겠다는 희망을 안고 강박적으로 계획을 세우는 것이다.

이런 접근법 가운데 혁신적인 스타트업에서 효과를 발휘하는 방법은 없다. 첫 번째 방법은 잘못된 사업을 구축하게 만들고, 두 번째 방법으로는 절대 제대로 된 사업을 구축할 수 없을 것이다. 이 딜레마를 해결할 방법은 차이점을 구분하는 것이 아니라 메타 전략(전략에 대한 전략)에 참여해서 어떻게 해야 계획과 실행이 함께 이루어질 수 있는지 알아내는 것이다.

가장 중요한 문제는 계획과 실행의 주기, 즉 리듬이다. 당신은 계획을 실행한 후 얼마나 지나서 확인해 보는가? 일반적으로 사업이 초기 단계일 때는 성장 단계일 때보다 확인하는 주기가 더 빠르다. 가장 초기 단계일 때는 최소 기능 제품의 모든 반복이 중심축 또는 전략의 변화를 나타낸다. 당신 회사의 전략적 지평은 며칠 또는 일주일 정도로 짧을 수도 있다. 이는 액셀러레이터 프로그램에 참여하는 기업들에게도 드문 일이 아니다.

대규모 시드 라운드를 통해 자본을 조달하면 계획 기간이 제품 반복 주기와 구별되는데, 전체 기간의 최소 1/4 이상이어야 한다. 이렇게 하면 투자자와 조직 모두에게 채찍질을 가하는 것을 피할 수 있다. 또 계획을 통해 유용한 결과와 정보를 생성할 시간이 생긴다. 성장 단계에서는 판매 보상, 채용, 고객 및 파트너의 기대치, 자본 요건 등을 관리할 수 있도록 1년간의 일정을 미리 계획해야 한다.

또 계획 및 실행 주기 빈도를 여러 개 마련하는 것이 합리적인데, 모두 서로 다른 비즈니스 수준에서 병렬로 작동해야 한다. 1차 자금 조달 라운드를 진행하려면 피벗 예상에 상관없이 자본 통로 전체에 대한 계획이 어느 정도는 필요하다. 연간 계획이 있는 성장 기업은 반 년 정도의 시간이 지났을 즈음에는 시장 변화와 외부 기술 발전에 대응할 수 있어야 한다. 업무별 그룹이나 소규모 팀은 더 짧은 시간 범위 안에서 각 사이클의 계획을 조정해야 장기적인 목표를 보다 효과적으로 달성할 수 있다.

메타 전략의 또 다른 측면은 실행에 수반되는, 불가피한 '분노와 냉철함'에 대한 대처법이다. 계획 또는 계획의 어떤 측면이 실패할 것 같다면 어떻게 하겠는가? 계획을 계속 밀고 나갈 것인지 아니면 수정할 것인지 결정하는 신속한 주기 평가 프로세스를 포함해도 좋다. 너무 빨리 포기하고 마는 인간의 자연스러운 경향을 상쇄하기 위해, 초기 결과가 실망스럽더라도 계획을 중간에 중단하지 않겠다는 일반적인 정책을 마련할 수도 있다.

이것은 당신이 보유하고자 하는 기업 문화의 종류와 관련된 의문을 제기할 수 있다. 당신과 당신의 팀은 체계적인 적응 방식을 선호하는가, 아니면 기회주의적이고 이벤트 중심적인 스타일을 선호하는가? 가장 중요한 것은, 어떤 요소가 될지 구체적으로 알 수는 없지만, 예상대로 진행되지 않는 요소를 처리할 방법을 미리 어느 정도 생각해 두는 것이다.

전략적 계획을 진행하는 방식에 대한 세부 사항도 고려해야 한다. 누가 참여할 것인가? 정보는 어떻게 수집해서 구성할 것인가? 사이클의 어느 지점에서 시작하고 프로세스 단계는 무엇인가? 최종 결정은 어떻게 이루어지며, 조직에 어떻게 전달되는가? 전략적 계획 수립 과정 자체는 얼마나 자주 평가하며, 재평가 과정은 어떻게 되는가?

우리가 메타 전략에 대한 몇 가지 지침을 제공했지만, 당신에게 딱 맞는 확실한 해답은 없다는 생각이 들 것이다. 우리는 어떤 시장을 공략해야 하는지, 어떤 제품 기능을 개발해야 하는지 알려 주는 것 이상은 할 수가 없다. 채택하는 메타 전략과 그것의 역학 관계는 사업마다 다르다. 우리가 말하고자 하는 핵심은 계획과 실행이 둘 다 필요하고, 그걸 잘 해내려면 어떻게 계획하고 실행할지에 대한 계획이 있어야 한다는 것이다.

비전과 실행의 상호 보완적인 역할에 대한 자세한 내용은 '천재'를 참조하자. 놀이로서의 기업가 활동에 대한 자세한 내용은 '놀이와 같은 성숙함'을 참조하자. 계획을 방해하는 장애물에 대한 자세한 내용은 '장애물 극복'을 참조하자. 외부에서 사업을 바라보는 중요성에 대한 자세한 내용은 '뒤로 물러서기'를 참조하자. 계획을 고수할지 여부를 결정하는 방법에 대한 자세한 내용은 '단호한 결정'을 참조하자.

2

문화

CULTURE

기업가가 누릴 수 있는 멋진 일 중 하나는 회사를 위한 독특한 '문화적 규범'을 만들 수 있다는 것이다. 우리는 종종 문화적 규범을 단순히 '문화'라고 부르는 경우가 많은데, 사실 이 두 개념에는 중요한 차이가 있다. 문화적 규범이 기본적인 규칙이라면, 문화는 이런 규칙이 특정한 사람들의 선택과 상호작용을 통해 예시화instantiation한 것으로 본다.

니체는 자신의 작품을 유럽의 패권 문화에서 현대 세계에 대한 자신의 비전으로 옮겨 가는 가교로 여겼다. 그렇게 함으로써, 그는 기존의 문화 규범에 도전하는 동시에 여러 가지 새로운 규범을 고무시켰다.

기업가 활동에서 문화에 대한 유일무이한 접근법은 없다. 기업 설립자들은 문화를 정의하는 '방법'이나 그것이 중요한 '이유'는 생각하지 않은 채 문화의 '내용'에만 얽매이는 경우가 많다. 니체는 내용에 대한 추상적인 제안과 더불어 방법과 이유를 생각할 수 있는 기회를 준다.

니체가 지그문트 프로이트Sigmund Freud와 칼 융Carl Jung 모두에게 큰 영향을 끼쳤다는 것을 명심하면서 니체의 잠언을 다시 한번 천천히 읽어 보자. 그가 19세기 후반에 한 생각이 현대의 기업가 활동에 어떻게 적용되는지 고려하면서 즐기기 바란다. 당신은 문화적 규범을 어떻게 구현하고 있는지, 그리고 사물에 다르게 접근하도록 영감을 주는 장은 무엇인지 생각해 보자.

신뢰

"네가 나를 속인다는 사실이 아니라, 내가 너를 더 이상 믿지 못한다는 사실이 내게 충격을 줬다."

《선악의 저편》#183

| **현대적으로 읽기** |

네가 거짓말을 해서 화가 난 게 아니다. 다시는 널 믿지 못하고 존경할 수 없어서 화가 난 것이다.

신뢰는 비즈니스 관계의 기본이며, 누군가가 특정한 행동 기준을 일관되게 따를 것이라는 기대다. 속임수는 그 기준에 위배된다. 법적 계약은 사업 관계의 일부 요소를 규정할 수 있지만, 모든 우발 상황을 커버하는 것은 불가능하다. 설사 그것이 가능하다고 하더라도, 동기 부여가 되거나 긍정적인 운영 방법이라고는 볼 수 없다.

모든 비즈니스 관계(투자자, 공급업체, 고객 또는 직원과의 관계)의 초기 단계에서는 상대방이 기대하는 행동 기준을 알지 못하며, 그들도 당신의 행동 기준을 모른다. 이상적인 상황에서라면 사전에 이런 기대를 전달할 수 있겠지만, 그것이 포괄적으로 이루어지는 경우는 드물다. 대신 사람들은 이러한 기대 문제를 해결하기 위해 위반이 감지될 때까지 기다린다. 경험 많고 이성적인 사업가들은 이런 상황에 놀라거나 화내지 않는다. 지독하게 악랄한 행동이 아닌 이상, 의도적인 기만으로 여기지 않을 것이다.

직장에서 좋은 관계를 맺기는 어렵다. 신뢰와 이해는 시간과 비례해 커진다. 당신이 신뢰할 수 있는 패턴을 보이거나 상대방이 자신의 기준을 설명할 때, 상대방은 당신에게 일관성을 기대하게 된다. 이때 더 심한 기만이 발생할 수 있다. 관계를 맺은 뒤 상당한 시간이 지났음에도 당신이 확립된 기준이나 패턴을 위반

한다면 상대방은 그것을 진정한 기만으로 여길 것이다. 그들은 더 이상 당신을 믿지 않을 것이고 당신은 신뢰를 잃게 된다. 그들은 아마 당신을 새로운 신분으로 회복시키는 것이 아니라, 더 이상 당신과 함께 일하지 않을 가능성이 높다.

그런 관계의 미래에 품을 수 있는 유일한 희망은 그런 기만이 결코 고의가 아니었다는 점을 전하고, 즉각적이고 완전한 시정을 할 수 있는지 확인하는 것이다. 이때 당신이 반드시 취해야 하는 행동이 2가지 있다.

첫째, 먼저 사과를 해야 한다. 당신이 한 행동의 기저에 깔린 가정을 설명하고, 업무 관계에 거는 기대를 어떻게 오해했는지 이야기하자. 당신은 진심으로 사과하고 모든 책임을 져야 한다. "그런 이야기는 해주지 않으셨잖습니까?"라고 말하기보다, "제가 미처 깨닫지 못했습니다"라고 말해야 한다.

둘째, 상대방의 기분이 풀릴 수 있도록 가능한 모든 일을 다 해야 한다. 그러려면 돈이나 명성 면에서 개인적으로 큰 대가를 치르게 될 수도 있다. 경우에 따라서는 상황을 완전히 복구할 수 없을지도 모른다. 관계 회복을 위해서는 상대방의 이익을 위해 행동해야 할 지속적인 의무가 주어진다. 그렇다고 해도 시간이 꽤 걸릴 것이다. 상대는 처음 발생한 기만을 책략처럼 느낄 테고, 한동안 당신의 사과와 시정 조치를 추가적인 책략으로 의심할 수 있다.

그런 보상은 니체가 여기서 말한 내용 때문에 가능한 것이다. 만약 그 사람이 기만 자체에 화가 난 것이라면, 기만은 이미 발생했기 때문에 구제할 방법이 없다. 하지만 상대방이 더 이상 당신을 믿을 수 없어서 화를 낸다면, 그건 순전히 실수였기 때문에 다시는 그런 일이 없으리라는 것을 보여 줌으로써 그 믿음을 회복할 수 있다.

만약 그 기만이 무심코 저지른 것이 아니거나 이런 사후 조치를 취하지 않기로 결정한다면, 그 관계의 끝은 고행의 시작이 될 것이다. 사람들은 자기가 부당한 대우를 받았다는 것을 깨닫게 되면 지금까지와는 다른 접근법을 취한다. 어떤 이들은 적극적으로 당신을 비난할 테고, 어떤 이들은 질문을 받아야만 의견을 제시할 것이다. 당신을 더 이상 믿지 않는 이들은 애매모호하게 표현된 언어, 숨겨진 제안, 눈에 띄는 누락 등을 통해 그 사실을 드러내려고 할 것이다. 그러면 결국 소문이 퍼지고 당신의 평판은 나빠진다.

니체의 잠언은 다른 사람들이 당신의 신뢰를 깨뜨렸을 때 어떻게 대처할 수 있는지를 암시한다. 당신은 더 이상 그들을 믿을 수 없다는 사실에 화를 내는 위치에 있기를 바랄 것이다. 한 학설에 따르면, 신뢰를 바탕으로 관계를 맺기 시작하는 사람들은 긍정적인 관계에 보다 개방적이기 때문에 더 성공할 수 있다고 한다. 그들은 또 제한된 방법으로 이용당하는 경우가 많기 때문에 사람들을 어떻게 평가해야 할지 잘 알고 있다. 브래드도 이런 입장을 취하면서, 우리끼리 '나를 한번 엿 먹여 봐'라고 부르는 규칙을 고수한다. 그렇다고 해서 만나는 즉시 사람들에게 집 열쇠와 당좌예금 카드를 쥐여 준다는 뜻은 아니다. 다만 변호사를 통해 문제를 해결하거나 절차적 규정에 의지하기보다 긍정적인 업무 관계에 더 의존한다는 이야기다. 손해를 줄이기 위한 보호 방식을 유지하는 동안에는 계속 취약할 수밖에 없다.

신뢰 관리 방법, 즉 신뢰를 주는 방법과 얻는 방법 모두를 깊이 생각하고 실험해야 한다.

신뢰를 얻는 것과 관련된 자세한 내용은 '감사와 진실성', '책임지기'를 참조하자. 다양한 윤리 규범에 대한 자세한 내용은 '괴물', '모방자', '결과'를 참조하자. 모험을 통해 배우는 것에 관한 자세한 내용은 '경험에서 우러난 지혜'를 참조하자.

잉그리드 알롱기Ingrid Alongi의 경험담

퀵 레프트Quick Left 공동 설립자

회사를 매각하기 몇 달 전, 내가 불운한 상황에 처했다는 것을 알게 됐다. 오랜 지인은 아니지만 그래도 자연스럽게 믿었던 사람이 내 믿음을 저버렸다. 하지만 다행히 나를 존경하던 이들이 이런 속임수를 경고해 줬다. 나는 그 상황을 어떻게 대처해야 할지 고민하며 힘든 시간을 보냈다.

우선 나는 그 사람과의 업무 관계가 서로에게 이득이 될 것이라는 큰 기대를 안고 일을 시작했다. 둘째, 개인적으로 맺은 어떤 약속 때문에 재정적으로 취약해졌다. 셋째, 부채가 많고 현금 흐름이 불안정해서 사업 여건이 좋지 않았다. 게다가 당시 나는 쌍둥이를 임신한 상태였다.

새로운 업무 관계를 신뢰하는 것과 그로 인해 상황이 취약해지는 것은 별개의 문제다. 이 일을 통해 그런 취약성을 제한하는 것이 왜 중요한지 배우게 됐다.

나는 원래 경쟁심이 매우 강한 사람이다. 이 사업을 처음부터 키우면서 마스터스 트랙 사이클링 대회에 나가 여러 번 우승을 차지하기도 했다. 하지만 그때는 임신으로 인한 호르몬 분비와 에너지 고갈, 그리고 회사를 시작하는 데 따른 전반적인 과로 때문에 평소처럼 경쟁심이 불타지 않았다. 게다가 스트레스가 나와 뱃속 아이에게 좋지 않다는 사실도 잘 알고 있었다. 그 상황에 어떻게 대처해야 할지 고민할 힘이 없었고 압도적인 패배감에 사로잡혔다.

경고 표시를 더 일찍 알아차리지 못한 나 자신을 원망했다. 물론 나중에 돌이켜 보면 명백히 잘못된 행동이라 해도 그걸 미리 알아차리기는 어렵다. 우리 문화에는 개인적인 일과 사업 간의 경계가 있다. 그래서 어떤 사람들은 '이건 개인적인 일이 아니라 단지 비즈니스일 뿐이다'라는 말을 신뢰 관계에 있어 일반적인 개념과 일치하지 않는 방식으로 행동해도 된다는 허가로 받아들인다.

또 비즈니스계에서는 거래를 성사시키기 위해 사람과 상황을 조작하는 능력을 일종의 자산 혹은 긍정적인 능력으로 간주한다. 이런 행동과 사기의 차이는 종종 보는 사람의 눈에 달려 있다. 이런 식의 행동을 기술로 여길 수도 있지만, 그걸 꿰뚫어 보고 얼마나 확장되는지 지켜보는 것도 기술이다.

상대의 부정직한 행동이 드러나자 나는 정말 외롭고 고립된 상황에 처하게 됐다. 주변에서는 자진해서 돕는 사람은커녕, 아무도 이 일에 관여하려 하지 않았다. 이런 고립감 때문에 때로는 그의 부정직한 태도를 부정하고 이 상황에 대한 내 본능을 다시 비판하는 지경에 이르기도 했다. 게다가 여자인 탓에 목소리를 내는 것이 더 두려웠다. 상대방이 앙갚음이라도 하면 그냥 무시하고 내버려 두는 것보다 더 나쁜 상황이 벌어질 수도 있기 때문이다. 나는 여전히 나를 속인 그 사람을 믿고 싶었고, 속임수 자체가 미치는 영향에만 화를 냈기 때문에 많은 위험에 노출되고 말았다.

그래도 결국에는 긍정적인 결과를 얻었다. 개인 변호사를 고용하고 비즈니스 코치와 협력해서 나 자신을 뒤늦게 비판하거나 감정적인 혼란 속에서 실제로 중요하지 않은 요소에 과도하게 반응하지 않도록 했다. 그렇게 그 어려운 시기를 이겨냈다. 나는 건강한 쌍둥이를 낳았고, 퀵 레프트는 다른 기업에 인수됐으며, 아무도 무일푼이 되지 않았다. 더 좋은 것은, 내가 회사에 남아 전례가 없는 성공적인 인수에 성공했다는 것이다.

내가 저지른 가장 큰 실수는 사업 계약을 체결하기 전에 노출됐던 개인적인 금융 정보를 전부 바꿔 달라고 요구하지 않은 것이다. 상황이 빠르게 진행됐고(나중에 알게 된 바에 따르면 계획적으로 그랬다고 한다), 제시간에 변경될 거라는 말을 의심하지 않고 믿는 바람에 다른 일을 진행하기 전에 변경부터 해야 한다고 주장하지 못했다. 새로운 합의와 그 잠재적 가능성에 대한 흥분과 낙관으로 판단력이 흐려지는 바람에 나중에 위험한 상황에 처하게 된 것이다.

나는 빠르게 움직이는 것을 좋아하지만 때로는 속도를 늦출 필요가 있다는 것을 다시 한번 배웠다. 누군가 당신에게 빨리 결정을 내리라고 강요한다면, 그 이유와 그것이 궁극적으로 누구에게 이득이 되는지 의문을 품을 필요가 있다.

감사

"새로운 길을 가고 또 많은 사람을 새로운 길로 인도했던 이들은 누구나, 이 많은 사람이 고마움을 표하는 데에 얼마나 서투르고 형편없는지, 아니 전체적으로 감사하는 마음을 표현하는 것이 얼마나 드문 일인지 발견하고 놀란다. 마치 고마움을 표하고자 할 때마다 목이 막히기 시작하고 헛기침이 나와서 말을 제대로 잇지 못해 침묵하는 것처럼 보일 정도다."

《즐거운 지식》#100

| 현대적으로 읽기 |

창업자나 리더 역할을 해본 이들은 사람들이 감사 표현에 얼마나 서툰지 알고 놀란다. 아예 감사를 표하지 않는 이들도 많다. 그런 사람들을 보면 마치 감사의 말이 목에 걸려서 건성으로 대충 이야기하다가 결국 포기하는 것 같다.

리더인 당신은 의사소통이 성공에 얼마나 중요한지 알고 있다. 또 의사소통 기술이 언제든 향상될 수 있다는 것도 안다. 니체가 여기서 말한 것처럼, 감사는 효과적으로 전달하기가 가장 어려운 감정 중 하나다. 훌륭한 CEO가 고객이나 직원에게 감사를 전할 때는 서두르지 않고 진실한 태도로 말하기 때문에 기억에 남는다. 당신도 이미 자연스럽게 이걸 깨달았을지도 모른다. 만약 그렇지 않다면, 진심으로 감사를 표현할 때의 어색함이나 저항감을 극복하는 방법을 배우고 연습해야 한다.

팀원들이 더 편안하게 감사의 마음을 표현한다면 회사에 얼마나 큰 힘이 될지 상상해 보자. 타인에게 인정받는다고 느끼는 직원은 분열을 초래하는 행동을 할 가능성이 적다. 회사가 자기를 소중히 여긴다고 느끼는 고객은 경쟁사의 유혹에 넘어가지 않을 것이다. 인정받는다고 느끼는 공급업체는 최선을 다해서 업무를 수행할 것이다. 조직 안팎에서 진심 어린 감사를 표하도록 조직을 이끌고 가르친다면 상당한 경쟁 우위를 확보할 수 있다.

그러나 단순한 정책이나 대본만 가지고는 감사 문화를 정착시킬 수 없다. 무성의하게 감사를 표하는 것은 아예 하지 않는 것보다 더 나쁘다. 그보다는 진정한 감사를 표현하는 것이 어색하게 느껴지는 근본적인 이유를 밝혀내자. 그러면 자기가 취약한 부분이 드러난다. 누군가에게 진심으로 감사를 표한다는 것은 결국 '내가 원하거나 필요한 게 있었는데, 당신이 그걸 내게 제공해 줬다'고 말하는 것이다. 사람들 대부분은 이런 독립성과 자율성의 격차를 인정하는 것을 불편해한다. 조직에 감사를 표현하도록 가르치기 전에 먼저 모두들 이런 취약성에 익숙해져야 한다.

감사와 온정의 중요성에 대한 자세한 정보는 '감사와 진실성', '추종자 모으기'를 참조하자. 의사소통에서 감정의 중요성에 대한 자세한 내용은 '느낌으로 한 번 더'를 참조하자.

바트 로랭Bart Lorang의 경험담

풀콘택트Fullcontact CEO & 공동 설립자, V1.VC 공동 설립자

춥고 눈이 많이 내린 어느 날 아침 6시 30분, 볼더에는 밤새 30센티미터의 눈이 쌓였다. 내가 일어났을 때, 놀랍게도 옆집 사람은 벌써 우리 집 인도에 있는 눈까지 다 치워 둔 상태였다. 아내 사라는 이웃 사람에게 우리 집 일까지 떠넘긴 것을 가지고 날 나무랐다. 나는 CEO 일을 하느라 바쁘고, 어떤 일은 내 우선순위가 아니라고 설명하려고 했다. 하지만 그건 잘못된 대답이었다. 아내는 이웃 사람이 우리 회사보다 더 빠르게 규모를 키우고 있는 스타트업의 CEO라고 하면서, 그런 사람이 어떻게 자기 집과 우리 집 앞 눈까지 치울 시간이 있었는지 모르겠다고 큰소리로 의아해했다.

그 순간 나는 CEO로서, 남편으로서, 그리고 남자로서 패배했다는 느낌을 받았다. 뭔가 바뀌어야 했지만 그러기 위해서는 도움이 필요했다. 그래서 고민 끝에 우리 회사 주요 투자자에게 연락해서 유명한 CEO 코치인 제리 콜론나Jerry Colonna를 소개해 달라고 부탁했다.

정말이지 나로서는 그저 도움을 요청하는 것 자체가 큰일이었다. 나는 그 누구에게도 도움을 요청하지 않고 치열하게, 독립적으로 자랐다. 내게 도움이 필요하다는 사실을 인정하는 것은 곧 내 취약성을 남에게 드러내는 일이었다. 로키산맥에서 자라며 받은 훈육과 '단호한 개인주의자' 프로그래밍은 그런 태도와는 완전히 반대되는 것이었다.

그런데 이 간단한 도움 요청이 결국 내 인생에 심오한 변화를 가져다줬다. 제리와 관계를 맺게 되면서 과거의 관계와 리더십에 대한 나의 접근 방식을 탐구할 수 있었다. 그리고 회사의 건전하지 못한 환경을 조성하는 데 내가 어떻게 관여했는지도 되돌아볼 수 있었다.

또 우리가 애초에 풀콘택트를 설립한 이유도 다시금 깨달았다. 그것은 바로 사람들이 다른 사람과 더 멋진 관계를 맺을 수 있도록 돕기 위해서였다. 그런데 정작 우리는 회사에서 이 신조를 지키지 않고 있었다. 심지어 지키는 척도 안 했다. 우리는 남성다움의 과시, 수동적 공격성, 피해의식의 치명적인 조합을 통해 자신을 표현하는 기업 문화를 만들어 낸 것이다.

그래서 코칭을 받으면서 배운 행동을 모델로 삼아 이를 풀콘택트에서 추구하기 시작했다. 우선 매일 하는 리더십 회의에서 자신의 현재 상황을 확인하는 것부터 시작했다. 빨간색, 노란색,

녹색을 이용해서 자신의 현 위치를 표시하고 다음과 같은 질문을 던졌다.

- 우리 몸은 어디 있는가?
- 우리는 어디로 호흡하는가?
- 우리는 정말로 어떻게 지내고 있는가?

그러자 곧바로 기업 문화가 변하기 시작했다. 리더십 팀의 구성원들은 온 힘을 다해 일하기 시작했다. 리더들은 자신의 두려움을 파악하고 동료들과 함께 그 문제에 대해 이야기하기 시작했다. 눈물과 포옹이 우리의 표준이 됐다. 인신공격과 수동적이고 공격적인 언어 표현이 사라졌다.

놀랍게도 리더십 팀이 변하자 이사회도 그 뒤를 따랐다. 리더십 팀원 여러 명이 눈물을 흘리고, 이사회 구성원들이 자신의 취약점을 드러냈던 이사회 회의를 똑똑히 기억한다. 우리 리더십 팀은 그 순간 위협을 느끼지 않았다. 오히려 자신의 가장 깊은 불안과 두려움을 공유해도 안전하다고 느꼈다.

몇 년이 지난 지금, 우리 회사의 문화 전체가 사랑과 연약함, 감사가 번성하는 문화로 변화됐다. 예를 들어, '올 핸즈 온 덱All Hands on Deck' 회의를 할 때면 항상 서로에 대한 감사를 표하고 동료들을 칭찬하는 데 10분씩 시간을 들인다. 나는 매달 뛰어난 봉사

정신을 발휘한 팀원을 이야기할 때마다 눈물을 흘리곤 한다. 이런 식으로 감사를 표하는 데에는 깊은 진심이 담겨 있다. 취약성에 대한 근본적인 불편함을 해소하고 이 지점에 도달했기 때문이다. 보다 일반적이면서도 가장 중요한 사실은 '다른 사람들과 멋진 관계를 맺는다'는 풀콘택트의 핵심 가치가 단순한 광고 문구가 아니라 회사의 모든 직원에게 자신의 삶을 이끌어 나가는 기본 원칙이 됐다는 것이다.

지속성

"위대한 사람을 만드는 것은 힘이 아니라 위대한 정서의 지속
이다."

《선악의 저편》 #72

| **현대적으로 읽기** |

큰 성공을 거두려면 신념과 동기를 강하게 품기보다 그것을
장기간에 걸쳐 지속적으로 유지하는 것이 더 중요하다.

이 잠언은 지속 시간과 힘의 차이를 강조한다. 그 차이를 고려하기 전에, 니체가 '위대한' 정서와 사람을 강조했다는 것에 주목하자. 니체가 취미 활동에 대한 열정이나 사랑을 이야기한 것은 아닐 것이다. 그가 말한 정서는 많은 사람, 오랫동안 확립된 시스템, 전통에 영향을 미치거나 역사적으로 중요한 생각을 나타내는 감정을 뜻한다.

이는 기존의 대규모 산업이 붕괴하는 것을 의미할 수 있고, 논란의 여지가 있는 윤리적 입장을 취하거나 조직 혁신을 일으키는 것과 같은 운영 방식과 관련이 있을 수도 있다. 이 해석을 이용하면, 당신의 위대한 감정에는 미래에 대한 비전이 포함되어야 한다. 그렇지 않으면 세상이 변화하고(오늘날에는 그 어느 때보다 빠르게 변한다) 시간이 지남에 따라 관련성이 사라져서 지속 기간이 암묵적으로 제한될 것이다.

사업을 시작하려면 자신의 아이디어와 팀, 방식을 강하게 믿어야 한다. 감정의 '힘'이 없다면 아무도 당신을 따르거나, 함께 일하거나, 물건을 구매하거나, 투자하지 않을 것이다. 미적지근한 리더는 리더가 아니다. 결과적으로 말하면 정서적인 힘은 기업가로서의 성공의 열쇠로 작용하는 중요한 요소다.

하룻밤 사이에 큰 변화를 이루거나 멋진 아이디어를 구현할 수는 없다. 실행에 옮기는 것도 중요하지만, 계획을 성취로 바꾸려면 그 일을 끝까지 해내야 한다. 일을 시작하기만 하는 열정적인 '아이디어 맨'은 위대한 경지에 오르지 못한다. 혁신을 실행해야만 그 경지에 도달할 수 있다. 그러려면 시간이 오래 걸릴 수 있고, 당신이 품은 위대한 감정을 고집스럽게 가로막을 반대파들도 많을 것이다.

강하게 시작된 감정은 지속적인 거부로 인해 고갈될 수 있다. 피곤하거나 지루해질 수도 있다. 모든 사람, 모든 감정이 장기간 이어질 수 있는 것은 아니다. 일상적인 실행에 따르는 고뇌는 그것을 추진하고 필요로 하는 당신의 아름다운 비전과 전혀 다르다. 다른 흥미로운 아이디어와 기회가 찾아올 것이다. 새로운 '밝고 빛나는 물체'가 당신을 유혹해서 원래 품고 있던 감정의 힘을 약화할 것이다. 새로운 감정의 참신함과 그로 인한 흥분으로 위대함이 실현되기도 전에 당신의 관심이 줄어들 수도 있다.

사업이 잘 되더라도 굳건히 품고 있던 감정이 사라질 수 있다. 초기의 성공은 게으름이나 방치를 낳을 수 있다. 자아, 재정적 자유, 과신은 원래의 비전이나 감정에서 벗어나 치명적인 일탈을 초래할 수 있다. 훌륭한 존재가 되려면 단순히 성공하는 데서 끝나는 게 아니라 결과가 훌륭해질 때까지 위대한 감정을 유지해야 한다. 각 단계에서, 원래의 감정에서 파생된 다음 단계의 성취를 기대해야 한다.

감정의 지속은 초반의 강도에 구애받지 않는다. 위대함을 실현하기 위해서는 초반의 열정이 이어지는 기간보다 더 긴 시간이 필요하다. 당신이 직면하는 모든 장벽을 넘어서려면, 감정의 힘을 강하게 만들어야 한다. 반대와 좌절은 실망보다는 열정을 낳아야 하고, 지적 호기심은 넓어지기보다 한 곳으로 좁혀져야 하며, 성공은 새로운 강렬함을 만들어 내야 한다. 변화가 아닌 확고함을 만들어 내는 인지적 편향을 위해서는 감정을 강하게만 유지하는 것이 아니라 깊게 유지해야 한다. 감정이 지속되려면 집착이 되어야 한다.

"만약 그 감정이 잘못된 것이라면?" 하고 물을 수도 있다. 그런 경우에는 '위대함'을 얻지 못할 것이다. 감정이 지속되더라도 실패를 초래할 수 있다. 빠른 실패는 기업가들에게 자주 있는 일이고 때로는 적절하다. 그러나 이 때문에 위대한 존재가 되는 데 필요한 인내심을 배제하는 습관이 생기기도 한다. 너무 빨리 또는 너무 자주 실패할 경우, 좋은 결과를 얻거나 성공할 수 있을지는 몰라도 위대한 존재가 되기는 힘들다.

집착과 그 영향에 대한 자세한 내용은 '집착'을 참조하자. 혁신이 느리게 진행되는 것과 관련된 자세한 내용은 '혁신에 대한 인내심'을 참조하자. 비전 조정에 관한 생각은 '정보', '이정표', '계획'을 참조하자. 믿음의 힘을 표현하는 것에 대한 자세한 내용은 '강한 믿음'을 참조하자.

팀 밀러Tim Miller의 경험담

랠리 소프트웨어Rally Software CEO

나는 스스로를 대단한 사람이라고 생각하지 않기 때문에 이 주제에 대해 쓰기가 꺼려진다. 하지만 나는 지난 세월 나와 똑같은 비전을 공유하는 훌륭한 인물들, 그러니까 '위대한 정서'를 공유하는 인물들을 곁에 둘 수 있었다. 그러니 그 팀의 일원으로 지냈던 내 경험을 이야기하면서 훌륭한 팀에 대한 이야기를 겸손하게 나눌 수 있으리라 본다.

내가 첫 번째 회사인 아비테크Avitek를 시작했을 때, 이 회사의 핵심 목표는 황금률, 즉 '우리가 대우받고 싶은 방식대로 다른 사람들을 대하자'라는 생각이 뿌리박힌 기업 문화를 만드는 것이었다. 우리는 그 목표를 달성했고 성공적인 회사를 설립했다. 하지만 회사 당좌예금 계좌에는 적으면 2주, 많아야 4주 정도의 급여밖에 들어 있지 않았다. 가족을 파산시킬지도 모른다는 위험이 나를 짓눌렀다. 그래서 회사를 매각하고 금전적 자유를 얻을 기회가 생기자 나는 그 기회를 놓치지 않았다. 아비테크는 창업

4년 만에 매력적인 가격으로 인수됐다.

짧은 안식년을 보내고 나서, 내가 사회생활을 시작했을 때부터 계속 협력해 온 오랜 사업 파트너 라이언 마틴스Ryan Martens가 랠리 소프트웨어를 설립하는 것을 도왔다. 나는 쉬는 동안 성공적이면서 소프트웨어 개발 산업을 크게 변화시킬 지속적인 회사를 만들고자 하던 내 열망을 구체화했다. 특히 소프트웨어 개발자가 존중받고 창의적인 천재성을 발휘할 수 있도록 하는 것을 목표로 했다. 그러면 그들은 시장에서 가장 큰 기회를 추구할 것이고 궁극적으로 지구의 가장 큰 문제들을 해결하는 데 도움이 될 것이기 때문이다.

이러한 비전을 달성하기 위한 방법이 애자일Agile 소프트웨어 개발이었다. 애자일 선언은 12가지 원칙을 바탕으로 하는데, 그중 두 가지 원칙에 랠리를 이끈 '위대한 정서'가 담겨 있다.

· 개발자들에게 필요한 환경과 지원을 제공하고, 그들이 일을 완수할 수 있도록 신뢰한다.
· 후원자, 개발자, 이용자들이 무한정 일정한 속도를 유지할 수 있어야 한다.

이러한 접근법은 소프트웨어 개발 초기 수십 년 동안 만연했던 '워터폴waterfall' 방식의 명령-통제와 극명한 대조를 이루었다.

이 방법은 종종 지속 불가능한 수준의 노력과 불특정한 기간이 합쳐진 '죽음의 행진' 프로젝트로 이어졌다. 이러한 방법은 판도를 바꾸는 혁신적인 방식으로 큰 문제를 해결하는 대규모 팀에는 적용되지 않았다.

오래 지속되는 회사를 만들기 위해 가장 먼저 해야 할 일은 벤처 자금을 모으는 것이었다. 우리는 IBM, HP, 마이크로소프트 같은 거대 기업이 지배하는 기존 업계를 교란하는 도전에서 살아남아야 했는데, 그러려면 상당한 자본이 필요했다.

벤처 캐피털 덕분에 우리는 시장에서 확실한 선두주자의 자리에 올랐지만, 10년간의 성장 후에는 투자자들에게 자본을 돌려줘야 했기 때문에 결국 IPO를 진행하게 됐다. 이로 인해 우리는 결국 인수당하기 쉬운 회사가 됐다. 따라서 벤처 자금 조달은 오래 지속되는 독립 회사를 만드는 데 도움이 되기도, 방해가 되기도 했다.

우리는 13년 동안 훌륭하게 달려왔다. 젊은 공개 기업인 우리는 '무리를 함께 유지'하고 성장하면서 독립 상태를 유지하기 위해 열심히 노력했다. 우리는 소프트웨어 산업을 변화시켜서 지구를 구하자는 우리의 가장 큰 소명, 니체의 표현대로 하자면 '위대한 정서'를 계속 홍보했다. 하지만 극복해야 할 압도적인 장애물이 몇 가지 있었다. 행동주의 투자자 중에 회사의 투자를 줄여서 수익성을 높이려는 목적으로 이사직을 원하는 이들이 점점 많아졌다. 그렇게 하면 단기적으로는 금융 시장에서 더 성공할 수 있을지 모르지만, 우리의 사명을 추구하는 능력을 약화하리라는 데는 거의 의심의 여지가 없었다. 불행히도 우리는 장기적인 비전보다 분기별 수익을 중시하는 월스트리트의 분노에서 살아남을 만큼 충분히 크지 않았고 빠르게 성장하지도 못했다.

우리는 결국 기업 인수를 통해 크게 성장한 CA 테크놀로지스CA Technologies에 랠리를 매각하게 됐다. 이들은 자체 프로세스를 현대화해서 애자일 기업이 되고자 하는 열망이 높았고, 고객이 '애플리케이션 경제'에서 승리할 수 있도록 지원하는 우리 회사의 능력을 높이 샀다. 이 매각 덕분에 랠리는 수십억 달러의 보호막 아래에서 임무를 계속 수행하며 번성할 수 있었다. 그들은 첫날부터 우리 직원들을 공평하게 대해 줬고, 모든 직원은 원래 하던 일을 계속하거나 다른 부서에서 새로운 역할을 찾을 수 있었다.

우리는 이제 독자적인 회사는 아니지만, 원래의 임무는 지금까지 계속되고 있다고 믿어 의심치 않는다. 우리는 소프트웨어 산업을 더 나은 방향으로 변화시키는 데 지속적인 영향을 미쳤고 우리 팀이 구축한 기술 덕분에 세상이 더 나은 곳이 됐다고 생각한다.

능가

"삶이 내게 다음과 같은 비밀을 말해 줬다. "보라" 하고 삶은 말했다. "나는 항상 자기 자신을 초극해야 한다. 물론 그대들은 이것을 생산에의 의지, 또는 목표, 보다 높은 것, 보다 멀리 있는 것, 보다 다양한 것에의 충동이라 부른다. 그러나 이러한 것들은 모두 한 가지 일이며 동일한 비밀이다."

《차라투스트라는 이렇게 말했다》2부, 자기 초극에 대하여

| 현대적으로 읽기 |

인생은 항상 자신을 뛰어넘는 과정일 뿐이다. 이를 아이를 낳는 것, 목표를 향해 노력하는 것, 더 많은 것을 성취하는 것, 희귀한 것, 폭넓은 호소력을 지니는 것 등의 맥락에서 생각할 수도 있다. 하지만 그건 결국 모두 같은 생각이다.

'레벨 업'이라는 말은 비디오 게임에서 유래된 것으로, 게임 내에서 레벨이 높아짐에 따라 자신의 실력이 함께 성장하는 것을 말한다. 특정 레벨을 성공적으로 완료하는 기술을 습득하면 다음 레벨로 넘어간다. 그런 기술을 갖추게 되면 이전 단계들을 꾸준히 연습하거나 원하는 만큼 다시 시도할 수 있다.

레벨 업은 기업가 활동에도 통용된다. 개인이나 팀에 적용되는 이 말은 곧 다가올 사업상 과제를 해결하는 데 필요한 역량을 향상하는 것을 의미한다. 예를 들어 100만 명의 사용자를 성공적으로 지원하는 것은 만 명의 사용자를 지원하는 것과 다르다. 따라서 기업이 그런 방향으로 성장하고 있다면 운영팀도 레벨을 높여야 한다.

이와 관련해서 많이 쓰이는 전문 용어가 '지속적인 개선'이다. 이는 개인이나 조직이 항상 상황을 개선하려고 노력하기는 하지만 반드시 특정 대상을 목표로 하는 것은 아닌, 보다 세분화된 접근 방식이다. 지속적인 개선을 이루는 조직은, 모든 노력을 기울인 뒤에 잘되지 않은 부분과 더 잘할 수 있었던 부분을 찾아내고 다음번에 이런 부분을 개선할 방법을 모색한다.

자기 계발이라는 개념이 새로운 것은 아니지만 니체는 여기서 더 큰 것을 말하고 있다. 그의 생각은 개선 또는 '초극'이 삶을 구성한다는 것이다. 특정한 목표를 제쳐두더라도, 사람은 살아가면서 지금보다 더 나아지고, 더 넓어지고, 더 충만해지려고 진정으로 노력한다. 개인의 성장은 삶의 한 단면이 아니라 삶 그 자체다. 세속적인 의미에서 더 많은 것을 성취하려고 노력할 필요는 없다. 그보다는 자신의 영적인 면을 넓히고 깊어지게 하자.

당신의 회사와 조직에도 이와 동일한 아이디어를 적용할 수 있다. 처음에는 기업이 일정한 이윤을 얻을 수 있는 일정한 수익 규모를 달성하면 거기에서 안정될 것이라고 생각할 수 있다. 이 해당사자들이 수익과 제품, 직업에 만족한다면 바꿀 이유가 뭐가 있겠는가?

그러나 경쟁적이고 혁신적인 시장에서는 안정적인 상황이라는 것은 존재하지 않는다. 당신 회사가 수익성이 있다면 누군가 또한 그 이익의 일부를 얻으려고 노력할 것이다. 혹은 혁신이나 문화적 변화로 인해 당신이 만든 제품에 대한 수요가 없어질 수도 있다. 회사와 조직은 현재의 위상을 유지하기 위해서라도 꾸준히 성장하고 개선되어야 한다.

레벨 업, 지속적인 개선, 또는 능가는 부가적인 활동이나 과외 활동이 아니다. 그것은 실행의 본질이다. 팀과 그 구성원들을 개선하는 것이 비즈니스 전략과 운영의 핵심이다. 그렇지 않으면 자기가 어떤 분야에서 뒤처져 있고, 연구, 교육, 또는 계획에 없던 직원 채용을 해야만 속도를 낼 수 있다는 사실을 갑자기 깨달고 놀라는 일이 자주 생길 것이다.

조직의 지속적이고 직접적인 개선을 위한 계획을 세워야 한다. 이를 위해서는 매출 목표를 달성하려고 애쓸 때와 비슷한 강도와 일관성이 필요하다. 팀에 필요한 기술과 지식이 없으면 실행에 옮길 수 없다. 사업의 빠른 성장과 주변 환경의 변화를 염두에 두고 이런 계획은 항상 유동적으로 세워야 한다.

사업을 통해 배우고 성장시키는 방법에 대한 자세한 내용은 '경험에서 우러난 지혜', '정보', '자신에 대한 기쁨'을 참조하자.

스타일

"무엇보다 문화는 한 종족의 삶에서 표현되는 모든 예술 양식의 총합체다. 그러나 이를 위해 풍부한 지식과 학문이 꼭 필요한 것은 아니며, 존재의 징후도 아니다. 그리고 꼭 필요할 때면 문화와 정반대되는 야만성, 즉 스타일이 완전히 결여되거나 모든 스타일이 난잡하게 뒤섞여 있는 야만적 행위와도 훨씬 조화롭게 공존할 수 있다."

《계절의 생각》, 다비트 슈트라우스, 고백자와 저술가, 섹션 I

| 현대적으로 읽기 |

문화는 무엇보다 우리 삶의 모든 측면에 존재하는 예술적 스타일을 통합하는 중요한 역할을 한다. 지식과 배움은 그 자체로 문화를 창조하지 않으며 문화에 필수적이지도 않다. 지식과 배움은 스타일이 완전히 결여되거나 일관되지 않은 스타일만 다수 존재하는 미개한 사회에서도 쉽게 찾아볼 수 있다.

＊

'문화'의 현대적인 의미가 발전한 것은 19세기에 인류학이라는 분야가 등장하면서 생긴 결과다. 이 용어는 1980년대부터 비즈니스 조직에 적용되기 시작했는데, 오늘날에는 조직 문화의 분석과 적극적인 형성을 성공적인 기업가 활동의 핵심적인 측면으로 간주하는 이들도 많다. 니체는 국가의 문화를 언급한 것이지만, 그의 견해는 비즈니스 문화에도 적용된다.

회사 직원들을 '한 종족'이라고 생각하는 게 타당할까? 그들은 물론 이웃 사람이나 지리적 공동체에 속한 다른 구성원들보다 많은 시간을 함께 보내고 서로 더 많은 상호작용을 한다. 그리고 폭넓은 집단 사이에서는 보기 드문 수준의 공통된 목적을 가진다. 그들은 종종 자신들을 다른 조직 구성원들과 구별하면서 본인들을 하나로 묶어 주는 독특한 용어와 행동 규범을 가지고 있다.

'예술적 스타일'은 다양한 방식으로 비즈니스에 나타난다. 최고의 사용자 인터페이스, 독창적인 경험, 제품 디자인, 웹 사이트 등은 강력한 예술적 요소를 통합한다. 직원이 고객, 공급업체, 일반 대중과 하는 상호작용(전화 응답 방식, 협상 처리 방식, 트위터 피드 방식 등)은 독특한 감정적 반응을 남긴다. 사업 전체의 발전은 기업가의 비전이 독특하고 구체적인 방식으로 표현되면서 시작되는 창조적인 노력이다.

애플과 IBM의 문화 차이를 생각해 보자. 애플은 예술적인 스타일이 분명히 통일된 모습을 보여 주며 제품, 매장, 광고, 고객 상호작용 등 모든 것에서 이런 스타일을 드러낸다. IBM의 경우, 비록 스타일 자체는 딱딱하고 독창적이지 않지만 그래도 통일된 모습을 보이는 것은 마찬가지다.

예술적 스타일이 통일되지 않은 회사를 생각해 보자. 그들의 브랜드가 의미하는 바는 무엇인가? 그들과 교류할 때 당신은 무엇을 기대하는가? 그들은 앞으로 어떤 종류의 제품을 제공할 예정인가? 그들의 문화가 '모든 스타일이 난잡하게 뒤섞여서' 구성되어 있다면, 팀원들이 똑똑하고 의욕적이고 협조적이더라도 중요한 무언가가 빠져 있다고 느껴질 것이다.

기업 문화에 대해 생각할 때는 예술적 스타일이라는 필터를 통해 바라보고 그 스타일이 회사의 모든 활동에 일관되게 통합되어 있는지 확인하자.

문화적 통합과 관련된 중요한 세부 요소들은 '집단 사고' 및 '올바른 메시지'를 참조하자.

팀 엔월Tim Enwall의 경험담

미스터 로보틱스Misty Robotics 책임자

처음에 이 잠언과 글을 읽었을 때는 부정적인 생각이 강하게 들었다. 기업에 있어 문화는 고용과 홍보, 해고가 가능한 대상이고, 브랜드는 대중이 회사의 본질로 여기는 것이다. 강력한 문화와 강력한 브랜드는 성공에 매우 중요하며, 둘 다 사전에 미리 구축해야 하지만 서로 뚜렷하게 구별된다.

나는 예전부터 기업 문화 발전을 적극적으로 추진해야 한다고 주장해 왔다. 문화가 '유기적으로 성장'하도록 내버려 둬서는 안 된다. 그랬다가는 '스타일이 뒤죽박죽'되는 결과가 발생하기 때문이다. 사람들은 무의식중에 서로를 오해할 수 있는데, 이것이 팀워크와 성공을 근본적으로 저해한다. 의도적인 브랜드 이미지는 회사의 일부 직원들이 주도하며, 훌륭한 브랜드가 대중들에게 드러내는 이미지를 '아무나' 건드리게 하는 경우는 거의 없다. 그러므로 회사가 채용했던 직원을 '우리 명품 브랜드에 비해 고급스러운 이미지가 아니'라거나 '우리 유머러스한 브랜드에서 일하기에는 별로 재미가 없는 사람'이라는 이유로 해고하는 경우는 드물다. 그래서 '문화는 한 종족의 삶에서 표현되는 모든 예술 양식의 총합체다'라는 니체의 개념은 충격적이었고 내 세계관과 상충됐다.

그러던 중 구글의 한 남성 직원이 성 다양성 노력과 관련해서 작성한 메모 내용이 공개되면서 내 세계관에 위기가 발생했다. 이 일을 통해 브랜드 구축과 기업 문화 구축을 분리하기 위한 최선의 노력에도 불구하고 내부 문화와 외부 브랜드에 스며든 회사의 본질은 무수한 방식으로 빛을 발하고 있다는 사실을 알 수 있었다. 나는 과거의 상황을 더 깊이 회고하게 됐다. 머릿속에 바로 떠오른 것은 내가 설립을 도운 리버블Revovl이라는 기업을 인수한 네스트Nest의 '문화'였다.

네스트는 애플 아이폰 팀의 핵심 멤버인 토니 파델Tony Fadell과 맷 로저스Matt Rogers가 설립한 회사로 애플 출신 직원들이 대거 참여했다. 나도 예전에 애플에서 일했는데 그곳의 문화는 가장 똑똑하고 시끄럽고 자신만만한 사람들이 승진하는 전투적인 문화였다. 오만함이 극에 달한 회사였지만 한편으로는 디자인 윤리, 고객 중심, 마법 같은 엔지니어링과 완벽에 대한 자부심 같은 훌륭한 문화도 있었다.

애플의 정신은 그들이 하드웨어를 만든다는 사실에 의해 지배되는데, 하드웨어를 만들려면 제품이 고객의 손에 들어가기 몇 년 전부터 정밀성이 보장되어야 한다. 제품 출시 18개월 전에 발생한 단 한 번의 하드웨어 실수가 수익에 치명적인 영향을 미칠 수 있다. 과거 애플에서 일했던 네스트의 한 직원은 이렇게 말했다. "애플에서는 '우리는 난간 아랫부분까지 윤을 낸다'라고 했다." 왜냐고? 누가 거기를 들여다볼 수도 있기 때문이며, 그게 바로 품질을 높이는 완성도다.

구글이 네스트를 32억 달러에 인수했다. 그들은 새로 인수한 회사에 현금과 재능을 투입해서 더 높은 위치로 끌어올렸다. 이번에는 전직 구글 직원들이 이 일에 대거 참여하게 됐다. 구글의 문화는 인터넷과 연결된 소프트웨어, 10억 명의 사용자를 보유한 마켓플레이스, 빠르고 지속적인 제품 수정, '영구적 베타' 제품, 그리고 '20퍼센트 타임 룰_{엔지니어들이 향후 구글의 성공을 이끌 것이라고 여겨지는 소프트웨어 프로젝트에 일주일에 하루씩 시간을 투자하는 방식}'을 중심으로 구축됐다.

제품의 어떤 측면을 출시 18개월 전부터 확정한다는 생각이 대부분의 구글 직원들에게 낯선 것처럼, 대부분의 네스트 직원들에게는 제품 출시 3주 전에 새로운 기능을 발명한다는 생각이 낯설다. 이 핵심적인 이분화('완전성' 대 '적응성')가 말로 다할 수 없는 심각한 잠재적 갈등을 야기했지만, 대부분 그 원인이 뭔지 꼭 집어서 말하지 못했다. 그저 (네스트에서 일하는) '지나치게 꼼꼼한 사람들'이 연결 케이블에 사용할 정확한 플라스틱 종류를 정하기 위해 회의를 수십 번씩 하면서 막대한 시간을 허비하거나 '(구글 출신의) 그 무책임한 인간들'이 '아무거나 시장에 내다 파는' 모습에 좌절감을 느꼈을 뿐이다.

구글이 네스트를 매입한 상황이었기 때문에, 많은 구글 직원들은 그저 구글의 다른 부서로 자리를 옮기는 것뿐이라고 생각했다. 그러나 네스트는 첫날부터 회사를 '독립적으로 관리하고 운영할 것'이라고 명확하게 밝혔다. 이것 또한 엄청난 문제를 야기했다. 구글 직원들은 자신들에게 익숙한 고용 관행, 기업 네트워크, 공급업체 선택 방식, 예산상의 습관을 네스트로 가져왔다. 네스트 팀은 이런 관행이 '당연히' 받아들여질 것이라는 가정에 짜증을 냈다. '자신들의 배를 직접 이끌어 가는 네스트라는 회사의 독립적인 창의성'은 어디로 갔단 말인가?

이런 상황을 보면 다시 니체의 잠언 떠오른다. 나는 구글-네스트에서 '스타일이 난잡하게 뒤섞여 있는' 모습을 가까이에서 지켜봤다. 네스트는 '세련됐고' 구글은 '유동적'이었다. 네스트는 '규율이 잡혀' 있었고 구글은 '실험적'이었다. 네스트는 '고급스럽고' 구글은 '아주 흔했다'.

회사가 인수된 후 네스트가 겪은 고역은 많은 언론 기사를 통해 공개적으로 기록됐다. 내 생각에 이런 많은 문제의 원인은 문화와 브랜드의 경계를 뻔뻔스럽게 넘나드는 예술적 스타일의 불일치다.

결국 이런 예술적 스타일의 총합(좋든 싫든, 브랜드 마케터와 인적성과 전문가들)이 곧 기업 문화다. 하나의 스타일을 다른 스타일과 분리할 수는 없다. 그것은 사업의 모든 부분에서 스며 나온다. 우리는 구글의 '브랜드 인식'이 '내부 문화'의 노출에 의해 어떻게 영향을 받았는지 다시 검토하기만 하면 된다.

결과

"우리 행동의 결과가 우리의 덜미를 붙잡는다. 그 사이에 우리
가 '개선'됐다는 사실에 대해서는 아주 무관심한 채."

《선악의 저편》#179

| **현대적으로 읽기** |

비록 우리가 실수를 통해 배우고 행동을 바로잡는다 해도 자
기가 한 행동의 결과를 직면해야 한다.

우리의 모든 행동에는 결과가 따르지만, 니체의 표현은 그의 요점이 의심스러운 윤리와 관련된 행동에 관한 것임을 시사한다. 사업에서는 윤리적인 과실의 결과가 즉각적으로 나타나는 경우가 드물다. 어쩌면 그런 부정적인 결과를 완전히 피할 수 있을지도 모른다는 희망에, 절차를 무시하고 그 대가는 나중에 처리하고 싶은 유혹이 자꾸 든다.

윤리적인 비즈니스 행동을 구성하는 요소에 대한 견해는 매우 다양하다. 어떤 기업가는 특정한 활동을 그냥 상식적인 전술로 간주하지만, 다른 기업가는 똑같은 활동을 기만적이라고 여길 수 있다. 많은 경영진이 행동을 취하는 사람이나 사업에 미치는 영향을 고려해서 좋은 행동과 나쁜 행동을 정의한다. 이것은 대부분의 도덕성 발달 이론에서 초등학교를 졸업할 무렵의 아이들이 지나게 되는 초기 단계와 유사하다.

더 엄격한 기준으로 수렴하고자 하는 힘도 있다. 기업이 자신의 행동에 윤리적 책임을 지도록 요구하는 고객, 투자자, 직원 들의 목소리가 갈수록 커지고 있다. 평가 대상인 윤리적 영역에는 직원을 대하는 방식 같은 비즈니스 관련 요소와 함께 광범위한 사회적·환경적 영향이 포함된다. 이러한 판단은 공급업체와 그들의 윤리 문제로까지 확장될 수 있다. 널리 받아들여지고 있는 기업 윤리를 따르지 않는 기업은 후에 부정적인 결과를 맞이할 수 있다.

기업가는 자신의 윤리적 판단뿐만 아니라 고객이나 다른 이해관계자의 판단도 고려해야 한다. 윤리적인 추세가 바람직하지 않다고 생각되더라도, 이를 제대로 참작하지 않으면 그로 인한 부정적인 결과를 맞닥뜨리게 된다. '〈뉴욕타임스〉 1면 규칙'을 따르자. 즉 〈뉴욕타임스〉 1면에 실릴 것 같은 행동이나 말은 하지 말아야 한다.

니체는 이 잠언에서 윤리적 지름길을 택할 때, 문제가 되는 행동을 어느 시점에서 중단했는지 혹은 그것이 단발성 행동인지 등은 중요하지 않다고 말한다. 그러나 과거 혹은 현재 발생한 윤리적 문제는 영향력을 잃지 않고 나중에 문제가 될 수 있다. 대중의 혹평 때문이다. 당신이 불법적이거나 수상쩍거나 불쾌한 일을 하다가 적발되면, 그게 아주 오래전에 있었던 일이라고 하더라도 사람들은 당신이 여전히 그런 일을 하고 있거나 똑같이 의심스러운 다른 짓을 할 것이라고 생각할 것이다. 브랜드에 대한 고객들의 애정이 사라지고, 당신은 더 이상 최고의 직원들을 고용하지 못할지도 모른다. '아니 땐 굴뚝에 연기 나랴'라는 속담이 자주 등장하는 이유다.

당신의 행동은 조직 내에서 모범이 된다. 자신의 윤리적 입장에 별로 사려 깊지 않은 어떤 직원은 리더가 좋지 않은 행동을 윤리적이라고 여기는 모습을 보고 그 태도를 그대로 받아들일 수도 있다. 경쟁이 치열한 조직에서는 이것이 하나의 '최소 공통분모 행동'으로 빠르게 발전할 수 있다. 당신이 처음에 저지른 실수는 신문에 실리지 않을 수도 있지만 결국 회사 전체가 그렇게 행동하게 될지도 모른다.

오늘의 행동은 내일의 윤리로 재판받을 수 있다. 지금 당장 당신의 행동을 지적하는 사람이 아무도 없다고 해서 앞으로도 계속 그럴 것이라는 뜻은 아니다. 지금 대중이 비난하는 대상만 고려한다면, 새로운 사회적 기조가 분명해진 뒤로 그런 행동을 중단했다고 하더라도 대중이 항의하기 전에 했던 행동 때문에 '덜미를 붙잡'히게 될 것이다.

이 문제에 대한 유일한 해결책은 대중의 견해와 무관하게, 자신만의 윤리적 기준을 높은 수준으로 유지하는 것이다. 다행히 당신이 도덕성 발달의 초기 단계를 지나 발전했다면, 윤리적 기준은 당신의 사업 방식과 양립할 수 있다. 지름길을 택하려는 유혹을 뿌리치고, 윤리적 관점이 발전하면서 합의된 관점에 주의를 기울이자.

철학자이자 니체 연구자인 로버트 솔로몬Robert Solomon이 자신의 저서 《비즈니스에 대한 더 나은 사고방식A Better Way to Think about Business: How Personal Integrity Leads to Corporate Success》에서 말한 바에 따르면, 조직에서 개성을 키우는 것도 도움이 된다고 한다. '미덕 윤리학'

이라 불리며, 니체보다 아리스토텔레스의 철학을 더 따르는 이 접근법은 우리가 '능가', '정보', '뒤로 물러서기' 등에서 한 설명을 보완한다. 기업의 상태를 파악하고 개선해야 할 때는 반드시 윤리적인 부분을 확인하자.

윤리적 문제에 관한 자세한 내용은 '신뢰', '괴물', '책임지기', '모방자'를 참조하자.

괴물

"괴물과 싸우는 사람은 그 싸움 속에서 스스로 괴물이 되지 않도록 조심해야 한다. 네가 오랫동안 심연을 들여다보고 있으면, 심연도 너를 들여다볼 것이다."

《선악의 저편》#146

| 현대적으로 읽기 |

당신이 대하는 사람이 나쁜 사람이면 당신도 나쁜 사람이 될 위험이 있다. 나쁜 행동에 너무 익숙해지면 그게 정상으로 보이기 시작해서 당신의 생각을 감염시킬 수 있다.

도덕적 나침반은 정체성에서 중요한 부분을 차지한다. 마찬가지로 회사의 가치관은 회사의 정체성과 브랜드에서 중요한 부분을 차지한다. 하지만 편법을 추구하기 위해 경비를 줄이거나 예외를 두려는 유혹은 늘 끊이지 않을 것이다. 추상적인 윤리 원칙을 고수하느냐, 가시적이고 긍정적인 결과를 달성하느냐, 하는 선택지 사이에서 골라야 하는 경우가 종종 생긴다.

경쟁자, 투자자, 직원, 고객이 당신의 기준에 공감하지 않을 경우 이런 유혹을 뿌리치기가 더욱 힘들다. 문제는 그들이 규칙을 어기는 게 아니라, 서로 다른 규칙을 가지고 있다는 것이다. 어떤 투자자는 당신이 잘못됐다고 생각하는 행동을 완벽하게 용납할 뿐만 아니라 거의 의무에 가까운 '영업의 기초'라 여기기도 한다. 어떤 경쟁자는 사업에서 이기기 위해 당신이 공정하지 않다고 여기는 행동이나 불법적인 전술을 사용할 수도 있다. 고객은 계약 갱신 협상을 할 때 당신의 투명성과 솔직함을 역이용할지도 모른다.

자신의 가치관과 그것이 적용되는 방식을 재고해 보는 건 좋은 일이다. 아마 당신은 고귀하지만 약간은 비현실적인 의도를 가지고 이상주의의 편에 섰을 것이다. 그러나 제일 처음, 회사의 가치관을 자세히 설명할 때처럼 당신은 원칙에 따라 행동해야 한다. 자기가 잘못됐다고 생각하는 행동을 합리화하거나 변명하지 말자. 도덕적인 기준을 낮추는 것은 되돌아올 수 없는 내리막길이다. 조직에서 어떤 부류의 행동을 허용 가능한 것으로 한번 간주하면, 이를 다시 제거하는 데에는 많은 노력이 필요하다.

'심연'은 비윤리적이거나 부패하거나 불법적인 행위를 벌였음에도 불구하고 상업적인 성공을 거둔 회사들로 구성되어 있다. 당신도 그런 성공을 원하고, 그 방법이 효과가 있었다는 걸 확인했다. 그러면 이제 비윤리적이거나 부패하거나 불법적인 행동의 잠재적인 이익에 마음이 끌리게 될 것이다. 어디쯤에 선을 그을지는 당신만 결정할 수 있으며, 심연에 대한 유일한 방어책은 '경계'다.

윤리적 차원의 문제에 대한 자세한 내용은 '신뢰', '모방자', '결과'를 참조하자. 당신의 자아 또한 괴물이 될 수 있다는 것에 대한 자세한 내용은 '책임지기'를 참조하자.

엔터테인먼트 소프트웨어 회사 공동 설립자의 경험담

우리가 주력하는 시장 부문에서 최고라는 평을 들었던 제품을 공개한 이후, 우리 회사와 직접적인 경쟁을 벌이는 회사가 아주 옳지 못한 행동을 하기 시작했다.

도처에서 우리와 우리 제품을 비방하고, 공급업체(콘텐츠 사용 허가자)와 소매 고객에게 우리가 제시간에 납품을 못할 거라는 사실을 우연히 알게 됐다는 등의 거짓말을 했다. 그들은 언론과 소비자에게 유언비어를 퍼뜨리고, 플랫폼 소유주들을 압박해서 반反 경쟁 정책을 취하도록 했다.

그들이 우리에게 지불해야 하는 로열티(자기네 제품에 우리 회사의 지적 재산을 사용한 것에 대한) 지불을 거부했기 때문에 우리는 그와 관련해 소송을 제기했다. 그리고 그들은 법정에서 그게 마치 유행에 뒤떨어진 것인 양 거짓말을 했다.

당시 옳은 길을 걸으려 애썼던 우리는 마치 한쪽 팔이 등 뒤로 묶인 채 싸우는 듯한 기분에 사로잡혀 심한 좌절감을 느꼈다.

그러나 '우리도 거짓말을 해서 그들에 대해 나쁜 소문을 퍼뜨려야 한다'는 식의 대화는 한 번도 나눈 적이 없다. 우리는 재판장에 모인 방청객과 배심원 들을 솔직하고 투명하게 대하고 예의 바르게 존중하면 결국 모든 게 잘 될 것이라는 믿음을 품고 있었다. 나는 이것이 '전략적 선택'이었다고 말하지도 않을 것이다. 그저 그것이 옳고 당연한 일처럼 느껴졌다.

집단사고

"광기는 개인에게는 드문 일이다. 그러나 집단, 당파, 민족, 시대에서는 일상적인 일이다."

《선악의 저편》#156

| 현대적으로 읽기 |

사람들은 평소에는 스스로 합리적으로 행동하지만, 조직적인 집단을 이루면 비이성적인 행동을 하게 된다.

협력은 조직의 성공에 매우 중요하다. 팀원들은 같은 목표를 달성하기 위해 노력해야 한다. 그렇지 않으면 개별적인 노력이 서로를 상쇄시킬 수도 있다. 그러나 협력을 합의와 같은 것이라고 혼동하는 경우가 종종 있다. 이는 잘못된 생각이다. 협력은 행동에 관한 것인 반면, 합의는 믿음과 의견에 관한 것이다. 협력은 모든 사람이 회사가 하는 일에 동의하지만 그게 반드시 해야 하는 일은 아닐 수도 있다는 뜻이다. 그래도 합의가 된 상황에서는 협력을 이루기가 훨씬 쉽다.

협력과 합의를 구분하지 못하면 회사는 반향실反響室이 되어 버린다. 당신은 자신의 견해에 동의하는 사람만 고용할 테고, 고용을 원하는 사람들은 그 견해만을 선택하게 될 것이다. 당신은 카리스마를 발휘해서 자신의 견해를 강화하고, 동질성이 임계점에 도달하면 집단 내의 압력이 합의되지 않은 견해를 밀어낼 것이다. 그렇게 조지 오웰의 《1984》와 같은 반향을 일으키기 위해 만들어진 단어, '집단 사고'가 발생한다.

어떤 사람들은 이것을 즐겁고 생산적인 상태로 여긴다. 이제 협력은 간단한 문제다. 반대 의견을 제거하면 극적인 요소가 줄어들고 사람들은 논쟁이나 정치 공작 대신 자기 일에 집중하게 되며 고객과 투자자의 세계에 손쉽게 공동전선을 제시할 수 있다. 또 부가적인 노력을 많이 기울이지 않고도 일관된 문화 스타일을 개발할 수 있다. 그렇다면 대체 뭐가 문제란 말인가?

문제는 당신의 견해가 틀렸다는 것이 거의 확실하다는 점이다. 사업은 가설을 확실하게 검증하기 힘든 불완전한 정보가 많은 환경에서 진행된다. 따라서 인식적으로 겸손한 태도가 필요하다. 당신의 견해가 완벽하게 정확할 가능성은 거의 없고, 대부분 맞을 가능성도 중간 정도밖에 안 된다. 당신의 견해가 대부분 옳다고 하더라도 그건 특정한 순간에만 그럴 것이다. 세계, 시장, 그리고 제품은 끊임없이 변화하고 있다. 오늘의 올바른 견해가 내일은 오류를 발생시킬 수도 있다.

집단 사고 환경은 코일 스프링이나 자이로스코프 같은 작용을 한다. 방향을 바꾸려고 아무리 시도해도 그걸 원래 위치로 되돌리는 강력한 힘 때문에 무산되고 만다. 당신은 결국 하나의 잘못된 방향을 추구하도록 완벽하게 조율된 조직을 구축하게 될 것이다. 더 많은 것을 알게 되거나 시장이 변해도 집단 사고의 관성은 새로운 정보에 저항한다.

니체는 이런 일이 얼마나 쉽게 일어나는지 알려 준다. 일치된 관점은 이성이나 현실이 아니라 역사와 사회적 압박에 의해 좌우되기 때문에 '광기'다. 게다가 사람들은 주변의 모든 사람이 같은 견해를 가지면 열성적으로 변하는 경향이 있다. 앨런 그린스펀Alan Greenspan은 '닷컴 버블'이 한창일 때의 주식시장을 '비이성적인 과열'이라고 했다. 가까이에서 보면 완벽하게 이해되지만(혹은 다른 의제와 일치하거나), 멀리서 객관적으로 바라보면 미친 짓처럼 보이는 것이다. 집단과 조직이 일관된 의견 집합으로 수렴되는 경향은 애초에 집단이 형성되면 생기는 당연한 결과다. 이를 피하려면 적극적으로 반대 의사를 표해야 한다.

집단 사고로 흐르는 경향을 거스르려면 다른 유형의 문화를 만들어야 하는데, 이런 문화를 관리하고 이끌어 나가려면 훨씬 더 많은 노력이 필요하다. 조직은 하나로 단결된 상태를 유지하면서 동시에 일정 수준의 의견 차이를 드러내야 한다. 팀원들은 결정된 사항을 착실하게 실행하면서 동시에 그 결정에 동의하지 않아야 한다.

이런 성향과 능력을 가진 직원, 특히 리더는 찾기 어려울 수 있다. 고등학교나 대학교에서 팀 스포츠를 했던 사람들을 찾아보자. 퇴역 군인들은 이 원칙을 확실하게 이해한다. 반대로, 수동적인 공격 성향을 드러내는 사람은 고용을 피해야 한다.

당신은 반대 의견을 허용하는 일관된 조직 문화를 개발하고 강화해야 한다. 결정을 내리기 전에 다양한 의견을 장려하자. 결정을 내린 후에는 의견 차이를 줄이고, 다들 그 결정을 지침 삼아 작업에 임해야 한다. 협력과 합의를 구별하는 것과 더불어 이 아이디어도 조직원들에게 가르쳐야 한다. 보상, 승진, 계약 종료는 적절한 행동을 강화하는 역할을 한다. 누군가가 강하게 반대할 때, 그들의 협력과 앞으로의 의견 일치에 대해 감사를 표해야 한다.

자신이 집단 사고 문화를 조성했는지 여부는 쉽게 판단할 수 있다. 합의에 도달하기 쉽거나 많은 결정이 만장일치로 이루어진다면 집단 사고가 존재할 가능성이 높다. 베이즈 분석을 이용한 최근의 조직 연구에 따르면, 체계적 편향이 발생할 사전 확률은 1퍼센트지만, 10명 모두의 의견이 일치하는 그룹의 경우에는 그런 편향이 발생할 확률이 50퍼센트나 된다고 한다. 만약 당신이 조직 내의 반대 의견 때문에 늘 좌절하지 않는다면, 이미 집단 사고가 발생했을 가능성이 높다.

의견이 반드시 일치하지 않더라도 결정된 사항을 실행하는 팀원에 대한 자세한 내용은 '정신적 독립성'과 '통합을 이루는 자'를 참조하자. 사전 결정 기간과 사후 결정 기간 사이의 명확한 경계에 대한 자세한 내용은 '단호한 결정'을 참조하자.

정신적 독립성

"이 두 청년은 대책 없는 자들이다! …… 그들은 나에게 바람
직하지 않은 제자다. 이 중 한 사람은 '아니다'라고 말하질 못
한다. 또 한 사람은 어떤 일에나 '적당히 하자'고 말한다. 그들
이 내 가르침을 이해했다면, 첫 번째 제자는 고민을 너무 많이
할 것이다. 왜냐하면 내 사고방식은 전투적인 혼과 고통을 주
려는 의지, 거부의 즐거움, 견고한 피부를 요구하기 때문이다.
그러나 이 제자는 결국 외상이나 내상 때문에 쇠약해져 버릴
것이다. 그리고 다른 제자는 그가 대변하는 여러 가지 사항 중
평범한 것을 골라서 모든 걸 평범하게 만들어 버릴 것이다. 이
런 제자는 적에게나 주고 싶다!"

《즐거운 지식》#32

| 현대적으로 읽기 |

이들 두 젊은이를 내 추종자로 삼고 싶지 않다. 그들 중 한 명은 항상 동의만 하고 다른 한 명은 우유부단하다. 만약 그들이 내가 사물에 접근하는 방식을 이해한다면, 첫 번째 사람은 고통스러워하다가 실패할 것이다. 왜냐하면 내 사고방식을 받아들이려면 전투력, 기꺼이 다른 사람을 불편하게 하려는 의지, 거절하는 데서 오는 기쁨, 뻔뻔함이 필요하기 때문이다. 다른 한 사람은 항상 평범한 것을 선택해서 다른 사람들을 맥 빠지게 할 것이다. 그런 사람들은 차라리 내 적을 위해 일했으면 좋겠다.

어떤 부류의 사람들을 곁에 둘 것인지 정할 때는 그들의 동기 구조, 문화적 스타일, 기술, 관점 등 다양한 측면을 고려할 수 있다. 여기에서는 그들의 정신적인 독립성에 대해 이야기할 것이다.

'전투적인 혼', 즉 갈등을 추구하는 성향을 가진 사람만 '예스맨'을 경멸하는 것은 아니다. 당신이 자신감 있는 리더라면 스스로 도전받기를 두려워하지 않는 사람이라고 여길 것이다. 토론에서 자신의 입장을 고수하고, 누군가가 더 좋은 아이디어를 제시하면 당황하지 않고 기꺼이 마음을 바꿀 수 있다. 따라서 당신에게 항상 동의만 하는 사람들은 아무런 보탬도 되지 않는다.

특징적인 행동과 원인이 항상 명확한 것은 아니다. 많은 사람이 자신에게 가장 중요한 영역에서 영향력을 발휘하기 위해 전투를 택한다. 이는 전략적으로 타당한 행동이지만, 많은 문제에 있어서 당신에게 도움이 되지 않는 존경을 받고 있음을 의미하기도 한다. 다른 사람들은 더 교활해서, 당신과 논쟁을 벌이다가 어느 순간 자기 주장을 굽히면 독립적이면서도 파장을 일으키지 않는 인물로 비춰져서 당신의 호감을 얻게 된다. 당신은 반대 의견을 환영한다고 공언해 놓고는 자신에게 동의하는 경향이 있는 이들을 미묘하게 선호하는 모습을 보일 경우 자기가 판 함정에 빠질 수 있다. 때로 당신은 반대 의견에 지쳐서 그냥 앞으로 나아가고 싶어질 수도 있다.

니체가 넌지시 암시하는 것처럼, 이런 사람들은 가치를 많이 보태지는 않고 오히려 실행력만 떨어뜨릴 수 있다. 이들은 필요한 순간에 고객이나 공급업체, 직원과 함께 유리한 위치를 지키기 힘들 수도 있다. 겉보기에는 당신과 방향이 일치된 듯하지만, 결국에는 다른 방향으로 구부러질 것이다. 그러면 당신과 사업 모두 어려움을 겪게 된다.

완전한 타협자는 선을 지킬 수 없다. 이 사람의 목표는 대립과 진정한 협력을 모두 피하는 것이다. 때문에 수동적 공격성 행동이나 우유부단하고 헌신하기 싫어하는 태도를 보인다. 더 좋은 해결책을 찾으려고 하지 않고 단순히 논쟁을 피하거나 당신의 의견을 전적으로 지지하기만 하기 때문에 사고 과정에 거의 도움이 되지 않는다.

니체는 세 번째 범주인 영원한 반대자에 대해서는 다루지 않는다. 이런 사람은 항상 동의하는 게 아니라, 목표 달성이 불가능하고 접근 방법이 통하지 않는 이유에 대해서만 이야기한다. 이는 헌신이나 실패에 대한 두려움 때문일지도 모른다. 어떤 경우에는 '예스맨'의 조직적인 성향이 완전히 바뀐 것일 수도 있다. 관리자들 중에는 일을 하면서 스트레스를 덜 받으려고 직원들의 청을 '거절'하지 못하는 사람도 있다. 그 결과 사람들의 샌드백이 되어 업무 성과가 떨어진다.

정말 독립적인 생각을 가진 사람들은 표준적인 반응을 보이지 않고 자신만의 관점에 따라 게임을 하지도 않는다. 자기 생각에 정말 자신이 있는 사람들은 그걸 표현하고 또 지키기 위해 싸우며, 정보가 제한된 비즈니스 상황에서의 건전한 토론을 존중한다. 이것은 열정적인 옹호부터 중립적이고 지적인 어투에 이르기까지 다양한 스타일을 취한다. 그런 사람들은 자기가 생각하는 바를 말하는 것이라고 믿을 수 있다.

정신적인 독립은 따로 분리될 수 없다. 우리는 공개적으로 반대 의사를 내비치지 말고 개인적으로만 반대해야 하는 때가 언제인지 알아야 한다. 자기 의견에 반하는 결정도 기꺼이 받아들이고 긍정하면서 그게 마치 자기가 내린 결정인 것처럼 실행해야 한다. 정신적으로 독립했다고 해서 사업 방향에 동조하지 말라는 이야기가 아니다. 그보다는 일치된 방향을 정하고 실행하도록 돕기 위해 자신의 능력을 최대한 발휘하라는 뜻이다.

협력에 관한 더 자세한 내용은 '집단 사고'와 '올바른 메시지'를 참조하자. 조직에 다양한 리더를 보유하는 문제에 대한 추가적인 시각은 '두 유형의 리더', '통합을 이루는 자', '믿음', '일탈', '내향적인 사람'을 참조하자.

게리 라피버Gary LaFever와
테드 마이어슨Ted Myerson의 경험담

FTEN과 아노노스Anonos 공동 설립자

우리의 경험에 따르면 정신적인 독립성을 보여 주는 사람들은 혁신에 도움이 되는 반면, '예스맨'은 처음에 생각을 나눈 것 외에는 더 이상의 지식을 전해 주지 않는다. 이는 공급업체나 고객 같은 조직 외부 사람들에게도 적용된다. 이 경우 핵심 변수는 '참여'다.

참여를 원하지 않는 사람들은 자신의 목적에 가장 적합한 방법에 따라 '손쉽게 거절'하거나 '웃으며 속마음을 감춘다'. 반대로, 참여하고자 하는 이들은 자신의 진술한 평가에 따라 '진심으로 수락'하거나 '신중한 계산 하에 거절'한다. 우리가 소개하는 사례는 우리 두 사람이 함께 설립한 두 회사에서 있었던 일이다.

FTEN

1990년대에 직접적인 전자 시장 접근이 안정적으로 확립되자, 무수한 거래 플랫폼이 전 세계의 여러 금융 시장과 연결됐다. 각 거래 플랫폼에는 자체적인 위험 관리 기능이 포함되어 있지만, 시스템 간 또는 거래소 간 위험 관리 기능을 제공하는 곳은 없었다. 경험 많은 금융 시장 엔지니어들에게 왜 거래소 간, 시스템 간의 위험 관리는 하지 않고 수직적인 위험 관리만 하느냐고 물었더니 "월스트리트에서는 그렇게 하지 않는다"는 말을 들었다. 이 대답은 '손쉬운 거절'이었다. 반면에 콜로라도 프론트 레인지 Colorado Front Range 엔지니어들에게 똑같은 질문을 던지자, 우리가 현재 쓰는 거래소·시스템 간 위험 관리 시스템을 만들어 줬다. '진심으로 수락'하는 반응을 보여 준 것이다.

새로운 위험 관리 시스템이 완성되더라도 이것이 효과를 발휘하려면 모든 시장을 커버해야 한다. 그래서 뉴욕증권거래소NYSE에 우리 시스템에 입력하는 데 필요한 실시간 전자 드롭 사본을 제공해 줄 수 있는지 물어봤지만 '손쉽게 거절'당했다. 나중에 알고 보니 NYSE는 다른 거래소와 다르게 전자 드롭 사본을 '클리어링 사본clearing copies'이라고 부른다고 했다. 그래서 그들 고유의 용어를 사용해서 다시 물어보자, 이번에는 우리 시스템에 필요한 데이터를 '선뜻 내줬다.' NYSE의 참여를 이끌어 내고 '손쉬운 거절'을 극복하기 위해서는 그들이 쓰는 언어로 말해야 했던 것이다.

우리와 경쟁 관계에 있는 업체들이 시장에 진입하기 시작했을 때, 우리는 고객들에게 이 솔루션이 그들의 요구에 부합하는지 물어봤다. 그들은 대부분 그렇다고 대답했지만 그들이 의미하는 바는 그런 솔루션이 '최소한의 기준'에 부합한다는 것이었다. 규제 기관의 단속에 걸렸을 때 과태료를 피하거나 최소화할 수 있을 정도의 수준이었다. 그들은 더 심도 깊은 리스크 관리에 관여하고 싶어 하지 않았기 때문에 이런 응답은 '웃으면서 속마음을 감춘' 것이다.

아노노스

아노노스의 설립 취지는 민감하거나 제한되거나 법적으로 보호받는 정보가 포함된 데이터 사용으로 인한 위험이 증가하면 강화되고 세분화된 개인정보 보호 및 보안 제어를 통해 이익을 얻을 위험이 생긴다는 것이다.

우리는 전 세계를 돌아다니면서 개인정보 보호 책임자, 보안 전문가, 국회의원, 규제 기관, 화이트 해커들을 만났다. 그리고 그들의 규제 목표를 충족하고 적절한 위험 보호를 제공하기 위해 기술적으로 시행 중인 통제 방안이 존재하는지 물어봤다. 이 조언자들은 논리정연하면서도 '신중하게 계산된 부정'의 답을 내놓았고, 우리는 이들의 의견을 바탕 삼아 데이터 위험 관리에 대한 완전히 새로운 접근 방식을 성공적으로 설계, 개발, 구축할 수 있었다.

우리는 이 혁신적인 프로그램을 개발한 뒤, 포춘 100대 기업

중 한 곳의 개인정보 보호 책임자와 이를 공유했다. 그녀는 곧 시행될 EU 규제와 처벌에 대해 잘 알았기 때문에 긍정적인 반응을 보이면서 참여할 의사를 밝혔고 우리는 이를 '진정한 동의'로 받아들일 수 있었다.

우리는 질문과 아이디어에 대해 '신중하게 계산된 거절'과 가끔씩 '진정한 동의'를 보여 주는 이들을 가장 높게 평가한다. 그들은 변혁적인 혁신을 일으키는 데 도움이 되기 때문에 우리는 그들과 함께 일할 기회를 적극적으로 찾는다.

성숙

"젊어서부터 공적을 쌓은 사람은 대개 노인과 나이에 대한 경외심을 모두 잃어버리는 경향이 있다. 그럴 경우, 성숙함을 전해 줄 수 있는 성숙한 이들의 사회에서 스스로를 배제하므로 오히려 본인에게 큰 불이익이 된다. 따라서 그는 일찍 이룬 공적에도 불구하고 다른 사람보다 더 오랫동안 풋내기고 고집이 세고 어린아이 같은 상태로 머물러 있게 된다."

《인간적인, 너무나 인간적인》, 여러 가지 의견과 잠언 #283

| 현대적으로 읽기 |

젊은 나이에 성공한 사람은 나이 든 이들을 고맙게 여기지 않고 존중하지 않는 경향이 있다. 결과적으로 그들은 경험과 성숙함을 갖춘 이와 시간을 보내지 않는다. 이 때문에 그들은 초기에 거둔 성공에도 불구하고 미숙한 초보자로 남아 있게 되므로 불리해진다.

페이스북Facebook 설립자인 마크 저커버그Mark Zuckerberg는 2007년에 열린 벤처 캐피털 콘퍼런스에서 "젊은 사람들이 더 똑똑하다"고 말했다. 페이스북 직원들의 평균 연령은 2016년 기준 28세다. 니체의 지적은 여전히 잠재적인 관련성이 있는 듯하다.

그러나 이런 견해도 저커버그가 자기보다 한참 나이 많은 멘토들의 지혜를 활용하는 것을 막지는 못했다. 그는 일찍부터 〈워싱턴 포스트Washington Post〉 CEO인 도널드 그레이엄Donald Graham과의 관계를 발전시켰다. 나중에는 스티브 잡스Steve Jobs와 친해졌다. 페이스북 초기 투자자인 로저 맥나미Roger McNamee는 그의 중요한 멘토였다. 저커버그는 적어도 개인 조언자를 선별하는 데 있어서는 지혜의 가치를 분명히 이해했다.

저커버그가 드러낸 태도가 얼마나 널리 퍼져 있는지는 논쟁의 여지가 있지만, 만약 당신이 젊은 기업가라면 나이 든 사람에게는 얻을 것이 아무것도 없다고 생각하는 함정에 빠지지 않도록 조심하라. 그 나이에는 젊음의 활력이나 역동성과 대조되는 지혜와 경험의 가치를 무시하기 쉽다. '문화적 적합성'에 대한 우리의 본능은 다양한 차원에서 유사성에 반응하는데, 그런 태도 중일부(나이에 대한 태도를 비롯해)는 해로울 수 있다. 이 경고는 멘토와 조언자를 선택할 때뿐만 아니라 공동 설립자와 경영진을 찾을 때, 그리고 조직 전체의 채용 방식에도 적용된다.

나이 많은 멘토와 서로 도움이 되는 관계를 맺으면, 움직임은 재빠르지만 여러 가지 실수를 저지르느라 많은 돈과 에너지를 낭비하는 젊은 수재는 자기 나이보다 현명한 뛰어난 기업가로 변모할 수 있다. 초보자가 저지르는 실수는 대부분 시대를 초월한 것들이고 얼굴에 주름이 가득한 멘토들은 이미 겪어 본 일인 경우가 대부분이라 많은 부분에서 고통을 덜어 주기 때문이다.

경험이 풍부한 멘토는 사업적인 결정을 돕는 것 외에도 상황에 대한 감정적인 반응을 다루는 데도 도움을 준다. 고객 이행 실패, 홍보 실패, 소송, 주요 직원 퇴사 등으로 인한 뼈아픈 결과를 처음 겪으면 세상이 끝난 것처럼 느껴질 것이다. 이런 상황을 여러 번 겪어 본 나이 든 멘토는 당신이 느끼는 감정에 공감하는 동시에 차분히 집중해서 이성적으로 대처할 수 있게 도와준다.

회사 설립 초기 단계라면 공동 창업자를 찾는 게 좋다. 나이 많은 사람과 팀을 이루는 것을 고려해 보자. 최근 연구에 따르면, 일부 예외가 있기는 하지만 평균적으로 볼 때 중년 기업가들이 설립한 기업의 실적이 더 좋다고 한다. 이 통계에 대한 인과적 설명 중 하나는 특정 분야에 대한 지식이 안겨 주는 이점이다.

많은 기술 분야에서는 산업 구조에 대한 깊은 이해가 곧 성공의 열쇠가 된다. 산업에 진입할 때 생기는 장벽은 자본이나 브랜드, 기능 때문이 아니라 해당 업계 사람들이 어떻게 생각하는지,

당신이 제공하는 유형의 제품을 어디에서 어떻게 구매하는지, 그리고 어떤 문제가 중요한지 등으로 인해 생긴다.

특정 분야의 지식은 축적하는 데 오랜 시간이 걸리고 보통 관계와 경험이 모두 포함된다. 인맥과 분야별 지식을 모두 갖춘 숙련된 사람은 당신이 시장에서 갈라진 틈을 찾아 제품·시장 적합성을 달성하게 해줄 뿐만 아니라 특정 산업에 적합한 시장 진출 전략을 구상하도록 지원해 준다.

회사가 한참 발전을 이룬 뒤에 임원과 경영자를 채용할 때도 비슷한 논리가 적용된다. 당신은 지긋하고 노련한 사람이 CFO 자리에 앉아 있으면 투자자들이 안심한다는 것을 알게 될 것이다. 그리고 이 방법은 영업과 마케팅 분야에서도 적용된다. 많은 기업의 유료 고객이 대부분 중년층 이상의 사람들이다. 대규모 조직을 상대로 영업을 할 때면 영향력을 행사하고 의사 결정을 내리는 것이 중년 이상의 연령층이라는 것을 알게 될 것이다. 물론 고객 기업에 그보다 젊은 대변자가 있을 수도 있지만 그것만으로는 판매가 성사되지 않는다. 노련한 사람을 옆에 두면 고객이 안심할 수 있고 그들의 우려도 미리 예상할 수 있다.

일반 소비자를 대상으로 제품을 판매하는 경우 알아야 할 것은 평균적으로 젊은 층에 비해 노년층의 가처분소득이 많다는 것이다. 실제 사용자가 어린 연령대라 하더라도 비용을 지불하는 것은 그들의 부모다. 이런 소비자들이 어떻게 생각하고 행동하는지에 대한 통찰은 매우 중요하다. 특정 인구통계 집단에게서 어떤 데이터를 수집해서 해석해야 하는지는 동일한 인구통계 집단에 속한 사람이 훨씬 쉽게 알아낼 수 있다.

마지막으로, 더 광범위한 채용 과정과 태도를 갖춰 나이 든 지원자를 조기에 탈락시키는 일이 없도록 해야 한다. 나이가 많다는 이유만으로 훌륭한 직원을 놓칠 가능성이 크기 때문이다. 일반적으로 경험이 적은 직원을 고용할 경우, 이미 유효성이 증명된 쉬운 방법이 존재하는데도 새로운 전술과 전략을 개발하느라 시간을 낭비할 수 있으며, 특정한 형태의 집단 사고를 형성해서 당신이 설립한 스타트업에 해를 미칠 수 있다.

삶의 다양한 단계에 있는 사람들은 사물에 대한 사고방식이 다르고 우선순위도 다르다. 이런 다양한 사고방식이 상호작용하면 당신의 사업을 성공으로 이끄는 데 도움이 될 것이다.

경험 많은 멘토, 공동 창업자, 경영진이 도움을 줄 수 있는 신진 기업가의 실수 사례는 '혁신에 대한 인내심', '나만의 길을 찾자', '집단 사고'를 참조하자. 전문 분야 지식의 이점에 대한 자세한 내용은 '당연한 일을 하는 것'을 참조하자.

브래드 펠드Brad Feld의 경험담

파운드리 그룹 공동 설립자 겸 파트너

이 지구에서 89년을 보낸 렌 패슬러Len Fassler는 2021년 첫 주 주말에 세상을 떠났다.

렌은 내게 오비완의 요다 같은 존재였다. 내게 아버지 같은 역할을 해준 그는 실제로 우리 아버지 다음으로 가까운 사람이었다. 나는 그를 마음속 깊이 사랑했다. 앞으로도 매일 그가 그리울 것이다.

1993년 봄, 올컴Allcom의 CEO인 짐 갤빈Jim Galvin에게 렌을 소개받았다. 올컴은 렌이 운영하던 회사인 세이지 얼러팅 시스템Sage Alerting Systems에 막 인수된 상태였는데, 렌이 짐에게 보스턴 지역에서 이야기를 나눠 볼 만한 사람이 또 누가 있는지 물어봤다는 것이다. 펠드 테크놀로지는 고객을 위한 네트워크가 필요할 때마다 올컴과 함께 일했기 때문에 짐은 우리 회사를 소개해 줬고, 덕분에 보스턴 시내에 있는 우리 사무실 근처에서 점심 식사를 하게 됐다.

얼마 뒤, 렌이 전화를 걸어서 펠드 테크놀로지를 세이지 얼러 팅에 매각할 의향이 있는지 물었다. 데이브와 나는 매각 결정을 내리기까지 시간이 좀 걸렸지만, 결국 1993년 11월에 매각을 완료했다.

렌과 나는 지난 27년 동안 많은 일을 함께 했다. 난 펠드 테크놀로지를 세이지 얼러팅 시스템(아메리데이터AmeriData로 이름 변경)에 매각하는 서류에 서명할 때 렌과 그의 파트너인 제리 포치 Jerry Poch가 준 브룩스 브라더스 줄무늬 셔츠를 지금도 가지고 있다. 내가 1994년에 엔젤 투자를 시작했을 때 렌은 나와 함께 넷제네시스NetGenesis, 하모닉스Harmonix, 오블롱Oblong 등 많은 회사에 투자했다. 그리고 우리는 다른 두 파트너와 함께 세이지 네트워크Sage Networks(인터라이언트Interliant로 이름 변경)를 공동 설립했다. 뫼비우스 벤처 캐피털Mobius Venture Capital의 파트너였던 나는 렌이 공동 설립한 또 다른 회사인 비텍Vytek에도 투자했다. 그리고 엔젤 투자자의 입장에서, 렌이 비텍을 다른 회사에 매각한 뒤에 공동 설립한 코어 BTSCore BTS에도 개인적으로 투자했다.

우리 관계에는 산책이 큰 역할을 차지했다. 우리가 같은 사무실에 있을 때, 렌이 내 자리로 와서 "브래드, 산책하러 갑시다"라고 말하면 뭔가 해결할 일이 있다는 뜻임을 알았다. 함께 있지 않을 때는 전화 통화가 산책과 같은 역할을 했다. 그는 문제를 직접적으로 명확하게 제기하고 신속하게 해결하는 뛰어난 재능을 가지고 있었다.

회사를 매입하거나, 매각하거나, 거래를 하는 것과 관련해 내가 아는 모든 것은 렌에게서 배웠다. 당신이 나와 함께 일한 적이 있다면 사실 렌과 거래를 한 것이나 마찬가지다. 이사회 구성원이 되는 방법도 렌에게 배웠다. 협상을 마무리하는 법, 협상이 결렬됐을 때 물러나는 법, 공감하는 법, 대화를 나누는 법도 배웠다. 그는 또 일이 잘 안 풀리거나 내 뜻대로 되지 않을 때 앞으로 나아가는 법도 가르쳐 줬다.

IPO 홍보 행사가 끝난 뒤 뉴욕에 있는 인터라이언트 사무실에서 SEC가 우리 서류를 정리해서 가격을 책정하기를 기다리던 때가 떠오른다. 우리는 서류 하나를 기다리고 있었고, 그 뒤에 한 가지 서류에 더 서명하고 은행가들이 제안 가격을 정해서 다음 날 아침에 상장할 예정이었다.

하지만 팩스 기계에서 우리가 SEC에 제출한 서류에 대한 추가적인 지적 사항이 담긴 종이가 10페이지나 인쇄되어 나오자(메릴린치Merrill Lynch 증권사는 3주 전에 똑같은 서류를 보고 "홍보 행사를 진행해도 좋다. SEC는 언제나 제시간에 승인해 준다"고 말했었다), 그날 밤에 가격 책정이 불가능하다는 걸 알았다. 이틀 뒤에는 우리 회사 주문량이 폭락했다. 결국 두 달 뒤에 상장에 성공하긴 했지만, 그날 밤에는 술을 많이 마셨다.

2000년 12월 1일에 렌이 뉴욕에서 전화를 걸었던 게 기억난다. 그는 케이블 앤드 와이어리스Cable & Wireless, C&W가 거의 성사 직전이던 인터라이언트 인수를 진행시키지 않고 있다고 말했다. 몇 년 만에 처음으로 분기별 적자가 나게 됐다는 사실을 알게 된 C&W 이사회가 거래를 승인하지 않고 모든 M&A 활동을 중단하기로 한 것이다. 그날 밤 렌은 에이미가 볼더Boulder에 있는 그린브라이어 인Greenbriar Inn에서 준비한 내 35번째 깜짝 생일파티에 참석해서 50명의 친구들과 함께 어울렸다. 그는 모든 역경을 꿋꿋이 이겨 내는 놀라운 능력을 가지고 있었다.

2015년 6월에 핏빗Fitbit이 상장되기 전날, 내가 묵고 있던 그래머시 파크 호텔Gramercy Park Hotel에서 렌과 아침을 먹었다. 나는 그에게 오전 시간이 비었는데 뭘 하고 싶으냐고 물었다. 그가 그래머시 파크는 사유지 공원이라서 한 번도 와본 적이 없다고 하기에, 관리인에게 공원 열쇠를 받아서 공원 안을 돌아다니며 1시간 동안 이야기를 나눴다. 그리고 버룩 칼리지Baruch College 건물 주변을 걸으면서 이야기를 더 나눴다. 우리는 하루의 모든 시간을 함께 시작하고 끝낸 사람들처럼 깊은 포옹을 나누면서 그날 아침을 마무리했다.

나는 렌이 내 몸을 팔로 감싸 안는 방식을 좋아한다. 그가 항상 내게 해준 포옹이 정말 좋았다. 만났다가 헤어지거나 전화로 작별 인사를 나눌 때 서로에게 "사랑해요"라고 말하는 게 정말 좋았다.

렌은 내 인생을 바꿨다. 그는 내가 두 번째로 좋아하는 인용구인 "그들은 당신을 죽일 수도 없고 당신의 내면을 침식할 수도 없다"라는 말을 들려줬다. (가장 좋아하는 인용구는 우리 아버지가 해준 말이다. "지금 절벽 가장자리에 서 있지 않다면, 넌 너무 많은 공간을 차지하고 있는 것이다.")

내가 "1달러에 사시겠어요?"라고 말하는 것도 렌에게 배운 것이다. 그가 내게 끼친 영향은 #기브퍼스트#GiveFirst라는 내 사업 철학의 기초를 형성했다. 렌은 내가 처음으로 함께 일해 본 변호사 출신 기업가였는데, 이는 사업에서 법률의 중요성과 법률에서 사업적 판단의 중요성을 깨닫는 데 도움이 됐다.

렌의 뛰어난 능력 중에서도 최고봉은 깊은 감정과 지속적인 관계를 구축하고 이런 관계를 통해 '성숙함을 전하는' 능력이었다. 그에게 영향을 받고 그를 사랑한 이들의 수는 엄청나다.

통합을 이루는 자

"가장 필요한 사도 – 그리스도의 열두 제자 중 한 사람은 항상 돌처럼 단단해야 한다. 그래야 그 위에 새로운 교회를 세울 수 있다."

《인간적인, 너무나 인간적인》, 방랑자와 그의 그림자 #76

| 현대적으로 읽기 |

훗날 리더가 될 직속 부하 가운데 가장 필요한 사람은 목표를 달성할 수 있도록 강인하고 흔들림 없이 버티는 사람이다.

최고의 경영 팀에는 다양한 유형의 성격과 스타일을 지닌 사람들이 포함되어 있다. 이는 직관에 반하는 것처럼 보일 수 있다. 협력은 리더십의 목표 중 하나기 때문에 당신과 같은 시각으로 사물을 바라보는 사람들과 일하는 게 훨씬 쉽다. 그러나 협력과 합의는 다르다. 예스맨들의 집합체가 되지 않으려면 경영 팀 내에서 건전하게 밀고 당기는 분위기가 중요하다. 그렇지 않으면 비즈니스 환경의 복잡성과 뉘앙스를 알아차리지 못하고 불균형한 결정을 내릴 수 있다.

어떤 사람들은 아이디어를 창출하고 기회를 찾아내며 가능성을 인식한다. 그들은 만사를 긍정적으로 받아들이고 사람들의 행동을 선의로 해석하며 영감을 주고 낙관적이며 괜찮은 부분에 집중하는 경향이 있다. 반면 '돌처럼 단단한' 이들도 있다. 그들은 아이디어를 걸러 내고 위험을 완화하며 자주 거절하고 사람들에게 책임을 묻고 건성으로 하는 합의보다는 확실한 계약을 선호한다.

지노 위크먼Gino Wickman과 마크 윈터스Mark Winters는《로켓 연료 Rocket Fuel》라는 책에서 이 2가지 역할을 각기 '선각자'와 '통합자'라 부르면서 회사 경영진에 이 2가지 유형을 모두 포함시키라고 제안한다. 2가지 유형 모두 설립자나 CEO가 될 수 있다. CFO나 엔지니어링 부사장은 대개 통합자다. 영업 부사장은 일반적으로 선각자다. 어떤 회사에 COO가 있는 경우, 그 사람과 CEO는 반대 유형인 경우가 많으며, 그것이 훨씬 유용하다.

이는 양극화된 성향의 팀을 목표로 하라는 뜻이 아니다. 최고의 인재들은 선호하는 방향이 저마다 다르므로 그런 다양성을 줄이려고 노력하라는 뜻이다. 만약 서로의 뜻이 완전히 반대되는 상태에서 시작한다면, 팀원들은 성장해서 사물을 다른 시각으로 바라보는 방법을 배워야 한다. 이런 성장은 역할을 바꾸기 위한 것이 아니다. 팀이 보다 나은 결정과 일치된 행동을 위해 협력할 수 있도록 하기 위한 것이다.

당신이 돌처럼 단단한 사람이 아니라면, 팀에 그런 사람이 있는지 확인해 보자. 그 사람의 존재와 당신이 세우려고 하는 '교회'의 기초를 그 사람이 닦고 있다는 것에 감사하자. 그 사람에게 무조건 싫다고 거절하기보다 대안을 제시하는 법을 가르쳐 주자. 다른 사람의 아이디어를 무시하기 전에 한번 잘 들어 보라고 권유하자. 그가 당신을 위기로부터 구했다는 사실을 깨달았다면 감사를 표하자.

당신이 돌처럼 단단한 사람이라면 아마 니체의 말에 강하게 동의할 것이다. 만약 그렇다면, 다른 사람들도 그것을 믿고 가치 있게 여기도록 노력해야 한다. 유명한 스타트업 성공 사례 중에는 막대한 금액으로 인수되기 전까지 인프라도 제대로 구축되지 않고 혼란스러운 상태만 계속됐던 회사도 있다. 이 때문에 어떤 사람들은 기업의 시시한 위생 요소는 일일이 챙길 필요가 없다는 결론을 내리기도 했다. 이 생각을 그대로 받아들이지 말고, 이런 균형을 갖추지 못해서 실패했으나 훌륭한 아이디어를 가진 회사들을 찾아보자. 이런 기업이 훨씬 많지만 더 이상 존재하지 않거나 잘 알려지지 않은 탓에 찾기가 어렵다. 그래도 여러 가지 사례가 존재한다.

돌처럼 단단한 사람이 기회를 만들어 내는 것은 아니다. 대신 그는 회사 경영진이 경솔하게 중요한 결정을 내리기보다 신중하게 고민해서 결정하도록 한다. 또 회사의 진정한 한계를 존중해야 한다고 주장한다. 그는 당신이 포착한 기회가 실제로 효과를 발휘하도록 한다. 회사의 '사도', 즉 경영진들 가운데 적어도 한 사람은 그런 식으로 생각해야 한다.

협력과 합의의 차이에 대한 자세한 내용은 '집단 사고'와 '올바른 메시지'를 참조하자. 조직이 고착된 양극화를 극복하는 방법에 대한 아이디어는 '능가'를 참조하자. 통합자의 이점에 대한 자세한 내용은 '정리'를 참조하자.

3

자유정신

FREE SPIRITS

◆ ◆ ◆

니체에게 있어 최고의 인간은 그가 '자유정신'이라고 부르는 이들이다. 《차라투스트라는 이렇게 말했다》 초반부에 나오는 '3가지 변화에 대하여'라는 섹션에서는 자유정신이 완전히 발달하기 위해 통과해야 하는 3단계를 낙타, 사자, 아이로 구분해서 설명한다.

낙타는 겸손하지만 굴욕적이지 않은 방식으로 짐을 지고 다니는 충실한 짐승이다. 영혼이 고결하고 필요한 것을 이루기 위해서는 어떤 어려움도 기꺼이 감수한다. 그러나 낙타는 편하고 쉬운 것을 택하는 자들과 고립되어 자신의 영혼을 '사막'에 남겨 둔다.

이 사막에서는 낙타가 사자로 변신해서 전통과 금기, 현상 유지에 적극적으로 반대한다. 특히 그 사자는 세상의 '명령'에 '거룩한 거절'로 화답한다. 사자는 반대론자고 고립된 우상 파괴자다. 그러나 정신은 단순히 세상의 방식을 '거부'하는 것만으로는 새로운 가치를 창조할 수 없다. 이를 위해서는 초심자의 마음을 가지고 세상을 놀이로, 새로운 시작으로, 끊임없는 움직임으로 바라보는 아이가 되어야 한다.

아이는 '거룩한 긍정'의 답을 하는데, 이는 세상에 대한 반응이 아니라 독립적으로 자신의 의지를 행사할 수 있게 해준다. 심령학자 켄 윌버Ken Wilber의 말처럼, 이런 변화는 이전 단계를 대체하는 것이 아니라 오히려 그것을 '초월하고 포함'한다.

이것이 어떻게 혁신적인 기업가 활동과 연결되는지는 쉽게 알아낼 수 있다. 낙타는 일을 해내지만, 당장의 일에 너무 몰두한 나머지 점진적인 변화 이상은 이룰 수가 없다. 사자는 세상이 망가진 모습을 보고 그에 동참하길 거부하지만, 진정으로 새로운 길을 찾을 방법이 없다.

아이는 애착에서 벗어나 새롭게 시작하며, 산업을 뿌리째 흔드는 완전히 새로운 방식으로 일을 할 수 있게 해준다.

완벽하게 일치하는 것은 아니지만, 스토아 철학은 낙타 단계와 비슷하다. 기업가는 무엇보다 힘든 일을 기꺼이 하고 불가피한 심리적 타격을 관리해야 하기 때문에 이 첫 번째 단계는 기업가에게 매우 중요하다. 중소기업 또는 컨설팅 회사를 운영하거나 고성장 스타트업의 직원으로 일할 때 특히 유용하다. 하지만 크고 중요한 회사를 만들려는 큰 야망을 품고 있다면 낙타 이상의 존재가 되어야 한다.

니체의 접근 방식이 스토아 철학과 비교되는 또 다른 지점은, 그리스 신화에 나오는 아폴로와 디오니소스를 기반으로 아폴로니안Apollonian과 디오니시안Dionysian이라는 이분법적인 개념을 제시한 것이다. 니체에게 아폴로는 인간의 냉정하고 이성적이고 개념적이며 체계적인 측면을 나타낸다. 디오니소스는 열정적이고 태평하고 사교적이면서 도취된 측면을 나타낸다.

니체는 계몽주의 이후의 세계에서는 이 2가지 측면이 균형을 이루지 못한다고 봤고, 디오니시안을 사회를 병들게 하는 것에 대한 해독제로 장려했다. 그렇다고 아폴로니안을 완전히 버리고 미쳐 날뛰는 미치광이처럼 살아야 한다고 생각했다는 뜻은 아니다. 그는 그 2가지가 불균형하게 혼합되어 있다고 생각했다. 아폴로니안은 합리적이고 헌신적인 노력을 위해 열정을 회피한다는 점에서 스토아 철학과 많은 공통점이 있다. 낙타처럼 일을 처리하기는 하지만 결정적인 무언가가 빠져있다.

당신이 각 장의 내용을 어떻게 받아들일지는 현재 낙타인지, 사자인지, 아니면 아이인지에 달려 있다. 전력을 다하고 싶다면, 각 장을 읽을 때 처음에는 낙타의 마음가짐으로 읽고 그다음에는 사자, 그리고 마지막으로 아이의 마음가짐으로 읽어 보자. 각 관점을 사용해서 현재 상황에 다르게 접근하는 방법을 생각해 보자.

일탈

"빛나간 본성은 진보가 이루어지는 모든 곳에서 지극히 중요
한 의미를 지닌다."

《인간적인, 너무나 인간적인》#224

| 현대적으로 읽기 |

진보를 이루려면 선천적으로 다른 사람들과 다른 방식으로
일하려는 성향의 사람들이 필요하다.

크고 중요한 기업을 만들려면 대개 점진적인 변화가 아니라 극적이고 혁신적인 개선이 필요하다. 어떤 사람들이 혁신적인 변화를 일으킬까? 대부분의 사람들이 하는 방식대로 따라 해야 한다는 압박감을 느끼지 않는 이들이다. 그들은 단순히 틀 밖에서 생각하는 게 아니라 "틀이라니, 그런 게 있었어?"라고 의아해한다. 단순히 좋은 아이디어를 가지고 있는 게 아니라 완전히 다른 각도에서 사물을 바라본다. 다른 사람들 눈에는 그들의 생각이 미친 것처럼 보일 때가 많다. 어떤 사람은 그들이 '일탈적인 성격'을 가지고 있다고 말할지도 모른다.

특이하고 선견지명이 있는 사고방식은 꼭 필요하지만, 이것이 혁신과 성공을 위한 충분조건은 아니다. 일반적인 관행을 따르지 않는 사람들은 대개 특이하기는 해도 별로 도움이 되지 않는 생각을 가지고 있다. 성공한 사람도 좋은 아이디어보다는 이상하고 정신 나간 아이디어가 더 많을 것이다. 어떤 사람이 괜찮고 기발한 아이디어를 가지고 있는지, 혹은 어떤 기발한 아이디어가 괜찮은지 미리 알아낼 수 있는 확실한 방법은 없다. 이를 알 수 있는 유일한 방법은 테스트를 해보는 것이다.

일탈적인 성격인 사람들의 중요한 특징은 단순히 특이한 생각을 가지고 있거나 그것에 대해 이야기하는 게 아니라, 그 생각을 기꺼이 실행에 옮기는 것이다. 당신은 일탈적인 성격이 아니지만 당신 회사의 누군가가 그렇다면, 그 아이디어 중에서 일부를 골라 시험해 볼 수 있게 도와줘야 한다. 그것이 스타트업에서 테스트와 학습이 중요한 이유 중 하나다.

일을 할 때 사물을 다른 시각으로 바라보는 사람들은 삶의 다른 영역에서도 '일탈적인 성격'을 드러내는 경향이 있다. 그들은 사회부적응자거나, 전반적으로 반항적이거나, 권위를 불신하거나, 자기 생각을 표현하는 데 어려움을 겪을 수 있다. 이는 사회에서 버림받지 않고도 눈부신 혁신을 만들어 낼 수 있는 연속체다. 그러나 적어도 홍보팀이나 인사팀에서는 좋게 보지 않는 몇몇 단점이나 행태가 존재할 수밖에 없다.

비즈니스와 관련된 다른 모든 것들과 마찬가지로, 이 또한 관리되어야 한다. 기업은 이런 기이한 행동이나 반항적인 태도를 보이는 직원 때문에 고통받지 말고 선구적인 아이디어의 이점을 활용해야 한다.

당신이 일탈적인 성격을 가진 사람이라면, 당신이 선택한 가장 해로운 것들로부터 세상과 회사를 보호할 수 있는 파트너나 직원을 영입하는 것을 고려해 보자. 그러면 더 성공할 뿐만 아니라 아마 더 행복해질 것이다.

당신 팀의 누군가가 가치 있는 일탈적 성격을 가지고 있다면, 그들의 업무 책임을 분리하고 타인과의 상호작용도 비슷한 방식으로 정리하자. 이때의 목표는 기업의 정상적인 운영을 방해하지 않는 방법으로 세상을 혁신할 수 있는 그들의 창의적인 사고를 북돋아 주고 촉진하는 것이다.

점진적 개선보다 대규모 개선이 중요하다는 것에 대한 자세한 내용은 '지배'를 참조하자. 혁신 범위 관리에 대한 자세한 내용은 '나만의 길을 찾자'를 참조하자. 일탈적인 성격을 가진 설립자의 역할에 대한 자세한 내용은 '두 유형의 리더'를 참조하자. 비전과 그것을 실행하는 추진력을 모두 갖추는 것이 무엇을 의미하는지 자세히 알아보려면 '천재'를 참조하자.

루크 캐니스Luke Kanies의 경험담

클리커티Clickety와 퍼핏Puppet의 설립자

포커 게임을 하다가 테이블을 둘러봤을 때 잘 속는 사람이 누군 지 모르겠다면, 그건 바로 자기 자신이라고 한다. 내가 퍼핏을 처음 시작했을 때의 상황이 바로 그랬다.

나는 시스템 관리 도구와 관행을 중심으로 조직된 커뮤니티인 연례 LISA 컨퍼런스에 몇 년간 계속 참석했다. 이 커뮤니티의 회 원은 학교에서 기계 몇 대를 유지 보수하는 사람부터 기업이나 연구 기관에서 거대 인프라를 관리하는 사람에 이르기까지 다양 했다.

처음에는 나와 같은 일을 하는 사람들을 만나서 아주 기뻤지 만, 금세 냉소적이 됐다. 내 주변의 시스템 관리자들은 자기 일 의 세세한 부분에 너무 집중한 탓에, 그걸 얼마나 더 좋게 만들 수 있는지 깨닫지 못했다. 그들은 자기가 가진 것에 만족했지만, 내가 특별히 이 커뮤니티를 찾은 이유는 변화를 돕고 싶었기 때 문이다.

나는 내 목표에 더 부합하는 작은 집단을 찾아냈다. 자동화의 필요성에 대한 그들의 믿음은 컨퍼런스에 참석한 다른 이들과 확연히 달랐다. 이 서클에 속한 사람들은 모두 시스템 관리자의 작업을 재구성하기 위해 독자적인 도구를 만들었다. 나는 커뮤니티 안의 커뮤니티, 군중 속의 파벌에 가입했다. 여기가 내가 속한 곳이었다.

적어도 나는 그렇게 생각했다.

나는 곧 다시 좌절했다. 이 집단을 하나로 묶은 것은 지적인 추구, 추상적인 수준에서 무언가를 증명하려는 욕구였다. 그들은 자기 생각을 테스트해 보는 데는 관심이 없었다. 그들은 어둑어둑한 방에 앉아서 누구 도구가 '더 나은지'를 놓고 무한정 논쟁을 벌이는 것으로 완벽하게 만족했다.

그 대화에서 많은 것을 배우기는 했지만, 넌더리가 났다. 그래서 컨퍼런스를 전체적으로 둘러보니 도움이 필요한 사람들이 보였다. 그들이 하는 일은 대부분 반복적이고 지루한 작업이지만 가끔 긴급 상황이 발생했다. 경영진은 급습해서 시스템 관리자를 비난한 다음, 핵심적인 문제를 해결할 권한은 주지 않은 채 자리를 박차고 나가 버리곤 했다.

내가 속한 이 작은 집단은 세상을 바꿔야 한다고 주장하지는 않았다. 다만 누군가는 뭔가를 해야만 했다. 누군가는 이런 지적 실험을 모두가 사용할 수 있는 제품으로 만들어야 했다. 하지만 그걸 만드는 것만으로는 충분하지 않았다. 그때쯤 나는 시장에 새로운 기술을 도입하기 위해서는 영업팀, 마케팅팀, 설치를 돕는 서비스 인력 등 많은 노력이 필요하다는 걸 알고 있었다.

우리 중 한 명이 회사를 차려야 했다.

그건 분명히 내가 할 일은 아니었다. 그 방에 있는 다른 사람들은 이미 프로덕션 소프트웨어를 가지고 있었다. 비즈니스에 대한 기술도 있었다. 대부분 박사학위를 가지고 있었고, 내가 컴퓨터를 가지고 있던 기간보다 더 오랫동안 이 문제에 대해 생각해 왔다. 나는 기다리고, 옆구리를 쿡쿡 찌르며 재촉하고, 그들 중 한 사람이 도약하도록 도울 작정이었다.

하지만 회의실을 나서자, 우리의 무익함 때문에 속이 탔다. 우리는 충분히 도와줄 수 있는 사람들에 둘러싸여 있으면서 아무도 사용할 수 없는 솔루션의 장점만 주장하고 있었다. 확실히 말하자면, 다른 시스템 관리자들은 변화의 기회를 보지 못했다. 그들은 자기가 고통받고 있다는 것은 알았지만 원인은 알지 못했고, 심지어 해결 방법이 있다는 것도 몰랐다. 우리 그룹은 고통스러운 신음에 둘러싸인 채 이론적인 치료법을 놓고 언쟁을 벌이는 의사들 같았다. 나는 3년 동안 똑같은 사람들과 똑같은 논쟁을 벌였는데, 그동안 달라진 것은 내 참을성뿐이었다. 난 여전히 어리석었고, 그들은 여전히 옳았고, 아무도 더 나아진 사람이 없었다.

다른 사람들은 모두 둘러앉아 이야기하는 것만으로도 만족하는 게 분명했다. 하지만 난 아니었다. 난 움직여야 했다. 우리에게 부족한 건 아이디어가 아니라 행동이었다. 방 안을 둘러봐도 마땅한 기업가를 찾을 수 없었다. 그러니 내가 나서야만 했다. 내가 옳았기 때문이 아니다. 그냥 말을 멈추고 일을 시작하고 싶었기 때문이다. 이 엘리트 커뮤니티에서의 논쟁에서 이기는 것보다 큰 커뮤니티에서 사람들을 돕는 일에 더 관심이 갔기 때문이다.

덕분에 모든 사소한 작업을 포착해서 복제할 수 있는 자동화 프레임워크인 '퍼핏'을 만들 수 있었다. 작업의 일관성과 빠른 응답 시간 덕분에 고객들은 대부분의 급한 문제를 해결할 수 있게 됐다. 퍼핏의 규모를 확대하는 동안 자신의 경력을 구해 주고, 승진할 수 있게 해주고, 가족과 더 많은 시간을 보내게 해주고, 긴급 대기 시간을 줄여 줘서 고맙다며 자발적으로 감사 인사를 해준 사용자들이 있어서 행복했다.

내가 커뮤니티 전체를 움직일 수 있었던 것은 한쪽 발은 시스템 관리자 캠프에 두고 다른 발은 자동화 하위 그룹에 둔 채 어느 쪽에도 완전히 속해 있지 않았기 때문이었다.

집착

"고귀한 사람을 사로잡는 열정은 특이함인데, 그는 이런 사실을 알지 못한다. 기이하고 특수한 측정봉을 사용하는 광기에 가까운 행동, 다른 사람들은 전부 차갑다고 느끼는 것을 뜨겁다고 여기는 감각, 아직 저울로 잴 수 없는 가치를 예언하는 것, 알려지지 않은 신에게 봉헌된 제단에 희생물을 바치는 일, 명예를 대가로 구하지 않는 용기, 흘러넘치는 부를 소유하고 그것을 인간이나 사물에 나눠 주는 자기만족 상태. 이런 데에 고귀함의 비밀이 있다."

《즐거운 지식》#55

| 현대적으로 읽기 |

고귀한 사람은 뛰어난 열정을 가지고 있지만 그것이 얼마나 특이한 것인지 깨닫지 못한다. 그는 성공에 대한 높은 기준, 다들 지루하다고 여기는 것들에 대한 열정, 미래에 가치 있을 것을 알아차리는 감각, 강렬하지만 설명할 수 없는 동기, 칭찬을 요구하지 않는 용기, 그리고 타인의 도움 없이도 이런 강렬한 분위기를 유지하고 즐기는 능력을 가지고 있다.

이 장의 제목은 '집착'이지만, 니체가 말한 것은 열정에 가깝다. 브래드가 예전부터 강조해 온 기업가의 '열정'은 그가 추구하는 자질인 '집착'과는 다르다. 사전에서는 열정을 강렬한 감정이라고 설명하는데, 집착은 정신이 사로잡힌 상태를 말한다. 니체도 여기서 비슷한 구분을 하려는 것 같다는 직감이 든다.

'집착'이라는 말은 나중에서야 널리 쓰이게 된 말이다. 이 잠언의 앞부분에서 그는 "그렇다면 무엇이 사람을 '고귀하게' 만드는가? …… 그가 전반적으로 자신의 열정을 따르기 때문에 고귀해진 것은 분명히 아니다. 경멸을 받을 만한 열정도 있다"라고 말한다. 이는 곧 당신이 자신의 사업과 그것이 고객을 위해 해결하는 문제에 집착하고 있는지 아니면 그냥 열정을 품고 있는 것뿐인지 자문해 볼 가치가 있다고 해석할 수 있다.

업계를 혁신하거나 세상을 바꿀 생각이라면, 사람들이 당신을 정신이 나갔고 비타협적이며 반사회적 인격 장애자로 볼지도 모른다는 걸 예상해야 한다. 아니, 어쩌면 실제로 그럴 수도 있다. 이런 상황에서 자신의 태도와 노력을 유지하려면 내부에서 추진력을 찾아야 한다. 자신의 비전이 무엇이고 그것이 왜 본인에게 중요한지 알아야 한다. 그것을 다른 사람에게 설명할 능력이 당신에게 존재하는지 여부에 따라 정확성은 달라진다. 그것을 깨우치지 못하면 집착하게 되는 것이다.

성공한 후에도 모든 사람이 당신의 비전과 끈기를 칭찬할 것이라고 기대해서는 안 된다. 자기가 먼저 그 아이디어를 떠올렸다고 생각하거나 본인이 당신의 성공에 기여했다고 생각하는 누군가에게 소송을 당할 것에 대비해야 한다. 당신이 일으킨 혁신 때문에 직장에서 쫓겨나게 된 사람들은 당신을 무정한 인간처럼 여길 것이다. 당신이 만든 제품을 즐겨 사용하는 이들도 당신이 새롭게 쌓은 부를 비판할 것이다. 무시에서 질투와 적개심으로의 전환은 꽤 갑작스럽게 이루어질 수 있다.

따라서 자신의 목적을 위한 비전과 사업을 추구해야 한다. 진심 어린 충고를 무시하라는 건 아니다. 다른 사람들이 당신이 추구하는 목표를 완벽하게 이해하거나 똑같은 수준의 강렬함과 본질적인 추진력을 가지고 있으리라고 기대해서는 안 된다는 이야기다. 당신을 위해 일하고, 당신에게 투자하고, 당신에게서 제품을 사는 이들이 그 목표에 대해서 가지고 있는 열정은 대부분 당신에게서 나올 것이다. 처음부터 목표에 강하게 집착하지 않는다면, 그 목표가 '광기에 가까운 수준으로' 당신을 '사로잡지' 못한다면 엄청난 부담이 될 수도 있다. 그렇게 될 경우에도 대비하자.

집착의 중요성에 대한 자세한 내용은 '지속성'과 '보상으로서의 일'을 참조하자. 성공의 잠재적인 위험에 대한 자세한 내용은 '성공의 그림자'를 참조하자.

브레 페티스Bre Pettis의 경험담

메이커봇Makerbot 공동 설립자 겸 CEO

메이커봇을 시작한 지 얼마 되지 않았을 때, 나는 내 영혼을 회사의 운명에 걸었다. 2009년 초 내 삶은 선의로 가득 차 있었다. 난 창의적인 자선가였다. 지난 4년간 콘텐츠를 제작하면서 내 두 손으로 가치를 창출했다. 그리고 다른 사람들이 이용할 수 있도록 인터넷상에 무료로 배포해서 그 가치를 증폭시켰다. 2004년부터 2008년 사이, 창의적인 인터넷 개척자들을 많이 알게 됐고, 나는 그들과 함께 만들 수 있는 유토피아에 관심이 생겼다. 컴퓨터로 제어하는 도구로 아이디어를 유형화해서 무한한 가치를 창출할 유토피아를 상상했다.

메이커봇은 2009년 1월에 유토피아적인 비즈니스 모델로 시작됐다. 우리의 이상적인 목표는 제품을 디자인하고 그 디자인을 공유하는 것이었다. 사용자들은 우리 디자인을 개선해서 다시 공유한다. 메이커봇은 사용자가 개선한 부분을 통해 이익을 얻고 이를 모든 사람에게 판매할 수 있게 하는 것이다. 사업 경험이 있는 친구들은 이건 사업적 자살 행위며, 우리가 멋진 기계를 만들어도 남들이 그대로 복제할 것이라고 말했다. 자만심이 강했던 나는 그들을 비웃으면서 이 비즈니스 모델 덕분에 우리 회사가 더 유연해져서 어떤 경쟁사보다 큰 혁신을 이룰 수 있을 것이라고 했다.

초기에 사업 자금을 모으기 위한 홍보 활동을 하면서, 메이커봇의 개방성을 우리 회사의 큰 이점으로 내세웠다. 니체는 고귀한 사람을 사로잡는 열정에 대해 이야기했다. 나는 열정의 도취 효과를 입증할 수 있었다. 다른 사람은 이해하지 못하는 것을 신뢰한다는 것도 아주 기분 좋은 일이었다.

2009년에 등장한 3D 프린터는 대중에게 타임머신만큼이나 혼란스러운 물건이었다. 메이커봇 팀은 메이커봇 리플리케이터 MakerBot Replicator를 출시했고, 우리 비즈니스 모델과 일치하는 계획을 발표했다. 곧 불법 복제품이 나오기 시작했다. 나는 결국 우리의 순수한 유토피아적 비즈니스 모델에서 벗어나기 위해 평판이 좋지 않은 결정을 내렸다. 메이커봇 리플리케이터2를 출시하면서 제품 모양에 대한 디자인 특허를 얻은 것이다. 그러니 불법 복제품은 최소한 모양이라도 다르게 만들어야 했다. 위험한 유토피아적 비즈니스 모델을 증명하려는 욕구보다 창의성에 힘을 실어 주는 회사를 만들고 싶다는 목표가 더 강했다.

불행히도 디자인 특허를 냈음에도 불법 복제품 생산은 중단되지 않았고, 그들의 고객은 문제가 생기면 메이커봇 지원팀에 전화를 걸기도 했다. 하지만 이런 극적인 사태도 우리를 막지 못했다. 돌이켜 보면 내 결정이 보편적으로 받아들여지지 않은 것이 마음 아프기는 했지만, 창의성을 북돋아 주는 메이커봇으로 가득한 미래를 위해서는 옳은 결정이었음이 분명하다.

2013년에 메이커봇은 많이 변화를 거쳤다. 메이커봇 리플리케이터2 데스크톱 3D 프린터는 새로운 브랜딩 작업을 거치면서 판매량이 빠르게 증가했다. 회사는 신속하게 직원들을 채용했지만 직원들의 순환 속도도 비슷하게 빨랐다. 변화에 대한 스트레스 때문에 일부 직원은 성과를 올리지 못했고 일부는 격분해서 회사를 그만두었다. 나는 사람들이 날 좋아해 주기를 바라는 단점 때문에 직원을 해고하기까지 너무 시간을 끄는 경우가 많았고, 이로 인해 결국 내보낼 때 더 큰 원망을 들었다. 일부는 나를 고소했다. 일부는 나와 회사를 싫어하면서도 우리 회사 주식은 원했다. 그해 중반에 회사가 인수됐다.

이런 대혼란 속에서 3D 프린팅 산업에 관한 영화가 제작됐다. 나는 영화 제작자들이 우리 회사의 운영 방식과 직원들을 속속들이 살펴볼 수 있게 해줬다. 그 영화가 우리의 노력과 성공을 기록해 줄 것이라고 기대했다. 하지만 그들은 내가 순수한 유토피아적 비즈니스 모델에서 벗어나게 된 극적인 상황에 초점을 맞췄다. 그들은 그 순간을 배움의 순간이 아니라 사람들의 신임을 잃는 상황으로 그렸다. 억울해하는 예전 직원들을 인터뷰하고, 3D 프린터로 총을 만드는 남자의 이야기를 집중 조명하고, 나를 이상에 부응하지 못한 실패자로 그렸다.

나는 니체의 반사회적 인격 장애자였다. 나는 강한 신념을 지키면서 역경에 맞서서 내부에서부터 일을 추진해야 했다. 나는 누구도 하지 못한 일을 해낸 위대한 사람들과 놀라운 팀을 응원해 왔지만 내 무능력 때문에 곤란을 겪었다. 좋은 직원들을 해고해 무정한 사람으로 비춰졌다.

우리 팀의 성과가 칭찬받고 활용되는 모습을 보면서도 내 성공 때문에 비판을 받았다. 나는 무시가 질투와 적개심으로 바뀌는 것을 느꼈다. 하지만 우울증을 앓지 않고, 낙관주의와 더불어 인간의 잔혹한 본성을 받아들이는 내면의 정서적 도구를 개발하기 시작한 것에 감사한다. 나는 그 모든 일을 겪으면서도 성공했다는 사실에 묘한 명예심과 고통을 동시에 느낀다.

이 모든 결과를 수반하는 열정적인 삶은 깊은 감정적 비용을 초래한다. 새로운 것을 세상에 내놓으라는 부름을 받은 이들이 우주의 모든 지지와 우정을 통해 역경을 헤쳐 나가길 기원한다.

보상으로서의 일

"그런데 일에서 기쁨을 느끼지 못하면서 노동하느니 차라리 죽는 것이 낫다고 생각하는 특이한 사람도 있다. 까다롭고 쉽게 만족하지 않는 사람들인데, 그들에겐 일 자체가 최대의 보상이 되지 못하면 충분한 수익을 얻어도 아무런 의미가 없다."

《즐거운 지식》#42

| 현대적으로 읽기 |

세상에는 아무런 즐거움 없이 일하느니 차라리 죽는 편이 낫다고 여기는 보기 드문 사람들이 있다. 그런 사람들은 일의 질에 매우 까다롭고, 일 자체가 안겨 주는 보상에 비하면 돈을 버는 것은 부차적인 문제라고 여긴다.

당신은 자기 일에 집착하는가, 아니면 그냥 돈을 벌기 위해 일하는가? 기업가는 충분히 강하기만 하다면 이 둘 중 어떤 동기로도 성공할 수 있다. 어느 쪽이든 나름의 장점과 단점이 있다.

강박적인 사업가는 고난에 대한 인내심이 강하지만 명확한 결정을 내릴 때 어려움을 겪을 수 있다. 금전적인 동기가 강한 기업가는 진정한 기회를 강조하겠지만, 회사가 집중해야 하는 핵심 임무를 놓치거나 쉽게 항복하려는 경향이 강할 수 있다. 의욕이 강한 일부 기업가는 가족이나 친구에게 무언가를 증명하려 들거나 경쟁자에게 복수를 하려고 한다. 성공한 일부 기업가는 어떤 일이 됐든 일을 잘하는 것 자체에 더 관심이 많고 실제 제품이나 서비스는 부차적인 문제로 여긴다.

당신의 집착이 시장 기회와 일치하지 않을 수도 있다. '좋아하는 일을 찾아서 그걸 직업으로 삼아라'라는 유명한 말은 무슨 일이든 생계는 유지할 수 있다는 이야기다. 그러나 설사 생계를 유지할 수 있다고는 해도 그게 무슨 일인지에 따라 생활 방식에서 편안함이나 일관성을 포기해야 할 수도 있다. 예술가, 시인, 음악가의 경우 극소수만이 기본적인 생활비 이상을 벌고 있다. 이는 기업가 활동의 경우에도 마찬가지다. 극소수의 사업 아이디어만이 성과를 내고, 혁신적인 아이디어는 그보다도 적다.

니체가 이걸 어떻게 표현했는지 주의 깊게 살펴보자. 이런 보기 드문 사람의 경우, 일 자체가 보상이 되지 못하면 돈을 버는 것만으로는 충분하지 않다. 그는 재정적인 고려를 전혀 하지 않는 사람에 대해서 이야기하는 게 아니다. 똑똑한 투자자들은 일에 집착하는 기업가를 찾지만, 그와 동시에 돈을 벌 수 있는 아이디어에도 집착해야 한다. 이 2가지가 일치해야 한다. 그렇지 않으면 사업이 성공하더라도 라이프 스타일 사업 이상으로 발전할 가능성이 없다.

당신은 자신의 동기를 제대로 이해하고 있는가? 제품에 집착하고 있는가? 제도를 혁신하고 싶은가? 본질적이고 비경제적인 열정을 자유롭게 추구하기 위해 돈을 벌고 싶은가? 다른 사람 밑에서 일하는 걸 피하고 싶은가? 대부분의 사람들에게 이 문제들은 각각 그 나름의 자리를 차지하고 있지만, 가중치는 저마다 다르다. 이것과 다른 요소들에 대한 당신의 가중치는 어떠한가? 비즈니스 요구에 맞춰서 이런 동기를 조정하기 전에 자신의 동기를 제대로 이해하자.

동기 부여의 원천 역할을 하는 집착에 대한 자세한 내용은 '집착'을 참조하자. 투자자의 동기와 일치하는 기회에 대한 자세한 내용은 '지배'를 참조하자. 사업 목표를 동기와 일치시키는 일의 중요성에 대한 자세한 내용은 '나만의 길을 찾자'와 '강도 유지'를 참조하자.

저드 발레스키Jud Valeski의 경험담

그닙Gnip 설립자 겸 전 CEO, 사진작가, 엔젤 투자자

그닙의 CEO가 된 후(원래 CTO였다), 최근 나도 모르는 새에 체결된 거래가 있다는 걸 알게 됐다. 나는 우리 회사가 어떤 거래에 서명했는지 알아보려고 바로 확인 작업에 착수했다. 그 결과 우리에게 아주 많은 수익을 안겨 주는 거래라는 걸 알게 됐다. 하지만 우리 제품과 엔지니어링 팀이 우리의 핵심적인 제품 비전에서 멀어지고, 대신 상대 회사 제품에 필요한 기능을 만드는 데 전념하게 될 것이 보였다. 결국 이 거래는 모든 면에서 우리 아이디어를 왜곡시키고 우리를 컨설팅 회사로 만들어 버릴 텐데, 그건 우리가 바라는 바가 아니었다.

거래는 이미 체결된 상태였다. 나는 제품 로드맵과 비전, 문화를 지키기 위해 회사가 한 약속을 어길지 여부를 결정해야 했다. 거래를 깨면 회사 명성에 먹칠을 하게 되고 재정적인 압박이 가중되겠지만 우리의 바람과 비전에 충실할 수 있게 된다. 나와 우리 팀은 돈보다 중요한 것을 위해 이 일을 하고 있다. 그래서 상대 회사에 전화를 걸어 사과하고 계약을 파기해야 하는 이유를 설명하면서, 계약 파기가 무얼 의미하는지 잘 알지만 이 일을 계속 진행하지는 않을 거라고 말했다. 자신들의 로드맵이 위험에 처하게 된 상대 회사에서는 물론 화를 많이 냈지만, 결국 내 결정을 존중해 줬다.

이 일은 우리의 진정한 동기와 그 동기를 유지하기 위해 어디까지 할 수 있는지를 명확히 알게 해줬다.

자신에 대한 기쁨

"사람들은 '일에 대한 기쁨'이라고들 말한다. 그러나 사실은 일을 매개로 한 자신에 대한 기쁨이다."

《인간적인, 너무나 인간적인》#501

| **현대적으로 읽기** |

사람들은 자기가 하는 일을 사랑해야 한다고 말하지만, 이건 사실 자기가 하는 일을 통해서 스스로를 사랑하는 방법이다.

사업을 시작할 때는 세상을 바꿀 방법, 돈을 버는 방법, 팀을 조직하고 동기를 부여하는 방법, 기타 크고 작은 여러 가지 요소를 생각한다. 당신은 미래에 대한 비전을 가지고 있고 그 비전을 실현하기 위해 피와 땀, 눈물을 기꺼이 쏟을 것이다. 그리고 그 비전이 실현되는 모습을 보면 만족감을 느끼게 될 거라고 기대할 것이다. 그 만족감이 세상을 더 나은 곳으로 만든 것에서 나오든, 당신이 얻은 재정적인 부에서 나오든, 아니면 그 각각에서 조금씩 나오든 말이다.

당신이 자각을 한다면 행복을 느끼는 것은 목적지에 도착하는 순간이 아니라 거기까지 향하는 여정이라는 것을 깨닫게 될 것이다. 이것은 니체가 살던 시대에도 잘 알려져 있었다. 그러나 또 하나 잊지 말아야 할 사실은 대부분의 기업이 결실을 맺기까지는 오랜 시간이 걸리며, 일부는 영영 결실을 맺지 못한다는 것이다.

아침에 당신이 침대에서 일어나는 이유가 오로지 결과에 대한 열망 때문이고 일상적인 노력의 과정에는 마음이 동하지 않는다면 열정과 추진력을 유지하기 힘들 것이다. 당신 개인에게는 결과에 대한 열망만 있으면 충분할지 몰라도 조직의 사기에는 과정의 즐거움이 큰 영향을 준다. 진행 중인 일을 즐기는 마음은 기업의 궁극적인 성공과 비전 실현에 중요하다.

당신이 자기 사업을 시작했다는 사실을 돌이켜 보자. 이는 당신이 솔선수범하고 세상일에 관심이 있는 사람이라는 걸 보여 준다. 당신은 사람과 기술, 생각, 회사를 설립하고 키워 나갈 때의 리더십을 즐기는 사람이다. 비전을 달성하는 과정과 그 노력과 관련된 일상적인 일을 즐기며, 자기가 꿈만 꾸거나 이야기만 하는 사람이 아니라 실제로 그 일을 해낸다는 사실에 기뻐하는 사람이다.

결국 자신의 비전 실현 여부에 관계없이, 그 과정을 즐기며 자기 자신에게서 기쁨을 찾을 것이다!

비전과 그 비전을 실현하는 추진력의 중요성에 대한 내용은 '천재'를 참조하자. 노력에 대한 열정 유지의 중요성에 대한 내용은 '혁신에 대한 인내심'을 참조하자. 개인적 발전과 관련된 기업가 활동에 대한 추가적인 생각은 '성공의 그림자'와 '능가'를 참조하자.

재클린 로스Jacqueline Ros의 경험담

레볼라Revolar CEO 겸 공동 설립자

나는 내 일을 사랑한다. 잘 때도 레볼라 생각을 하다가 잠이 들고 아침에도 레볼라 생각을 하면서 일어난다. 레볼라에 대한 꿈도 꾼다. 난 내가 하는 일을 좋아하고, 내 공범자이자 우리가 함께 만들어 가는 이 회사를 나만큼이나 사랑하는 공동 설립자를 둔 것이 행운이라고 생각한다. 또 우리의 사명(기술을 이용해서 더 좋은 사회를 만들고 더 안전하고 건전한 공동체가 되도록 돕는 것)을 믿어 주는 투자자와 팀원들이 있는 것이 축복이라고 생각한다.

하지만 어느 관계나 다 그렇듯 사랑은 선택이다. 여성 관객을 겨냥한 영화처럼(난 이런 영화에 사족을 못 쓰는 걸로 악명 높다) '사랑만 있으면 된다'는 함정에 빠지기 쉽다. 사랑은 모든 걸 지탱해 준다고 하지 않았던가? 하지만 사실은 그렇지 않다.

스타트업에서 팀은 공동 창업자들의 모습을 직접적으로 반영한다고 누군가 말한 적이 있다. 나는 초반에 직원들과 면담할 때이 말을 반복하면서, 만약 이게 사실이라면 이렇게 훌륭한 분들이 우리와 함께 일하면서 우리 사명을 위해 노력해 주다니 정말 영광이라고 말했다. 면담 상대는 내 말에는 힘이 있고, 그걸 통해서 내가 나를 사랑하고 평온하게 살아가는 법을 깨우쳤다는 걸 확실히 알 수 있었다고 대답했다.

이 다음 부분은 쓰기가 어렵다. 나는 CEO로 일하는 것이 처음이다. 처음 이 자리에 오른 사람들이 그렇듯, 나도 어떤 망상을 품고 있었다. 이런 망상에서 나오는 자신감이 있어야 다음 단계로 올라갈 수 있다. 나는 내가 아끼는 이들의 일자리를 희생시키는 실수는 저지르지 않겠다고 몇 번씩이나 다짐했던 게 기억난다. 다른 CEO들처럼 비정하게 굴지 않을 것이다.

하지만 지난 몇 달 동안 나는 많이 겸허해졌다. 다른 CEO들이 내리는 결정에 대한 공감도 비약적으로 증가했다. 그들은 내가 무슨 생각을 했는지 전혀 몰랐겠지만, 그들에게 연락해서 사과라도 하고 싶은 심정이었다. 거울 속의 내 모습을 바라보면서 이렇게 물어야 했다. "우리 팀이 내 모습을 직접적으로 반영한다면, 실수를 저지르고 통제할 수 없는 장애물에 부딪힌 지금, 성장을 위해 나의 어느 부분, 우리 팀의 어느 부분을 잘라 내야 하는가?"

나는 정말 최악의 상황을 맞았다. 이런 바닥까지 떨어질 줄은 꿈에도 몰랐던 새로운 최저점이었다. 이럴 때는 여러 면에서 나의 반석 같은 역할을 하는 공동 창업자에게 의지한다. 공동 창업자는 이렇게 말했다. "재키, 힘들다는 건 알지만 우리는 레볼라를 일으키기 위해 미친 듯이 노력한 이들과 우리에게 투자해 준 모든 이들에게 빚을 갚아야 해요. 비록 그 과정에서 우리가 아끼는 이들에게 상처를 주게 되더라도요." 우리는 26명의 팀원 중 몇 명을 해고하는 것에 대해 의논하고 있었다.

사랑은 선택이다. 레볼라의 여정과 다시 사랑에 빠지려면 나 자신을 다시 사랑해야만 했다. 나는 내가 발 디디게 되리라고는 상상도 못했던 곳들에서도 스스로를 밀어붙였다. 날마다 기복이 심한 상황과 다시 사랑에 빠지는 법을 배웠다. 내 인간적인 부분을 다시 좋아하게 되면서 그것이 계속 성장 중인 헌신적인 팀에 어떤 영향을 미치는지도 알게 됐다. 아주 사소한 세부사항부터 중요한 전략적 순간까지 모든 것에 다시 빠져드는 법을 배웠다.

가장 중요한 것은 매일이 선택의 연속이라는 걸 깨닫고, 날마다 레볼라라는 불완전한 여정과 사랑에 빠지기로 했다는 것이다. 나는 이 여정을 사랑하기 때문에 내 일을 사랑한다. 나의 새로운 지침은 이 여행이 나를 더 괜찮은 사람, 더 현실적이고 공감할 줄 아는 사람으로 만들어 주도록 날마다 선택을 하는 것이다.

놀이와 같은 성숙함

"인간의 성숙, 이는 어릴 때 놀면서 가졌던 진지함을 다시 발견하는 것을 말한다."

《선악의 저편》#94

| **현대적으로 읽기** |

진정한 성숙은 아이들이 놀 때 발휘하는 집중력과 격렬함으로 돌아가는 것이다.

아이들이 놀이에 몰입하는 모습을 관찰해 보자. 매우 강한 집중력으로 하나의 아이디어에서 다음 아이디어로 멈추지 않고 흘러간다. 때로는 어떤 일을 하는 게 즐겁다는 사실 외에는 다른 뚜렷한 이유도 없이 특정한 행동이나 말을 반복한다. 그들은 자기를 의식하지도 않고 누가 보든 말든 신경도 안 쓴다. 때때로 그들은 뭔가를 만들거나 짓는다. 그리고 그걸 누군가에게 자랑스럽게 보여 주기도 하지만 파괴하면서 기뻐하기도 한다. 어떤 때는 그냥 놀기도 한다. 그들은 놀이에 진지하다. 실제로 그들에게 맡겨지는 어떤 허드렛일보다 훨씬 진지하게 임한다.

이를 관리자나 경험 많은 직원과 비교해 보자. 이들도 진지하기는 하지만 뭔가 다른 느낌이 든다. 그들의 행동에서는 외적인 요구와 의무감이 느껴진다. 종종 조바심이나 좌절감이 더 우세할 때도 있다. 지루해 보이기도 하고, 진지한 태도는 의도적으로 꾸며낸 것 같다. 일에 관심을 가지는 것은 그걸 통해 돈을 벌기 때문이다. 사람들은 이걸 성숙함, 또는 '어른답게 행동하는 것'이라고 생각한다. 누군가는 해야 하는 일이기 때문에 억지로 힘을 내서 내키지 않는 일을 하는 것이다.

누군가는 더 큰 목적을 위해 그 일을 해야만 한다. 사이먼 시넥Simon Sinek은 그의 책《나는 왜 이 일을 하는가Start with Why》에서 목적, 즉 '왜'가 '무엇'이나 '어떻게'보다 훨씬 중요하다고 말한다. 당신이 일상적인 활동을 더 큰 '이유'와 연결시킬 수 있다면, 그것은 새로운 성숙 단계에 도달한 것이다.

당신이 어떤 일을 하는 이유는 그것이 당신의 놀이 공간 안에 포함되어 있기 때문이지, 누군가가 돈을 주기 때문이 아니다. 당신의 계획에 반대하는 직원들은 게임 속 캐릭터일 뿐이다. 엔지니어링 팀은 욕조에 띄워 놓은 플라스틱 모터보트다. 그들이 겪는 기술적 어려움은 욕조 밖으로 튀어나와서 모터보트가 움직이는 경로를 가로막는 무릎 같은 것이다. 당신의 팀이 자축하는 승리는 리틀리그에서 우승했을 때 같은 순수한 기쁨이다.

이런 식으로 생각하면 의무감이나 봉급, 투자금 회수 기회 때문이 아니라 더 큰 목적을 달성하는 과정에서 느끼는 열정과 순수한 기쁨 때문에 움직이면서 그 순간에 진지하게 집중할 수 있다. 장애물과 축하의 순간을 모두 재미있는 과정의 일부로 여기게 될 것이다.

세상을 이런 식으로 바라보려면 성숙함과 용기가 필요하다. 일과 어른의 진지함에 대한 역할 모델은 의도적으로 만들어 낸 경우가 많다. 어떤 사람들은 이런 의도적인 심각성이 올바른 행동 방식이라고 생각한다. 당신이 너무 즐기고 있는 것처럼 보이면 그들은 당신을 경박한 사람으로 여길 것이다. 이런 판단을 무시하거나 그들이 다르게 생각하도록 설득해야 한다.

당신이 이 접근법을 자신에게 도움이 되는 방향으로 습득했다면, 거기서 더 발전시켜 보자. 팀원들이 자신의 일을 '이유'의 일부로, 진지한 놀이로 여기도록 지원하거나 그것을 촉진할 방법을 알아보자. 친구들과 함께 놀면 훨씬 더 재미있고 흥미진진하니까 말이다!

혁신적인 기업가 활동과 관련해 니체가 말한 '아이'에 관한 자세한 내용은 '자유정신'의 서론을 참조하자. 창조적 본능의 중요성에 대한 자세한 내용은 '일탈'을 참조하자. 여정을 즐기는 방법에 대한 자세한 내용은 '자신에 대한 기쁨'을 참조하자.

데이비드 코헨David Cohen의 경험담

테크스타 공동 설립자

스페로Sphero

놀이에 빠져 있는 아이들을 생각하면 곧바로 스페로의 크리에이터인 이안과 애덤의 이야기가 떠오른다.

테크스타 프로그램에 처음 참여했을 때, 그들은 스마트폰으로 조종할 수 있는 차고 문 개폐기를 만들었다. 대단한 실력이긴 했지만, 이미 비슷한 제품이 시중에 나와 있는 상태였다. 우리는 그들에게 좀 더 흥미로운 걸 생각해 내라고 요구했다.

그들은 브레인스토밍을 시작했고, 그러다가 로봇 공에 대한 아이디어가 떠오르자 어린아이들처럼 기뻐했다. 그들이 이 아이디어에 환호한 이유는 그걸로 돈을 벌 수 있을 거라고 생각했기 때문이 아니라 지극히 개인적인 관심 때문이었다. 그들은 이게 어떻게 사업이 될 수 있는지 이해하지 못했다. 그들은 그걸 가지고 뭘 할 수 있는지, 결국 얼마나 강력해질지도 전혀 몰랐다. 그냥 로봇 공을 만드는 게 도전적이고 재미있을 것이라고 생각했을 뿐이다. 생각해 보면 정말 하기 힘든 일이다. 공에게 전진과 후진, 왼쪽과 오른쪽을 어떻게 가르친단 말인가?

그래도 그들은 결국 필요한 공학 기술을 모두 찾아냈고 사람들은 그 제품을 좋아했다. 심지어 오바마Obama 대통령도 스페로를 가지고 재미있게 놀았다. 그리고 이안과 애덤은 스페로 CEO인 폴 버베리안Paul Berberian과 함께 월트 디즈니사Walt Disney Co.의 CEO 밥 아이거Bob Iger가 멘토로 있는 디즈니 액셀러레이터Disney Accelerator를 찾아갔다. 아이거는 곧 개봉될 〈스타워즈Star Wars〉 시리즈의 〈깨어난 포스The Force Awakens〉 속 드로이드 BB-8의 사진을 보여 주면서 여기에 생명을 불어 넣을 수 있는지 물어봤다. 디즈니는 결국 스페로 BB-8의 판매 허가를 내줬고, 이 제품은 그해 크리스마스 시즌에 가장 많이 팔린 장난감이 됐다. 제품이 출시된 첫날에는 시간당 2000개 이상이 팔려서 하루가 끝날 무렵에는 완전히 매진됐다.

스페로는 현재 성공한 대기업으로 여러 가지 제품을 보유하고 있다. 이 모든 성공은 창업자들의 내면에 잠들어 있던, 10살짜리 아이들이 눈 뜰 만한 아이디어에서 시작됐다.

넥스트 빅 사운드Next Big Sound

테크스타에서는 일상적인 활동을 더 큰 '이유'와 연결시켜야 한다는 사이먼 시넥의 철학을 굳게 믿는다. 우리는 항상 기업인들이 자기가 좋아하는 일을 하면서 그걸 좋아하는 이유부터 시작해, 그들이 하는 일의 이면에 있는 더 큰 이유에 집중하길 바란다.

테크스타 프로그램을 시작한 지 이틀째 되던 날, 공동 창업자인 알렉스와 데이비드, 사미르가 자기들은 더 이상 자신들의 스타트업 아이디어에 확신이 가지 않는다고 말했다. 그들이 원래 하려던 사업의 콘셉트는 대중의 지혜를 활용해서 떠오르는 음악 아티스트들을 홍보하는 음반사를 설립하는 것이었다.

이게 실행 가능한 사업이 아니라고 판단한 그들은 테크스타 회의실에 앉아서 여러 가지 스타트업 아이디어를 나열하기 시작했다. 그들이 적어 놓은 수십 가지 아이디어 목록을 살펴보던 내가 처음 알아차린 것은 음악 산업과 관련 있는 아이디어가 9개나 된다는 것이었다. 그래서 이렇게 말했다. "당신들이 음악을 사랑하는 건 분명하군요. 그런데 왜 우리가 이런 다른 아이디어에 대해 이야기하고 있는 거죠?"

그들은 다른 아이디어는 다 타당성이 있고 성공할 가능성이 높은 견고한 사업이라고 말했다. 그러나 이건 앞서 이야기한 '의도적인 심각성'처럼 들렸기에 '왜'라는 궁금증이 작동하기 시작했다. 합리적인 사업 아이디어만 추구하면 열정과 즐거움에 따라 움직일 수 없고, 자기가 완벽하게 좋아하지 않는 분야에서 일하면 회사를 시작하기가 정말 어렵다. 이 친구들은 음악 관련 스타트업을 위한 9가지 아이디어를 가지고 있었으니, 음악 관련 스타트업을 시작하는 게 당연했다.

여기서 그들이 선택한 아이디어가 넥스트 빅 사운드인데, 이는 음악 산업에 귀중한 정보와 통찰력을 주는 공식에 사회적 지표를 통합한 것이다. 넥스트 빅 사운드는 결국 판도라에 인수되어 성공적으로 투자금을 회수했다.

창업자들은 음악에 대한 열정에 이끌렸기 때문에, 사업을 시작하는 데 필요한 장시간의 노력과 집중력을 기꺼이 발휘할 수 있었다. 제품이 기능을 갖추기 훨씬 전부터 그들이 원하는 제품의 모습을 실물 크기 모형으로 만들었던 게 기억난다. 그리고 시간이 지나면서 그 기능이 초기에 상상했던 것과 정확히 일치하는 모습으로 생동감 있게 구현되는 걸 지켜봤다. 겉으로 보기에 그들이 상상력을 따라 움직이는 것은 마치 놀이 같았다. 그들은 머리가 아닌 마음의 소리에 귀를 기울였고, 자기가 좋아하는 것 안에서 사업을 발전시켜 성공을 이뤘다.

스타트업을 차리려면 머리를 써야 하지만 그보다 더 중요한 건 마음이 움직이는 대로 따라가는 것이다. 내가 아는 최고의 기업가들은 자기가 좋아하는 일을 추구하면서, 자신들의 열정을 바탕으로 사업을 일구는 방법을 알아냈다.

천재

"천재란 무엇인가? 천재란 높은 목표를 열망하면서 그 목표에
도달하기 위한 수단을 원하는 자다."

《인간적인, 너무나 인간적인》, 여러 가지 의견과 잠언 #378

| 현대적으로 읽기 |

'천재'는 도전적인 목표를 세우고 그 목표를 이루기 위해 필요
한 건 무엇이든 하는 사람을 의미한다.

이 장에서는 어원語原을 간략하게 살펴보는 것부터 시작하려 한다. 참을성 있게 읽다 보면, 기업가적 노력의 중요성을 더 깊이 이해할 수 있을 것이다.

현대적 용법이나 니체 시대에 '천재genius'라는 말은 주로 지식, 창의성, 대인관계 부문에서 뛰어난 능력을 발휘하거나 그런 능력을 반영하는 것으로 알려진 사람을 가리킨다. 일반적으로 이런 능력에는 설명할 수 없는, 타고난 것이라는 의미가 함축되어 있다. 이 함축된 의미는 원래 라틴어에서 유래된 것이며, 사람을 인도하는 정령 '지니genie'와 어근이 같다.

이런 의미와는 반대로, 어떤 이들은 "천재는 1퍼센트의 영감과 99퍼센트의 노력으로 이루어진다"는 토머스 에디슨Thomas Edison의 말과 "천재는 무한히 애쓸 수 있는 능력이다"라는 19세기 속담 등을 통해 '천재'가 사실 노력과 끈기를 뜻한다고 주장하기도 한다. 최근에 진행된 몇몇 연구도 이 주장이 옳다는 것을 증명했다. 문제 해결을 위해 치열하게 노력하며 집중한 뒤에 계시 현상(깨달음의 순간)을 겪는 사람도 있다.

니체의 정의는 이런 관점을 새로운 방식으로 결합하고 증대한다. 그는 목표의 개념에 그 목표를 달성하기 위한 '의지' 혹은 추진력을 덧붙인다. 그는 동기가 없으면 열심히 일하거나 무언가를 지속할 수 없다는 걸 알았다. 그의 관점에서 볼 때 의지는 그런 동기의 원천이며 따라서 기본적인 요소고, 노력과 끈기는 부차적이며 암묵적이다. 그러나 의지 자체는 라틴어 어근의 지니처럼 별다른 설명이 없다. 따라서 니체는 여전히 설명할 수 없는 능력이 존재하지만 그건 기술이 아니라 동기와 관련이 있다고 말한다.

이게 당신의 사업과 무슨 관계가 있을까? 천재성에 대한 니체의 정의는 기업가 활동을 정의할 때도 꽤 좋은 출발점이다. 기업가 활동의 본질은 도전적인 목표를 세우고 그 목표를 달성하기 위해 필요한 것은 무엇이든 다 하는 것이라고 요약할 수 있다. 이를 예술이나 과학 같은 다른 노력과 구별하기 위해, 우리의 목표는 매우 중요하고 세상에 실질적인 이익을 가져다준다는 말을 덧붙여야 한다. 기업가의 목표에는 더 나은 쥐덫을 만들어서 배포하는 것도 포함된다. 여기서 말하는 쥐덫이 물리적 장치든, 제조 과정이든, 조직 구조든, 자신의 분야에서의 혁신이든, 유통 시스템이든, 이들 가운데 뭔가를 가상화하는 것이든 상관없이 말이다. 이 모든 걸 종합하면 기업가는 곧 '도움이 되는 천재'라고 설명할 수 있다.

이는 기업가와 자유정신이 의미하는 바의 핵심으로 이어진다. 이것은 당신뿐만 아니라 팀 전체에도 적용된다. 당신은 이미 당신과 팀이 특별한 존재고, 사업을 시작하고 키워 나가면서 특별하고 중요한 일을 하고 있다는 걸 안다. 하지만 겸손을 요구하는 사회와 조직 때문에 그것을 대단치 않게 여겨야 한다. 천재성에 대한 니체의 시각과 이를 기업가 활동에 적용하는 것은 자기도 취적인 함축이지만, '그냥 열심히 노력했다'는 진부한 표현 대신 당신이 기울인 노력의 중요성에 대해 생각하고 이야기하는 새로운 방법을 제공한다.

당신은 세상의 무언가를 개선하기 위한 목표를 정했고, 그 목표를 달성하기 위한 일은 다 하겠다고 결심했다. 그건 단순한 표현이고 결코 자랑하는 것처럼 들리지 않는다. 하지만 그것은 매우 드물며 천재적인 행위다.

기업가적 천재성에 대한 추가적인 관점은 '당연한 일을 하는 것', '지속성', '혁신에 대한 인내심', '집착'을 참조하자.

경험에서 우러난 지혜

"현자의 실천으로부터―현명해지려면 특정한 체험을 하기를 바라면서 스스로 그 체험의 입 속으로 뛰어들어야 한다. 물론 이것은 매우 위험한 일이다. 현자가 되고자 하는 이들 중 상당수가 그때 먹혀 버리고 말았다."

《인간적인, 너무나 인간적인》, 방랑자와 그의 그림자 #298

| 현대적으로 읽기 |

지혜로워지려면 반드시 겪어야 하는 경험들이 있기 때문에 우리는 그 경험을 진심으로 추구한다. 하지만 이는 위험한 일이라서 많은 현자들이 그 과정에서 파멸한다.

책에서 얻는 지식도 다 좋고 훌륭하지만, 실제 경험을 대체할 만한 것은 없다. 사례 연구는 학생들이 이해할 수 있도록 단순화해야 한다. 사업에서의 실제 상황은 이론이 다루는 것보다 훨씬 더 복잡하다. 현명한 기업가이자 리더가 되고 싶다면 경험이 필수적이다.

니체는 단순히 '현명해지려면 특정한 체험을 해야 한다'고 말하지 않았다. '그렇게 하기를 바라야 한다'고 했다. 이는 그런 경험을 의도적으로 선택해야 한다는 함축적인 의미가 있다. 그는 당신을 현명하게 만드는 경험이 위험한 이유는 당신의 명성이나 재정적인 안정성, 또는 관계를 위태롭게 하기 때문이라고 지적한다.

현명한 기업가가 되려면 지금의 자리에서 도약해 회사를 차려야 한다. 통계적으로 볼 때, 당신은 아마 실패하게 될 것이다. 궁극적으로 성공하려면 경력을 쌓는 동안 회사를 하나 이상 차려야 한다. 그래서 경험 많은 투자자들은 창업가의 실패한 경험에 적절한 이유가 있다면 그것을 부정적으로 여기지 않는다. 실패는 당신이 지혜를 얻기 위해 필요한 일을 했고, 기꺼이 그렇게 할 의향이 있음을 보여 준다.

야심 찬 기업가들은 모험을 단행하기 전에 더 많은 경험을 쌓고 싶어 한다. 다만 그것은 올바른 경험일 때만 도움이 된다. 사람들은 더 많은 경험을 원할 때 특정 분야(예: 서비스형 소프트웨어)나 기능(예: 제품 관리)에 집중하는 경향이 있다. 이런 접근 방식을 통해 지식이 풍부해질 수는 있겠지만, 그런 지식은 당신을 현명하게 만들기에는 너무 전문적이다.

그보다는 기업가 활동의 본보기가 되는 지저분하고 고통스럽고 위험한 경험을 목표로 삼아야 한다. 새로운 제품을 제안하고, 싸우고, 출시하자. 사내 정치 구조상 힘들더라도 해고해야 할 사람은 해고하자. 경쟁업체와 만났을 때 너무 많은 걸 내주지 않으면서 상대방의 정보를 수집하는 연습을 하자. 잘못된 결정에 대해서는 공개적으로 책임을 지자. 그들이 어떤 역할을 하게 될지 정확히 모르더라도 훌륭한 인재들은 일단 고용하자. 망가진 고객 관계를 받아들이고 그것을 고치려고 노력하자. 아무도 당신이 해낼 것이라 생각하지 않았던 거래를 성사시키자. 까다로운 고위험 고수익 사업 과제를 주시하다가 기회가 오면 차지하자. 이 모든 일을 할 때 무슨 일이 일어나는지 관찰하고, 반성하고, 이해하려고 노력해야 한다.

당신이 회사를 설립한 뒤에도 똑같은 조언이 적용된다. 이런 경험을 선택하는 것은 희생이 아니다. 성공하면 회사에 이익이 되고, 성공하든 실패하든 당신의 지혜가 증가할 것이다. 시도할 경험을 잘 골라야 하지만 고르는 방법을 연습하고 배우는 것도 현명해지는 과정의 일부다.

이 방법이 모든 사람에게 적합한 것은 아니다. 실패와 고통스러운 경험을 통해 당신은 현명해지겠지만 거기서 발생하는 개인적, 감정적 비용에 '호되게 당할' 수도 있다.

일정한 수준의 성공을 거두지 못한 기업가들의 에너지는 소진되어 버린다. 자기가 추구한 결과로 이어지든 아니든, 회복력과 끈기를 가지고 경험을 통해 얻은 지혜에서 즐거움을 느껴야 한다.

실패의 '적절한 이유' 중 하나에 대한 자세한 내용은 '정보'를 참조하자. 이런 경험을 제공하는 상황에 대한 자세한 내용은 '격한 사람들', '장애물 극복', '단호한 결정', '괴물', '바닥을 치다'를 참조하자.

브래드 펠드의 경험담

파운드리 그룹 공동 설립자 겸 파트너

내가 처음으로 설립한 회사인 펠드 테크놀로지는 1993년 말에 레너드 '렌' 패슬러가 공동 대표를 맡고 있던 소규모 상장 회사에 인수됐다. 렌과 그의 파트너는 '롤업'이라는 비즈니스 통합 전략을 이용해서 훗날 아메리데이터라고 불리게 된 회사를 세웠다.

렌은 전문가였다. 아메리데이터는 40개 이상의 시스템 통합 회사를 인수해서 수십억 달러 규모의 기업으로 성장했다. 1996년에 GE 캐피털이 5억 달러에 인수했을 당시에는 업계에서 가장 규모가 큰 독립 시스템 통합업체였다.

렌을 위해 일하면서 회사를 사고파는 일에 대해 많이 배웠지만, 나는 그 이상을 원했다. 그와 함께 롤업 과정을 진행하면서 이것이 그 방법을 배우는 가장 몰입감 있는 경험이 될 것이라는 걸 깨달았다. 그래서 회사가 GE 캐피털에 인수된 뒤에 렌과 다른 두 파트너와 함께 인터라이언트를 설립했다. 우연히도 인터라이언트의 원래 이름은 세이지 네트워크였다(세이지sage는 현명하다는 뜻이다).

1996년은 상업용 인터넷이 성장하던 초창기였다. 웹사이트가 기하급수적으로 증가하자, 많은 기업가가 이런 웹사이트를 호스팅할 하드웨어와 소프트웨어 인프라를 제공하는 소규모 사업을 시작했다. 인터넷 서비스 공급자ISP 부문의 출현과 비슷하게 웹 호스팅 시장도 빠르게 성장했지만, 초창기 시장을 확실하게 지배하는 회사가 없었다. 우리는 이런 웹 호스팅 회사들을 인수하고 통합해서 시장을 지배하는 회사를 만들겠다는 비전을 가지고 있었다.

우리는 신속하게 4200만 달러를 모아서 기업 인수에 착수했다. 나는 그때까지 회사 공동 대표를 맡아 본 적이 없어서 렌의 선례를 따랐다. 또 회사를 매입해 본 적도 없었는데, 우리는 4년 동안 회사 25개를 사들였다. 지금까지 사모펀드 회사에서 일해 본 경험은 없지만, 우리 회사 지분의 80퍼센트를 소유한 금융 파트너들은 정기적으로 우리를 자기네 사무실로 불러서 회의를 하곤 했다. 난 회사를 상장해 본 경험도 없었다. 그러다가 1999년에 IPO를 진행하게 됐는데, 첫 번째 시도는 실패했기 때문에 두 번이나 도전해야 했다.

2000년에 인터라이언트는 직원 수 1500명에 시가총액은 거의 30억 달러에 달하는 공개 기업이 됐다. 우리는 가장 큰 ISP에서 CEO를 채용하고, 회사를 계속 인수하고, 마이크로소프트, 델Dell,

네트워크 솔루션Network Solutions, BMC 같은 전략적 투자자들을 통해 3750만 달러를 추가로 모았으며, 공채 시장에서 1억 6000만 달러를 조달했다. 나는 잠재적인 인수 대상을 살펴보기 위해 출장을 다녔고, 맨해튼 미드타운에 있는 우리 법률 회사 회의실에 숨어서 투자 은행가들과 협상을 하거나 일을 진행했다. 그리고 우리가 하는 일에 대해 다양한 사람들과 이야기를 나눴다. 이런 격렬한 속도 때문에 엄청난 혼란이 발생했고, 그 한가운데에 내가 있었다.

나도 이 책에서 이야기한 실수란 실수는 다 저질렀다. 닷컴 붐이 가라앉았을 때 우리는 매달 500만 달러의 손실을 봤지만 추가 자본을 구할 길이 없었다. 주가가 폭락하면서 직원들의 사기도 곤두박질쳤다. 경험이 풍부한 CEO가 갑자기 사임했고, 투자 은행가들도 우리를 버렸다. 우리는 직원들을 해고하고, 회사를 구조조정하고, 우리가 인수한 자산 중 일부를 매각해서 수익을 내려고 노력했다.

그러나 우리는 실패했다. 2002년에 인터라이언트가 파산했다. 한때 수십억 달러에 달했던 우리 회사 주식의 가치는 이제 0이 됐다. 소송도 잇따랐다.

나는 롤업 전략에 대해 엄청나게 많은 걸 배웠다. 하지만 더 중요한 것은 이제 상승의 흥분과 하강의 고통, 그리고 그것이 실제 사업의 맥락에서 무얼 의미하는지 알게 됐다는 것이다. 그 경험이 지난 20년간 활용해 온 내 사업 감각의 토대가 됐다. 우리는 결국 실패했지만, 이런 경험의 '입 속으로 뛰어들지' 않았다면 더 중요한 교훈을 얻지 못했을 것이다.

연쇄 창업가

"위대한 승리의 가장 좋은 점은, 승리자에게서 패배의 두려움을 없애 준다는 사실이다. 그는 자신에게 말한다. '언젠가 한 번쯤은 져도 괜찮지 않을까? 이제 나에게는 그것을 받아들일 만한 여유가 있다.'"

《즐거운 지식》#163

| 현대적으로 읽기 |

큰 성공을 거뒀을 때의 가장 좋은 점은 더 이상 실패를 두려워하지 않게 된다는 것이다. 그런 성공을 경험한 사람은 '나는 이제 더 큰 위험을 감수할 수 있는 자원과 정서적인 힘이 생겼다'고 생각한다.

연쇄 창업가에는 2가지 유형이 있다. '큰 승리'를 거둬 본 사람과 그렇지 않은 사람이다.

전자는 자기가 하는 일을 좋아하고 열정적으로 한다. 그렇지 않으면 왜 그 일을 다시 하겠는가? 그들은 자신의 능력을 증명했다고 느끼면서 새로운 도전을 하고 싶어 하기 때문에 더 높은 곳을 목표로 하는 경우가 많다. 그들은 빼앗을 수 없는 성공을 뒤에 두고 있으므로 더 큰 위험도 편안한 기분으로 받아들인다. 그들은 또 경제적 위험이나 생활 방식에 미치는 위험을 최소화할 수 있는 재정적 안전망도 가지고 있다.

후자는 몇 번의 실패를 겪고 난 뒤에 점점 더 위험을 회피하게 되고 야망도 작아진다. 그들의 목표는 성공하는 것에서 패배를 피하는 것으로 바뀌게 된다.

이러한 태도에 저항하기 위해서는 상당한 정서적 용기가 필요하다. 당신이 창업을 계속하고 있음에도 아직 성공을 거두지 못했다면, 휴식을 고려해 보자. 그리고 이미 성공 가도를 달리고 있는 회사에 입사하자. 그러면 승리를 직접적으로 경험하면서 열정이 새로워질 수 있다. 이 새로운 열정을 통해 다음에 설립할 벤처 기업에서 그 경험을 재현하는 것을 목표로 삼을 수 있다.

대부분의 스타트업은 실패한다. 투자자들은 여러 회사에 투자해서 이런 손실을 관리한다. 몇 번의 성공을 통해서 얻은 이득으로 다른 실패로 인한 손실을 상쇄한다는 것이 그들의 전략이다. 반면 기업가는 회사를 한 번에 하나만 설립할 수 있다.

당신이 자신의 기업가적 비전을 실현하는 데 전념하려면 성공하기 전에 한 번 이상 시도할 준비가 되어 있어야 한다. 일단 성공하고 나면, 더 큰 야망과 위험이 유혹적이고 흥미로워진다. 따라서 연쇄 창업은 예외가 아니라 하나의 규칙이다.

'위대한 승리'의 추구에 대한 자세한 내용은 '지배', '지속성', '혁신에 대한 인내심'을 참조하자. 패배의 위안에 대한 자세한 내용은 '경험에서 우러난 지혜', '바닥을 치다', '자신의 빛을 비추라'를 참조하자.

윌 허먼Will Herman의 경험담

연쇄 창업가, 엔젤 투자자,
《스타트업 플레이북Startup Playbook》 공동 저자

내 첫 직장은 헬스케어 컴퓨터 시스템Health Care Computer Systems, HCCS 이라는 스타트업이었다. 처음 입사할 때는 스타트업이 뭔지, 그 회사가 무슨 일을 하는지도 몰랐다. HCCS는 내가 코딩 일자리를 구하려고 보낸 50통의 이력서에 응답해 준 유일한 회사였을 뿐이다. 당시 나는 리하이Lehigh대학교 기계공학과에 재학 중이었다. 그때는 앞으로 닥칠 위험에 대한 생각을 전혀 하지 않았기 때문에 이 회사에 들어가려고 대학을 그만두고 학위를 포기했다. 그런 행동이 무지해서였는지 아니면 그냥 일이 잘 풀릴 거라는 근본적인 믿음 때문이었는지 지금도 잘 모르겠다. 결과적으로 그렇기도 했고, 아니기도 했다. HCCS는 18개월 뒤에 파산했지만 나는 많은 것을 배웠다.

내 무지가 어느 정도인지 시험하기 위해, 데이터웨어 로직DataWare Logic이라는 새로운 회사를 차려서 HCCS가 중단한 일을 다시 시작했다. 같은 업계에 제품 아이디어도 거의 동일했다. 첫

번째 회사가 실패한 이유도 전혀 몰랐고 회사를 설립하려면 뭐가 필요한지도 몰랐지만, 더 잘할 수 있겠다는 생각이 들었다. 그리고 18개월 뒤에 또다시 실패를 겪었는데, 이번에는 다들 잘 아는 현금 유동성 문제 때문이었다.

두 번 실패하고 나자, 스타트업은 나와 맞지 않는다고 생각하게 됐다. 화가 나거나 두려운 게 아니라 그냥 다른 걸 해봐야겠다고 생각했다. 그래서 디지털 이큅먼트 코퍼레이션Digital Equipment Corporation, DEC에 입사했다. 당시 IBM에 이어 세계에서 두 번째로 큰 컴퓨터 회사였는데, 이곳의 제한적인 책임과 대기업 문화, 그리고 매우 똑똑한 사람들이 모인 대규모 조직에 나는 완전히 안주하게 됐다. 몇 년 후, 뭔가 다른 일을 해보고 싶다는 생각에 DEC를 떠나 뷰로직 시스템Viewlogic Systems이라는 회사를 차린 팀에 합류했다. 이번에도 어리석음 때문인지 아니면 믿음 때문인지 그 이유는 몰랐지만, DEC를 떠나는 게 위험한 행동이라고 느껴지지 않았다. 그냥 나를 위한 다음 단계처럼 느껴졌다.

그 후로 스코퍼스Scopus, 실러리티Silerity, 이노베다Innoveda 등 새로운 회사를 몇 개 더 차렸고 모두 성공을 거뒀다. 그 과정에서 나는 처음에 겪은 두 번의 실패는 배움을 얻는 과정일 뿐이었다고 생각했다. 이후의 성공 덕분에 내 자신감은 커졌고, 위험을 편하게 받아들이게 됐다. 나는 결과를 걱정하면서 속도를 늦추는 일 없이 최대한 빠르게 움직일 수 있게 됐다.

성공의 그림자

"성과는 언제나 가장 거창한 거짓말쟁이였다. 그런데 작품도 행위도 역시 하나의 성과인 것이다. 위대한 정치가, 정복자, 발견자는 자기가 만들어 놓은 것으로 위장하고 숨어 버려, 그들은 미지의 존재가 되어 버린다. 예술가의 작품이든 철학가의 작품이든, 작품이 그것을 만들어 냈거나 만들어 냈어야 하는 존재를 비로소 꾸며 낸다. 경외되는 '위대한 인물들'이란 나중에 만들어진 미소하고도 열악한 허구들이다. 역사적 가치의 세계에서는 위조 짓거리나 지배한다."

《선악의 저편》#269

| 현대적으로 읽기 |

우리는 성공을 이해하지 못하고 그것을 결과와 동일시한다.
정치가, 장군, 탐험가의 업적은 그걸 달성한 사람을 압도한다.
위대한 예술이나 철학 작품은 예술가나 철학자가 인식되는 방
식을 규정한다. 위대한 인물에 대한 우리의 감탄은 그들의 업
적에서 시작되는데, 이는 오해를 불러일으키고 개인으로서의
진짜 그들을 무시한다.

이 책에서 우리는 '성공'이나 '성공한'이라는 단어를 별생각 없이 수십 번이나 사용했다. 성공적인 기업가 활동이란 무엇을 의미하며 그것을 달성한 이들에게 어떤 영향을 미치는가?

홀륭한 기업은 과학, 예술, 문학, 정치 등의 분야에서 이룬 위대한 작품과 같다. 우리는 어떤 작품의 위대함을 그 영향의 규모, 즉 그것이 영향을 미치는 사람들의 수, 영향을 미치는 정도, 영향이 지속되는 기간 등을 통해 판단하는 경우가 많다. 기업의 경우 이것은 직원이나 고객의 수, 시가총액이나 매출, 수익성, 주식 상장 상태 등을 의미할 수 있다.

위대함을 판단할 때는 규모와 더불어 품질도 고려할 수 있다. 작품의 효과가 좋은가 하는 문제도 품질에 포함된다. 기업에게 이것은 고객 또는 직원 만족도에 대한 평판, 또는 바람직한 방식으로 세상을 변화시키는 것을 뜻할 수도 있다. 때로는 성공이 독창적인 비전을 달성한다는 뜻이기도 하지만, 방향 변화에 상관없이 그 결과가 규모 면에서 충분히 만족스럽다면 비전 달성이 꼭 필요한 건 아니다.

만약 그 모든 것이 환상에 불과하다면 어떻게 될까? 제품, 조직, 당신이 세운 회사, 그 회사가 벌어들이는 돈, 그것이 해결해낸 문제가 성공을 판가름하는 올바른 기준이 아니라면? 만약 성공이 당신과 당신이 어떻게 변하는지와 관련이 있다면? 기업가 활동은 그저 당신이 본모습을 드러낼 수 있게 해주는 정교한 버팀목일 뿐이라면 어떨까? 이런 일반적인 환상 속에서는 모든 것이 반전된다. 당신이 훌륭한 회사를 만드는 게 아니라, 회사가 당신의 본모습을 만들어 내는 것이다.

이는 다른 사람들의 마음속에서도 마찬가지다. 그들은 당신과 회사를 동일시하게 된다. 그들은 회사의 특성, 장단점이 당신과 동일하다고 가정한다. 그들은 당신이 어떤 사람인가에 대한 최고의 정의는 '그 회사를 만든 사람'이라고 생각한다. 그들에게는 존경할 사람이 필요하고, 그 역할을 채우기 위해서 당신을 이용한다. 이런 태도는 당신이 자신을 바라보는 방식에 영향을 미친다. 그것이 당신의 정체성이 되고, 과거와 현재의 삶이 어떠한지 알려 주는 지배적인 서술이 된다. 당신이 어떤 찬사를 받을 때마다 그 정체성은 더 공고해진다. 그런데 그들이 존경하는 것은 당신인가, 아니면 그들 마음속에서 당신이 맡은 역할인가?

부디 훌륭한 회사를 만들되, 그 회사의 성공과 당신이 다른 이들에게 받는 찬사 때문에 인간성이 훼손되어서는 안 된다. 당신은 그것보다 훨씬 더 대단한 존재다.

목표가 아닌 수단으로서의 기업가 활동에 대한 자세한 내용은 '자신에 대한 기쁨'과 '이정표'를 참조하자.

로버트 플랜트Robert Plant의 경험담

가수, 작곡가, 레드 제플린Led Zeppelin 리드 보컬

록의 전설인 로버트 플랜트가 자기 이야기를 직접 써줬다면 좋았겠지만, 잠언 몇 개를 곁들여서 우리가 직접 쓴 이야기로 만족해야 할 듯하다. 너무 좋은 사례라서 그냥 지나칠 수가 없다.

음악 아티스트, 특히 그룹이나 밴드를 결성하는 아티스트도 기업가라는 점에는 의문의 여지가 없다. 성공적인 음악 그룹은 시장을 만들고 혁신하며 조직을 활용해서 모든 것이 제대로 돌아가게 한다.

드러머 존 본햄John Bonham이 사망하면서 레드 제플린이 해체되자 플랜트는 솔로 활동을 시작했다. 레드 제플린의 노래를 불러야 한다는 엄청난 압박이 있었지만, 그는 팬들이 실망감을 드러내도 이런 압박에 저항했다. 팬들과 그의 예전 밴드 동료들은 지금까지도 계속해서 재결합 투어를 요구하고 있다. 플랜트는 이런 요구도 대부분 회피했는데, 최근 〈에스콰이어Esquire〉와의 인터뷰에서 다음과 같이 말했다.

레드 제플린은 한동안 멋지고 풍부한 작품을 쏟아내는 재미있는 공장이었지만, 그와 동시에 그 시대를 살아가는 세 명의 놀라운 음악가와 한 명의 가수기도 했다. 참 좋은 시절이었다. 하지만 그렇다고 내가 지금 하는 일을 멈추지는 않을 것이다.

플랜트는 레드 제플린의 위대한 성공을 통해 자신을 규정하도록 내버려 두지 않고 계속해서 새로운 음악을 만들고 혁신을 이어간다. 진정한 니체의 방식대로, 작품을 통해 '자신의 본모습을 드러내는' 것이다.

내 시간은 기쁨과 노력, 유머와 힘, 그리고 절대적인 자기만족으로 채워져야 한다. 레드 제플린 활동 때는 그러지 못했다. 그것은 내가 지금 이 밴드와 함께 이번 투어에서 하고 있는 일이다.

이런 태도는 많은 성공한 예술가가 오래된 히트곡을 연주하면 돈도 벌고 쉽게 찬사도 받을 수 있다는 유혹에 넘어가는 것과 확실히 대조된다. 그런 예술가는 팬들의 마음속뿐만 아니라 본인들의 마음속에서도 과거의 성공을 통해 정의된다. 그리고 그들의 능력과 청중 수의 불가피한 감소는 그들의 유산을 견고하게 하기보다 아쉬워하게 만든다.

자신의 빛을 비추라

"자신의 빛이 비치고 있음을 보는 것 – 슬픔, 질병, 죄책감으로
뒤덮인 가장 어두운 상태에서도 우리가 다른 사람들에게 빛을
비추고 있다면, 그리고 그들이 우리를 밝은 달을 쳐다보듯 바
라보고 있다면, 우리는 기뻐할 것이다. 이런 교차로에서 우리
는 밝게 비추는 우리의 능력을 통해 약간의 빛을 얻는다."

《즐거운 지식》 #163

| 현대적으로 읽기 |

우울하고 모든 것이 암울해 보일 때, 다른 사람들이 우리에게
반응하는 방식에서 약간의 위안을 얻을 수 있다.

———————— ✳ ————————

브래드는 자기가 겪은 우울증뿐만 아니라 사업가들 사이에 만연한 우울증에 대해 많은 글을 쓰고 강연도 했다. 니체 역시 우울증 때문에 고통받았다. 이 잠언에 우울증에 대한 해결책은 없지만, 고통이나 공허함을 완화하는 일시적인 방편을 제공한다. 우울증 진단을 받은 건 아니더라도 상황이 좋지 않거나, 최근에 큰 실수를 저질렀거나, 무언가에 대한 불안감 때문에 힘들 때 도움이 될 것이다.

당신은 기업가이자 리더다. 공동 창업자와 팀원들, 그리고 고객과 투자자 모두 당신이 그들을 위해 중요하고 긍정적인 역할을 하기 때문에 당신과 함께 일한다. 그들은 당신을 자기 인생의 '빛'으로 여긴다. 당신이 이것을 당연하거나 중요하다고 생각하는 것은 지금 겪고 있는 어두운 시간과 완전히 무관하다. 당신의 빛이 빛난다는 사실은 피할 수 없으며, 그걸 인식하는 것은 자부심이나 허영심이 아니라 단순히 현실을 인정하는 것이다.

이 현실을 인식하면 빛이 반사되는 모습을 관찰할 수 있다. "그래서 뭐 어쩌라고?"라며 삐딱하게 말하고 싶을지 몰라도 어쨌든 그것은 눈에 보인다. 당신의 존재 때문에 토론 방향이 어떻게 변하고 어떻게 활기를 띠는지 관찰해 보자. 사람들이 당신의 요청과 질문에 어떻게 반응하는지 관찰하자. 어려운 시기에도 조직 내의 의욕이 높아지는 걸 확인하고, 당신이 이 사람들을 선택했고 그들도 함께 일할 사람으로 당신을 택했다는 것을 인정하자. 당신이 발산하는 빛이 반사되는 모습과 그 영향을 살펴보자. 이를 억지로 최소화하려고 하지 말고, 달빛을 보듯이 바라봐야 한다. 정신적으로 거리감이 느껴진다면, 그걸 이용해서 무심한 관찰자처럼 사물을 바라보자.

당신은 이제 이 사람들의 삶에서 당신이 얼마나 중요한지 인식하고 그들에게 어떻게 영향을 미치는지 관찰하고 경험했다. 이건 간단한 사실이다. 하지만 우울한 상태에서 그런 사실들을 판단할 때, 별로 중요하지 않은 일로 치부할지도 모른다. 때로는 '가면 증후군_{자기가 사기꾼이고 사람들이 그 사실을 알아차릴 것이라는 불안감}'이 우울증의 한 요소로 따라올 수도 있다. 그럴 때면 사람들이 당신을 잘못 판단한 것이라 생각할지도 모른다. 그래도 이들을 비추던 당신의 빛과 그들의 삶에서 당신이 하던 역할이 이제 다시 당신에게 반사됐다는 사실은 달라지지 않는다. 우울한 상태에서는 그게 즐겁거나 감사하지 않을 수도 있지만, 그래도 그것은 실재하는 사실이고 인정할 가치가 있다. 지금 세상이 아무리 어두워 보여도 당신이 없다면 세상은 더 어두워질 것이다. 당신의 빛을 반사해 줄 다른 사람들이 없는 경우에도 마찬가지다.

이 시나리오는 주변 사람들이 침체되거나 우울해할 때 취할 수 있는 조치도 제안해 준다. 그들의 곁에 있으면서 당신을 통해 그들의 빛을 반사시키자. 지나치게 쾌활하고 낙천적인 태도를 취해서 억지로 빛을 만들어 내려고 해서는 안 된다. 그보다는 상대방의 심리 상태 때문에 당신의 경험이 흐려지더라도, 상대방이 존재한다는 사실과 그들과 함께하는 즐거움이 빛을 발하도록 하자. 그들과 함께 있어 주고, 그렇게 함께 있다는 사실 자체를 기뻐해야 한다.

실패한 기업가 활동의 역할에 대한 시각은 '정보', '바닥을 치다', '경험에서 우러난 지혜'를 참조하자.

브래드 펠드의 경험담

파운드리 그룹 공동 설립자 겸 파트너

2013년 1월에 열린 소비자 가전 전시회에 참석했을 때, 나는 라스베이거스의 어두운 호텔 방에서 베개에 머리를 푹 파묻고 모든 일에 관심을 잃은 상태였다. 이것이 그 후 거의 6개월 동안 지속된 심각한 우울증의 시작이었다.

내 인생은 아주 훌륭해 보였다. 파운드리 그룹은 잘 운영되고 있었고, 결혼 생활도 탄탄하고 행복했다. 나중에 알게 된 것이지만, 당시 나는 자기 관리를 전혀 하지 않는 바람에 생리적, 심리적으로 많이 지쳐 있었고 이것이 우울증을 촉발했다. 전에도 우울증 진단을 받아 본 적이 있었기 때문에 내 증상이 우울증이라는 것을 인지했다. 그리고 결국 지나가리라는 것을 알았지만 우울증이 언제 끝날지, 그리고 무엇이 내게 위로가 될지 알 수 없었다.

나는 우울증을 겪을 때마다 즐거움을 전혀 느끼지 못했다. 몸의 기능적인 부분은 다 정상이라서 맡은 일은 처리할 수 있었지만, 침대에서 일어나 집에서 나가 사무실에서 8시간을 버티다가 집에 돌아오려면 모든 에너지를 쏟아야 했다. 저녁에 집에 돌아오면 음식, 독서, 텔레비전, 섹스, 운동 등 아무것에도 관심이 가지 않았다. 그저 욕조에 앉아 있거나 침대에 누워 천장을 바라보다가 잠이 들었다.

1990년에 우울증을 처음 앓았을 때는 그 상태가 2년간 지속됐다. 나는 남은 인생 내내 그런 기분으로 살아가게 될까 봐 두려웠고, 우울증을 앓는다는 것이 엄청나게 부끄러웠다. 데이브와 나는 당시에도 사업 파트너였고, 그는 내 병을 아는 몇 안 되는 사람 중 하나였다. 당시 그는 자기가 뭘 어떻게 해야 할지 모르는 상태였지만, 그래도 내게 많은 도움이 됐다.

나는 2013년까지 데이브와 우울증에 대한 이야기를 충분히 나눴기 때문에, 이번에는 그도 자기가 뭘 해야 하는지 정확히 알고 있었다. 그는 내 비서와 공모해서 일정표를 확인한 다음, 사무실로 찾아와서 산책하러 가지 않겠냐고 물었다. 나는 "그럼"이라고 대답하고 그와 같이 산책을 나갔다.

나는 그와의 산책에서 때로는 대화를 나눴고 때로는 조용히 걷기만 했다. 그는 밖에서 1시간 정도씩 나와 함께 있어 줬다. 그는 내 문제를 해결해 주려고 하지 않았고, 나를 격려하기 위해 애쓰지도 않았으며, 내가 뭔가를 알아내도록 도와주려고 하지도 않았다. 우리는 서로를 아끼고 사랑하는 두 친구답게 그냥 함께 있었다.

그는 나와 함께 있으면서 자신의 빛을 내게 비춰 줬다. 나는 결국 그가 뭘 하는지 알아차렸고 그의 모습이 보이면 덜 우울해졌다. 삶의 즐거움은 아직 돌아오지 않았지만 그와 함께할 수 있어서 기쁘다.

4

리더십

LEADERSHIP

＊ ＊ ＊

니체는 자신의 윤리 프로젝트에서 비롯된 심오한 이유 때문에 역사 속의 리더들을 존경했고 그들의 행동을 관찰했다. 리더십은 기업가 활동의 기본 요소기도 하다. 그러나 우리는 종종 리더십과 경영을 혼동하고 리더십의 역학 관계를 오해하는 경우가 많다.

기업이 성장하면 리더는 사업의 모든 측면에 휘말리게 된다. 초기에는 소규모 관리가 필요하지만, 장기적으로 봤을 때 이것은 당신에게 해가 되며, 전체적인 사업과 조직을 이끄는 데 방해가 된다.

리더십을 실행할 때 세부적인 부분은 서로 다르지만, 모든 접근법에는 공통된 주제가 있다. 메시지 전달, 스타일, 의사 결정, 팀의 업무 평가 등이 여기에 포함된다. 이런 것이 서툰 경우, 리더로서의 효율은 저하되거나 제한될 것이다. 니체는 힘과 깨우침 사이의 반목을 헤쳐 나가며 리더십을 발휘하도록 도와준다.

외향적인 태도를 리더십의 기본 요소로 여기는 이들이 많다. 하지만 성공한 리더 중 내향적인 사람도 많다. 자기 홍보와 판매 기술은 일반적으로 리더의 긍정적인 속성으로 간주된다. 이런 것이 이점을 안겨줄 수도 있지만, 많은 비범한 리더들은 '나'가 아닌 '우리'라는 개념에 숙달되어 있고, 최근에는 '서번트 리더십servant leadership, 인간적인 존중을 바탕으로 구성원들을 후원하고 지지해 잠재력을 이끌어내는 지도력'이라는 개념도 등장했다.

각각의 잠언을 떠올리면서 처음에 그걸 어떻게 해석했는지 생각해 보자. 장의 내용을 다 읽으면 처음으로 돌아와서 다시 생각해 보자. 당신은 경험 있는 리더로 성장, 발전 하고 있는가? 자신의 강점과 약점에 대한 자신의 견해에 도전하고 있는가?

책임지기

"내 기억은 '이것을 내가 했다'고 말한다. 내 자부심은 내가 그러한 것을 했을 리 없다고 말하며 냉정해진다. 결국 기억이 양보한다."

《선악의 저편》#68

| 현대적으로 읽기 |

내가 그런 일을 한 건 기억하지만 그건 진짜 내가 아니었다. 결국 내 자아상이 이기고, 나는 내가 한 일을 잊어버린다.

당신의 자아는 가장 큰 동맹이자 가장 교활한 경쟁자다. 피할 수 없는 어려운 시기를 견뎌 내려면 자신과 목표에 대한 깊은 확신이 필요하다. 이 확신은 리더십 발휘에 중요한 요소다. 당신은 자존심과 자신감을 지키는 것이 얼마나 중요한지 본능적으로 이해하고 있을 것이다. 자존심과 자신감은 과거와 현실에 대한 인식을 형성한다.

이 잠언에서 니체는 가장 지독한 형태의 방어를 강조한다. 자신이나 다른 사람에게 한 자신의 행동을 명시적으로 부인하는 것이다. 그렇게까지는 못하더라도, 거의 모든 사람이 "그럴 수밖에 없었다"면서 자기 행동을 합리화한다. 행동 자체를 부정하는 대신 그에 대한 책임을 부정하는 것이다.

하지만 결국 똑같은 것 아닌가? 당신은 잘못된 정보나 정보 부족에 대응한 것일 뿐 실제로 그런 일을 한 것이 아니라고 주장한다. 당시 상황상 선택의 여지가 없었다고 합리화한다. 평소라면 그런 행동을 해도 괜찮았을 텐데, 불운이 끼어들었다. 당신은 범인이 아니라 피해자다.

이런 식의 사고는 특히 일이 원하는 대로 진행되지 않을 때 습관이 되기 쉽다. 처음에는 효과가 있을지 모른다. 그러나 이런 생각이 다른 사람에게는 전혀 먹히지 않는다는 것을 알게 될 것이다. 나쁜 일이 일어나고 있다는 것을 모두 알고 있는데 당신이 그에 대한 책임을 전혀 지지 않고, 항상 다른 사람을 탓하거나 혹은 누구의 탓도 아니라고 말한다면, 사람들은 당신을 전반적으로 운이 좋지 않거나 책임감 없는 사람으로 여기게 될 것이다. 이 2가지 견해 중 어느 쪽이든 리더로서의 효율성을 떨어뜨린다.

실수를 했을 때 핑계를 대지 않고 자존심을 지킬 수 있는 방법이 있을까? 몇 가지 전술을 알려 주겠다.

전술 1. 자신이 매일 여러 결정을 내리고 많은 행동을 취하는 만큼 실수도 그에 비례해서 하게 되리라는 걸 인식하자. 이것은 어떤 개별적인 실수에 대한 변명이 아니라, 그게 정상적인 일이라는 인식이다.

전술 2. 자기가 한 모든 결정과 행동에 책임을 지자. 좋은 결정뿐만 아니라 나쁜 결정도 인정해야 한다.

전술 3. 책임을 지는 것과 수치심을 느끼는 것을 구분하자. 전자는 필요하다. 후자는 행동 패턴을 바꾸거나 누군가에게 사과해야 한다는 신호일 수도 있지만, 오랫동안 지속하는 것은 생산적이지 않다. 니체는 또 다른 잠언에서 양심의 가책은 첫 번째 어리석음에 두 번째 어리석음을 더할 뿐이라고 주장한다.

전술 4. 올바른 결정을 전진적으로 내리는 것과 소급해서 내리는 것의 차이를 구분하자. 이것은 정보와 지식으로 구분되며, 이 구분이 당신에게서 학습을 이끌어 내야 한다. 특히 당신은 나중에 자신의 잘못된 결정을 야기한 문제들에 대해 더 알고 싶어질 것이다. 또 이런 결정을 내리기 전에 어떤 종류의 정보를 수집했어야 하는지도 알고 싶을 것이다.

이 전술들을 종합하면, 보다 안정적인 기반 위에서 자신감을 가지고 앞으로 나아가는 데 도움이 된다. 실수를 자존심을 위협하는 존재로 생각하기보다, 그 실수를 적절한 위치에 두고 학습과 개선을 주도하는 데 사용하자. 당신의 자존심을 정당화할 수 있는 이유는 당신이 항상 옳아서가 아니라, 가지고 있는 지식을 바탕으로 최선의 결정을 내리고 지식을 높이기 위해 끊임없이 노력하기 때문이다. 따라서 억지로 합리화를 하지 않고도 책임을 질 수 있다.

결정을 학습의 원천으로 취급하는 방법에 대한 자세한 내용은 '정보'를 참조하자. 결정에 대한 자신감을 다루는 방법에 대한 자세한 내용은 '강한 믿음'과 '단호한 결정'을 참조하자. 속임수의 영향에 대한 자세한 내용은 '신뢰'를 참조하자.

세스 레빈Seth Levine의 경험담

파운드리 그룹 상무이사

스타트업은 판매 목표 등 중요한 성과 목표를 제대로 달성하지 못하는 경우가 많다. 대부분의 벤처 캐피털리스트들과 마찬가지로 나도 이것이 정상적이며, 특별히 걱정스러운 문제는 아니라고 생각한다. 우리와 함께 일하는 CEO와 설립자들 대부분은 기본적인 지표에 비판적인 관점을 취하고, 이사회와 투자자에게 중요한 데이터를 공개하며, 책임을 지거나 실수를 인정하는 데 능숙하다. 이런 태도는 우리가 결정을 개선하고, 필요에 따라 조정하고, 현명하게 투자하고, 다음번에 목표를 달성하는 데 도움이 된다. 그래도 때로는 실패를 초래한 결정에서 자기가 한 역할을 이해하거나 인정하지 못하고 외부 요인이나 다른 이들을 탓하는 경영자를 만나게 된다.

수년 전에 이런 쪽에서 타의 추종을 불허하는 CEO와 함께 일한 적이 있다. 이 회사는 기업용 소프트웨어를 취급했기 때문에 거래량은 적지만 규모가 컸다. 수십만 달러짜리 거래가 대부분이고 수백만 달러 규모의 거래도 몇 건 있었다. 그 회사의 제품 시장이 완전히 새로운 것은 아니었지만 제품에 대한 그들의 인식이 이전 경쟁자들보다 한층 진화되어 있었기 때문에, 우리는 현재 안정된 상태인 이 산업 분야를 혁신할 가능성도 있다고 생각했다.

이 회사의 공동 창업자인 초대 CEO는 회사가 성장하던 초기에는 그 자리에 적합한 인물이었지만, 사업을 본격적으로 확장해야 할 때가 되자 자리를 옮긴 상태였다. 이 회사의 전략은 대기업 고객에게 고도로 맞춤화된 프로젝트에서 벗어나 보다 '일반 상품화된' 제품으로 전환하는 것이었다. 이는 기업용 소프트웨어를 만드는 스타트업에서 보기 드문 사업 궤도는 아니다. 새로운 CEO는 특히 영업과 소프트웨어 상품화에 대한 경험이 풍부하다는 이유로 영입됐다.

하지만 신임 CEO의 경력에도 불구하고 회사는 계속해서 매출 목표를 달성하지 못했고, 거기에는 항상 이런저런 핑계가 붙었다. 전환을 위한 개발 일정이 계속 밀리자 영업사원들이 '상품화된' 형태의 제품을 판매하지 못하는 악순환이 발생했다. CEO는 이런 문제 중 어느 것도 자신이 내린 결정이나 취한 (혹은 취하지 않은) 조치 때문은 아니라고 했다. 그보다는 그가 고용한 영업팀 간부들의 잘못이 컸다. 시장도 잘못됐다. 제품에 대한 고객의 이해에도 문제가 있었다. 빠릿빠릿하게 움직이지 않은 제품 개발

팀도 잘못이 있었다. 기술 분야에서는 CTO(이 회사의 공동 설립자)가 문제였다.

CEO는 한 번도 뒤를 돌아보며 자기 잘못을 시인하지 않았고, 대신 제대로 돌아가지 않는 상황에 대한 자신의 책임에서 사람들의 관심을 돌리기 위해 항상 경영진들 사이에 갈등을 일으키려고 했다.

이렇게 부족한 부분과 핑계가 많고, 회사는 계속 적자를 내면서 높은 성장 잠재력을 보여 주지 못했음에도 불구하고 연간 매출이 몇 백만 달러로 늘었다. 하지만 CEO의 계속되는 변명을 옹호할 수 없었던 CTO 겸 공동 창업자는 결국 이 회사를 떠나 (경쟁 분야가 아닌 다른 분야에서) 새로운 회사를 차렸다. 업무와 관련된 문제 때문에 직원 몇 명도 이 회사를 그만두고 전 CTO가 차린 새로운 벤처 기업에 합류했다.

그러자 CEO는 현재와 과거의 모든 어려움을 퇴임한 CTO 탓으로 돌리려는 부자연스러운 집착을 보였다. 당시 그 회사에는 직원이 약 40명 정도 있었는데, 그중 3명이 회사를 떠나 전 CTO와 합류했다. CEO와의 모든 대화는 결국 전 CTO가 회사를 그만두고 퇴사한 직원들까지 채용함으로써 회사에 끼친 피해에 관한 이야기로 귀결됐다.

추가 자본을 구할 가능성이 낮아서 결국 회사를 매각할 계획이던 이사회는 CEO가 사업과 회사 매각 문제에 집중하게 하려고 애썼다. 하지만 CEO는 퇴사한 CTO 외에는 다른 일에 집중할 수 없었고, 결국 법적 대응을 하겠다는 위협까지 했다. 이사회 회의는 회사 매각에 대한 전망보다 전 CTO에 대한 CEO의 분노로 가득 찼다. 이 CEO는 '자만심 때문에 기억이 왜곡된' 수동적인 수준을 넘어, 결과가 아직 어떻게 될지 모르는 상태인데도 자기는 회사의 부진한 성과에 책임이 없다는 걸 보여 주는 데만 전력을 다했다.

리더는
자기 일만 하는 사람이 아니다

"어떤 강물도 자기 자신에 의해 커지고 풍부해지지 않는다. 오히려 아주 많은 지류를 받아들이며 계속 흘러가는 것, 그것이 강물을 그렇게 만드는 것이다. 모든 정신의 위대함 역시 마찬가지다. 단지 중요한 것은 한 사람이 그 많은 지류가 뒤따라가야 할 방향을 제시하는 일이다. 그가 처음부터 재능이 없는지 혹은 풍부한지는 중요한 일이 아니다."

《인간적인, 너무나 인간적인》#521

| 현대적으로 읽기 |

강은 그 강으로 흘러드는 물줄기가 없으면 커질 수 없다. 강은 흐름의 방향을 제공하지만 물은 모두 지류에서 온다. 발원지에서 강이 얼마나 컸는지는 중요하지 않다.

때로는 혼자서 회사를 운영하는 것이 더 편할 것 같다. 그러면 관리해야 할 직원도 없고, 의견이 다른 공동 창업자나 임원도 없으며, 압력을 가하는 투자자도 없을 것이다. 어떤 기업가들은 실제로 그렇게 하고, 다른 이들도 최대한 오랫동안 혼자 사업을 운영하려고 한다. 그러나 이 방법은 기업의 성장 속도와 궁극적인 확장 규모를 제한한다. 게다가 혼자 사업을 하면 처음의 의욕과 에너지를 유지하기가 어려울 수도 있다.

사업을 자신의 능력 이상으로 성장시키기로 결심했다면, 이는 곧 조직을 통해 사업을 구축하겠다는 뜻이다. 이는 당신의 개인적인 기여와 우선순위에 중요한 변화가 생겼음을 보여 준다. 이제 제품 개발, 판매, 고객 서비스, 재무에 대한 세부 정보는 당신의 직접적인 관심사가 아니다. 대신 이제는 이런 활동을 탁월하고 일관되게 수행하는 조직을 구축하는 데 집중해야 한다. 운영 문제에 계속 관여하는 과도기적 기간도 있지만 갈수록 인력 관리, 기업 문화, 프로세스, 사업의 전체적인 방향에 시간과 에너지를 더 쏟게 된다.

이 개념은 받아들이거나 이해하기 어려울 때가 많다. 사업을 자기 능력 이상으로 성장시키고 나면, 이제 그 사업을 계속 성장시키거나 운영하는 것은 당신 개인의 책임이 아니다. 당신이 해야 할 일은 사업을 성장시키고 운영할 조직을 만들어서 이끄는 것이다. 이는 지금까지와는 다른 기술과 강조점이 필요한 '다른' 업무다.

이런 변화의 이점은 변혁적이다. 이제 당신 회사의 강점은 당신의 개인적인 정보량이나 특정 분야의 역량과 관련이 없다. 당신이 이끄는 경영진과 관리자가 이제 회사의 성장을 주도한다. 이를 처음에는 작은 지류에서 발원했지만, 나중에 다른 강과 합쳐지면서 점점 빠르게 커지는 거대한 강이라고 생각해 보자.

사업을 성장시키는 것은 언덕 아래로 물이 흘러내리는 것처럼 간단하지 않다. 어떤 지류를 흐름에 받아들일지 고르고 선택해야 한다. 물이 고인 채 흐르지 않는 연못으로 들어가지 않도록 길을 잘 골라야 한다. 그리고 물줄기가 여러 방향으로 갈라지지 않도록 노력해야 한다. 조직을 만들고 이끄는 것은 어렵고 힘든 일이다. 그러나 그게 당신이 할 일이다. 얼마나 잘하느냐에 따라 사업의 성패가 결정된다.

기여자에서 리더로의 전환에 대한 자세한 내용은 '내향적인 사람', '믿음', '추종자 모으기', '두 유형의 리더'를 참조하자.

맷 블룸버그Matt Blumberg의 경험담

CEO, 《스타트업 CEO》와 《스타트업 CXO》의 저자

조직 운영에 집중해야 할 필요성을 뼛속 깊이 이해하게 된, 아주 고통스러웠던 그때가 떠오른다.

우리가 완전한 경영진과 실질적인 이사회를 겨우 갖추게 됐을 때, 나는 모든 일을 거꾸로 진행했다. 전체 회의를 위한 자료를 모두 만들고 나자, 새롭고 더 상세한 자료가 필요한 이사회가 열렸고, 그다음에는 추가적인 세부 사항을 다루기 위한 두 번째 전체 회의를 진행해야 했다. 그리고 분기마다 한 번씩 외부에서 진행하는 경영진 회의가 열렸는데, 여기서 업무 방향을 바꾸기로 결정했기 때문에 또다시 새로운 자료와 논점을 가지고 이사회와 전체 회의를 열어야 했다.

그런 상황을 몇 번 겪고 나자, 이렇게 혼란을 일으키는 일 없이 영향력을 행사하려면 조직 전체의 목적과 초점을 일치시켜야 한다는 걸 깨달았다. 그래서 나는 우리 회사의 '운영 체제'라고 부르는 구조를 개발했다. 컴퓨터의 운영 체제는 하드웨어와

소프트웨어를 연결해서 장치를 작동하게 하는 일관된 기준 코드다. 회사 운영 체제도 하드웨어(직원)와 소프트웨어(업무)를 연결해서 조직을 기능시키는 똑같은 역할을 한다는 것이 우리 생각이었다.

우리 운영 체제는 팀원들이 매일 미지의 세계로 도약할 때 의지할 수 있는 일련의 규칙적인 행동과 리듬이다.

· 주요 회의의 사전 일정
· 중요한 커뮤니케이션을 위한 일관된 형식
· 리더 그룹의 구성원 자격과 그들의 의사 결정에 대한 명확성
· 엄격하게 시행되는 개방 정책
· 단일 IT 시스템과 운영 절차

운영 체제의 이런 부분을 양호한 상태로 유지하면 우리 팀이 경계를 늦추지 않고 정말 중요한 문제에 대처할 준비를 할 수 있다는 걸 깨달았다.

믿음

"그 사람은 위대한 작품을 남겼지만, 동료들은 이 작품에 위대한 믿음을 품고 있었다. 그들은 떼려야 뗄 수 없는 관계였지만, 분명히 전자는 후자에 전적으로 의존했다."

《인간적인, 너무나 인간적인》, 방랑자와 그의 그림자 #234

| 현대적으로 읽기 |

한 사람은 위대한 것을 만들어 냈고 그의 파트너는 그가 만든 것들에 대한 믿음이 있었다. 그들은 한 팀이었지만, 창작자는 믿음을 가진 파트너에게 전적으로 의존했다.

회사를 설립한 초기 단계에는 다들 제품과 시장에 집중한다. 당신과 당신의 소규모 팀은 적합한 제품과 시장을 찾기 위해 다양한 제품 버전과 잠재적인 목표 시장을 계속해서 살펴본다. 그리고 고객이 당신의 제품을 대량으로 구매하기 시작하고, 조직이 구축되고, 리더십 전환이 이루어지길 바란다.

성장하는 기업에는 이제 회사 제품에 대한 확고한 믿음을 가지고 옥상에 올라가 그 믿음을 큰소리로 외치는 리더가 필요하다. 니체가 쓰는 '믿음'이라는 표현에는 '자신감'이라는 뜻도 포함되어 있는데, 거기에는 약간 종교적이고 열성적인 느낌이 포함되어 있다. 제품을 만들고 시장을 파악할 때 당신이 어떤 역할을 했든, 이제는 열정을 쌓는 데 집중해야 한다.

제품에 대한 당신의 믿음은 잠재 투자자, 직원, 파트너가 기업을 평가할 때 사용하는 가장 중요한 기준이 될 수 있다. 당신이 겉으로 강한 자신감을 표현하지 않는다면 누가 하겠는가? 믿음이 있는 지도자만이 자본을 조달하고 훌륭한 팀원들을 채용할 수 있다. 그런 믿음이 어떤 모습인지 보여 주는 최고의 사례를 원한다면, 스티브 잡스가 2007년부터 아이폰을 소개한 모습을 꼭 보길 바란다.

당신 회사의 영업 조직은 열정을 기르는 역할의 연장선상에 있기 때문에, 제품에 대한 당신의 태도는 그들에게 특히 중요하다. 영업 사원은 품질이 나쁘거나 고객의 실제 요구와 무관한 제품이라도 다 팔아 치우려고 한다는 경멸적인 고정관념이 있다. 하지만 이건 옳지 않은 생각이다. 영업 사원에게는 믿음이 있고, 그들의 믿음은 영업 책임자와 회사 CEO로부터 시작된다.

뛰어난 영업 사원은 고객과의 관계를 발전시키고 평판을 구축하기 위해 노력한다. 이런 노력은 판매를 쉽게 만드는 투자다. 만약 그들이 자신의 평판과 관계를 악화시키는 제품을 팔고 있다는 사실을 알게 되면, 회사를 떠날 것이다. 따라서 영업 사원도 회사의 제품 품질에 대한 믿음이 있어야 한다. 게다가 초기 단계에서 일하는 영업 사원은 자기가 돈을 더 많이 벌기 위한 미래의 기회에 투자하고 있다고 생각한다. 그들은 자기가 파는 제품이 적절한 시기에 시장에 나온 적절한 제품이라는 믿음을 가져야 한다. 그렇지 않으면 그 시장을 구축하는 것은 가치 없는 일이 될 것이다.

IT 기업의 경우, 시장이 변하고 기술이 발전하기 때문에 제품도 매일 새롭게 디자인해야 한다. 따라서 현재의 제품에 대한 믿음을 갖는 것만으로는 부족하며, 리더는 팀이 지속적으로 훌륭한 작품을 만들어 낼 수 있다는 믿음을 품어야 한다. 열심히 일하는 스타트업 팀에게 동기 부여는 장기적인 성공의 중요한 요인이다. 철학자이자 심리학자인 윌리엄 제임스William James는 〈믿겠다는 의지〉라는 글에서 이를 아름답게 설명했다.

크든 작든 모든 종류의 사회적 유기체가 기능할 수 있는 이유는, 각 구성원이 자기가 맡은 일을 진행하면서 다른 구성원들도 동시에 자기 일을 하리라고 믿기 때문이다. 많은 개인의 협력을 통해 원하는 결과를 얻을 수 있는 곳에서는 그 유기체의 존재 자체가 관련된 사람들의 서로에 대한 선행적 믿음의 순수한 결과물이다. 정부, 군대, 상업 시스템, 선박, 대학, 스포츠 팀 등은 모두 이런 조건하에 존재하는데, 이 조건이 없다면 아무것도 이룰 수 없을 뿐만 아니라 시도조차 불가능하다.

이에 따르면, 팀원 모두가 서로에 대한 믿음이 있어야 한다. 그러나 먼저 리더부터 솔선해서 제품과 팀에 대한 강한 믿음을 보여 주지 않는다면 이런 태도는 지속될 수 없다.

리더인 당신은 단순히 어떤 사람이나 그들의 작업 결과물을 신뢰하겠다고 결정할 수 없다. 그들이 직접 신뢰를 얻어야 한다. 하지만 지금까지 자기 눈으로 본 것만 믿겠다고 제한해서도 안 된다. 추가적인 믿음의 도약이 필요하다. 일단 팀이 제품을 생산할 수 있는 잠재력이 있다는 걸 알게 되면, 매번 타당한 이유를 대라고 고집하지 말고 그들이 앞으로도 계속 일을 잘 해낼 것이라고 믿어야 한다. 또 자기가 어떤 아이디어와 사랑에 빠졌다는 이유만으로 회사에 대한 자신의 비전이 옳다고 맹목적으로 확신해서는 안 된다. 결론에 도달하기 전에 고객과 시장을 이해하고 제품이 그 시장에 어떻게 부합하는지 확실히 알아야 한다. 그렇게 해도 결론이 완전히 과학적일 수는 없다. 당신의 믿음은 증거보다 앞서 있다. 믿음을 가지려면 자신감에 뭔가를 더해야 하고, 이를 떠받칠 합리적인 토대도 필요하다.

리더로서의 역할을 뒤로 미루지 말자. 일단 사업이 성장하기 시작하면, 당신의 역할은 훌륭한 제품을 보유한 사람이 되는 것이 아니다. 자기 팀의 작업에 굳건한 믿음을 품은 사람이 되어야 한다. 직원들이 지금까지 만든 제품을 믿고 앞으로도 계속 훌륭한 제품을 만들 수 있는 능력과 헌신이 있다고 믿기 때문에, 그들의 일에 대한 믿음이 있는 것이다.

당신은 또 자기가 정한 목표와 자기가 이끄는 방향에 대한 믿음도 있다. 당신에게는 이런 작품을 만들어 줄 팀이 필요하다. 하지만 그들의 노력이 가치 있다고 믿어 주는 사람이 없으면 열심히 노력해도 성공할 가능성이 낮다. 그들에게는 믿음을 가진 당신이 필요하다.

비즈니스 구축에서 조직 구축으로의 전환에 대한 보다 일반적인 내용은 '리더는 자기 일만 하는 사람이 아니다'를 참조하자. 리더가 팀에 대한 믿음을 보여 주는 방법에 대한 자세한 내용은 '감사와 진실성'을 참조하자.

추종자 모으기

"인간이 빛을 향해 몰려드는 것은 더 잘 보기 위해서가 아니라, 더 잘 빛나기 위해서다. 그 사람 앞에서 빛나게 될 때, 사람들은 그를 기꺼이 빛으로 간주한다.

《인간적인, 너무나 인간적인》, 방랑자와 그의 그림자 #254

| 현대적으로 읽기 |

사람들이 빛에 이끌리는 이유는 자신들에게 빛이 비추어지기 때문이지, 그 빛이 길을 보여 주기 때문이 아니다. 우리를 빛나게 해주는 이를 우리는 기꺼이 빛이라고 부른다.

리더는 길을 이끄는 사람들이다. 그들은 자기가 나아가는 방향을 알고 첫걸음을 내디딘다. 하지만 리더십에 필요한 측면은 이 것뿐만이 아니다. 리더가 되려면 추종자도 있어야 한다. 길을 알고 그 길을 추구하는 것만으로 추종자들을 끌어들일 수 있다고 생각한다면 오산이다. 그보다 처음에 추종자들의 마음을 끄는 것은 개인적인 매력과 카리스마다.

올리비아 폭스 카반Olivia Fox Cabane은 《카리스마, 상대를 따뜻하게 사로잡는 힘The Charisma Myth: How Anyone Can Master the Art and Science of Personal Magnetism》이라는 책에서 카리스마는 타고난 우리 성격의 특징이 아니라 개발하고 사용하는 도구라고 설명했다. 꼭 외향적일 필요는 없다. 카반은 카리스마 있는 행동을 존재감, 힘, 따뜻함이라는 3가지 핵심 요소로 나눈다. 말과 몸짓 언어를 통해 이 3가지 요소를 올바르게 결합하면 (그리고 정신 상태를 통해 조정하면) 사람들은 당신에게 이끌릴 것이다.

존재감과 따뜻함은 당신 자신에 관한 것이 아니다. 당신이 다른 사람에게 어떻게 행동하느냐와 관련된 것이다. 존재감은 상대방과의 상호작용에 진심으로 참여하면서 그의 말을 경청하고 주의를 기울이는 것을 의미한다. 따뜻함은 당신이 상대방과 그들의 안녕에 관심을 기울인다는 뜻이다. 그건 당신이 그들을 돕기 위해 가지고 있는 모든 힘을 활용할 수 있다는 걸 상대방에게 보여 주는 것이다. 이런 행동은 누군가에게 빛을 비추는 것과 비슷하다. 인지 심리학자들은 관심을 스포트라이트에 비유하는 경우가 많으며, 빛은 또 열과도 관련이 있다.

데일 카네기Dale Carnegie가 80년 전에 쓴 영원한 베스트셀러《데일 카네기 인간관계론How to Win Friends and Influence People》에도 동일한 주장이 나오는데, 다만 여기에서는 제시하는 방식이 다르다. 그는 상대방에게 진심으로 관심을 가지고, 말을 잘 들어 주며, 상대방의 관심사에 대해 이야기하고, 그가 진심으로 중요한 사람이 된 듯한 기분을 느끼게 하라고 제안한다. 이를 현대식으로 표현하자면, 그들을 빛나게 하라는 이야기다.

남들을 이끌고 싶지만 존재감과 따뜻함을 타고나지 못했다면 해야 할 일이 있다. 자기 개선도 그중 하나다. 이를 위해 카네기와 카반의 책을 추천한다. 처음에는 이런 노력이 인위적으로 느껴지겠지만, 진정한 방법으로 존재감과 따뜻함을 기르는 것이 중요하다.

당신을 따르는 이들은 곧 당신의 회사를 건설할 사람들이다. 당신은 그들의 도움을 원한다. 그런데 그들이 자기 자신에게 어떤 이득이 있을지 궁금해하는 것을 비난할 수 있겠는가? 그들이 당신을 돕는 동안, 그들도 당신의 도움을 바라는 것은 합리적이지 않은가? 이런 것은 존재감과 따뜻함을 통해 이뤄 낼 수 있다.

당신은 추종자들에게 일방적인 이익이 아닌 상호 이익을 원한다는 사실을 보여 줘야 한다.

카반이 말한 세 번째 요소인 힘은 여러 가지 원천에서 나온다. 리더십에서의 힘은 당신이 선택한 방향에 대한 믿음이나 자신감과 관련이 있다. 당신이 길을 안다는 사실이 남들을 도울 수 있는 힘을 주기 때문에 사람들은 기꺼이 당신을 따르려고 한다. 힘이 없는 빛은 어두워서 누구를 비추지도 않고 길을 보여 주지도 않는다. 선천적으로 따뜻하고 배려심이 많은 사람은 타인에게 빛을 비추는 방법을 이미 알고 있다. 그러니 남을 도울 수 있는 힘에 대한 인식에 집중하자.

추종자를 끌어들이는 자신의 능력을 평가하고 개발하는 것 외에도, 회사가 성장하면 다양한 임원 역할을 할 리더도 고용해야 한다. 이때 지원자들을 평가하면서 그들의 카리스마 요소도 살펴봐야 한다. 대부분의 사람이 자신을 고용할지도 모르는 상대에게 정중하고 배려 깊은 모습을 보이기 때문에 대면 면접에서는 이를 파악하기 어려울 수도 있다. 그보다는 점심 식사를 하면서 단체 면접을 하는 등의 방법을 통해 다른 사람들과 함께 있을 때의 행동을 관찰하는 것이 더 효과적이다.

기업가인 당신은 자신의 비전과 업계를 혁신하려는 욕망에 사로잡혀 있다. 그것이 성공하려면 다른 사람들이 그 노력을 열심히 따라 줘야 한다. 직원뿐만 아니라 투자자, 초기 고객 등도 마찬가지다. 당신이 그들에게 보여 주는 방향이 너무나 매력적이기 때문에 다른 사람들도 당신을 따를 것이라고 생각하고 싶은 유혹이 들 것이다. 하지만 그것만으로는 충분하지 않다. 그들은 '더 잘 보기 위해서가 아니라 더 빛나기 위해서' 당신에게 다가온다.

내향적인 사람이 리더가 되는 방법에 대한 자세한 내용은 '내향적인 사람'을 참조하자. 업무의 일부로서의 자기 개선에 대한 자세한 내용은 '능가'를 참조하자. 회사를 설립하기 위해 추종자가 필요한 이유에 대한 자세한 내용은 '리더는 자기 일만 하는 사람이 아니다'를 참조하자. 힘을 적절하게 드러내는 방법에 대한 아이디어는 '단호한 결정', '강한 믿음', '책임지기'를 참조하자.

단호한 결정

"일단 결단을 내린 뒤에 최선의 반론에 대해서도 귀를 닫는 것은 강한 성격을 나타내는 표시다. 또 때로는 어리석음에의 의지기도 하다."

《선악의 저편》#107

| **현대적으로 읽기** |

강한 지도자는 일단 결정을 내리고 나면 토론을 중단한다. 이는 때로 고집과 어리석음처럼 보인다.

리더의 즐거움 중 하나는 어떤 상황에서든 지켜야 하는 확고한 규칙이 없다는 것이다. 모든 것에는 그와 대척점을 이루는 것이 있다. 테크스타 액셀러레이터 프로그램의 경우, 멘토들의 조언이 프로그램의 중심적인 혜택이지만 여러 명의 멘토가 서로 모순되는 조언을 하는 경우가 많다. 테크스타에서는 이를 '멘토의 채찍질'이라고 부른다. 니체의 이 잠언은 학습, 정보 수집, 팀원들의 의견에 귀 기울이는 자세를 가지라고 조언하는 이들과 전혀 반대의 태도를 보인다.

당신은 불완전한 정보를 바탕으로 결정을 내려야 한다. 그리고 그 모든 선택에는 결과가 따르며, 앞으로 나아가기 위해서는 방향을 결정해야 한다. 모든 선택지를 너무 오래 남겨 두는 것은 그중 어느 것도 제대로 추구하고 있지 않다는 것을 의미한다. 불확실성과 우유부단함은 팀의 의욕을 서서히 앗아간다.

결정을 내리기 전에 특정한 선택에 대한 찬성과 반대 의견을 모두 듣고 싶을 것이다. 하지만 결정을 내린 뒤에도 토론을 계속하는 것은 해롭다. 드라마 〈파이어플라이Firefly〉에 나오는 맬컴은, "왜 이미 결정된 사항에 대해 계속 논쟁을 벌이는가?"라고 말했다. 결정에 반대하는 사람은 항상 있게 마련이다. 그들의 반대를 참으면서 밀고 나가야 한다.

이런 접근 방식을 택하면, 당신의 팀은 꾸준함을 강한 성격과 자신감의 표시로 보게 될 것이다. 반대로 당신의 결정에 계속 의문을 제기하는 사람들은 당신이 왜 자기 말에 귀 기울이지 않는지 의아해할 것이다. 그들은 당신을 단순한 고집쟁이로 볼 수도 있고 아니면 지적인 실패, 즉 '어리석음에 대한 의지'를 드러냈다고 여길 수도 있다.

이렇게 반대되는 힘들을 통제하려면 자기가 무엇을 하는지 계속 의식하고 있어야 한다. 결정의 정확성이 불분명한 동안에는 그 과정을 계속 진행할 것이다. 하지만 결정이 잘못됐다는 것이 분명해지면 다시 생각해 봐야 한다. 여기에 얼마나 많은 정신적 노력을 쏟을 것인지는 그 결정의 상대적 중요성에 따라 달라진다. 과거의 사소한 결정을 다시 확인하는 데 시간을 할애하면 새로운 결정을 내리기 위한 에너지가 고갈되기 때문이다.

결정을 내린 뒤에는 정신적인 대비를 갖춰야 한다. 결정을 내리기 전에 잘못될 가능성이 있는 것들을 파악하고, 만약 잘못될 경우 당신이 선택한 방법을 고수할지 여부를 미리 결정하자. 그러면 새롭고 정말 놀라운 정보를 알게 됐을 때만 결정을 재고하면 되고, 반대론자들의 무기도 빼앗을 수 있다.

대부분의 리더는 어느 쪽으로든 잘못을 저지른다. 당신이 잘못된 결정을 너무 오래 고수하는 경향이 있다면, 조금 더 일찍 남의 말에 귀를 기울이도록 노력하자. 자신의 결정에 의문을 제기하는 경향이 있다면, 반대 의견을 받아들이기 전에 조금 더 기다리자. 그러면 시간이 지나면서, 꿋꿋하지만 완고하지는 않고 어려운 일이 생기자마자 방향을 바꾸지는 않지만 그렇다고 너무 때가 늦을 때까지 기다리지도 않는 당신의 모습이 평판에 반영될 것이다.

각 결정은 그 자체로 상당한 중요성을 띠지만, 방향 변화(또는 변화를 고려하지 않을 경우)가 당신의 장기적인 평판에 미칠 영향도 고려해야 한다.

전형적인 대척점에 대한 자세한 내용은 '부드럽게 이끌자'와 '집단 사고'를 참조하자. 의사 결정 전달에 대한 자세한 내용은 '올바른 메시지'를 참조하자. 아이디어 지속에 대한 자세한 내용은 '지속성'을 참조하자.

피벗데스크Pivotdesk 공동 설립자 겸 CEO

나는 기업가로 활동하는 동안 내가 반복적으로 겪었던 구체적인 고충을 해결해 보자는 생각으로 피벗데스크를 설립했다. 부동산은 정적이고 사업은 역동적이다. 사업주들은 5년 또는 10년의 임대 기간 동안 사업 규모가 얼마나 커질지에 대해 끊임없이 추측할 수밖에 없다. 하지만 그런 방법으로는 1년 뒤의 상황도 정확하게 예측하지 못한다.

기업들은 임대 계약에 융통성을 더하면서도 기존 부동산 인프라에 맞는 솔루션이 필요했다. 장기 임대인은 임대비를 상쇄하고, 소규모 기업은 장기 임대 계약을 맺지 않고도 필요한 공간을 찾는 솔루션 말이다. 피벗데스크는 임차인과 소규모 기업이 거래하는 공유 마켓플레이스를 만들어서 이를 실현했다.

나는 플랫폼 가치의 궁극적 분배자는 상업용 부동산 중개인이 될 것이라고 강하게 믿었다. 하지만 적어도 처음에는 이런 사실이 명확하게 드러나지 않았으므로, 투자자와 창업 팀원 중 일부는 이게 과연 올바른 유통 전략인지 확신하지 못했다. 게다가 중개인과 업계 관계자들의 초기 피드백 또한 매우 부정적이었다. 그들은 기존 관계자들이 우리가 추진하는 모델을 절대 받아들이지 않을 것이라고 생각했다. 우리 아이디어도 상업용 부동산 산업에 뛰어든 또 하나의 어리석은 아이디어에 불과하다고 여긴 것이다.

나는 이 방법이야말로 시장 규모를 진정으로 성장시킬 유일한 방법이라고 확신하고 장기 전략을 세우기 위해 노력했다. 이 전략은 결국 중개인 유통으로 이어졌지만, 처음에는 사업주들을 직접 공략하는 방법에 의존했다. 그들은 우리가 해결하고자 하는 고통을 실제로 겪고 있는 이들이기 때문에 직관적인 호소력이 있었다.

시장이 커졌다. 그러나 우리는 업계 관계자들에게 계속 무시당했고 중개인들은 절대 우리를 이용하지 않을 것이라는 말을 들어야 했다.

임차인들을 통해서 충분한 추진력을 얻은 우리는 전략에 따라 피벗데스크용 중개 소프트웨어 플랫폼을 출시하기 위해 열심히 노력했다. 이 플랫폼은 중개인들이 우리 마켓플레이스를 이용해서 고객에게 이득을 주도록 고안됐다. 하지만 우리가 서비스를 개시한 후에도 중개인들은 그것을 이용하지 않았다. 아무도 이용하는 사람이 없었다.

머릿속 한구석에서 경보가 울리기 시작했고 이 방법은 시간 낭비일 뿐이라는 생각이 들었다. 나는 제품 책임자를 따로 불러서 중개인들이 관심을 보이지 않는 문제에 대해 허심탄회하게 이야기를 나눴다. 팀에 동기를 부여하기가 갈수록 어려워졌고, 올바른 솔루션을 구축하기 위해 조직을 재편하는 것도 힘들었다.

이것이 올바른 전략이라는 확신과는 별개로 우리는 중개인들이 일하는 방식을 훨씬 자세히 이해할 필요가 있었다. 우리 팀은 그들과 함께 시간을 보내면서 고객 탐구를 위해 더욱 깊이 파고들었다. 결국 우리는 주요 중개인 몇 명과 함께 어느 정도 진전을 이루었다. 중개인들이 자기 고객이 더 나은 솔루션을 찾도록 도와주면서 동시에 돈도 많이 벌 수 있는 방법을 이해하게 되자, 긍정적인 피드백을 얻을 수 있었다.

그 시점부터 마침내 상황이 바뀌기 시작했다. 끈기를 발휘하면서 이런 얼리어답터들의 의견을 수렴한 덕분에, 그들이 일상적으로 업무를 수행하는 방식에 맞게 플랫폼을 재설계할 수 있었다. 결국 사용자가 늘어나기 시작했고, 몇몇 대형 부동산 중개 회사들과 제휴 계약까지 체결할 수 있었다.

올바른 메시지

"환멸을 느낀 사람이 말했다. — '나는 반향에 귀를 기울였다.
그러나 단지 칭찬만 들었을 뿐이다.'"

《선악의 저편》#99

| **현대적으로 읽기** |

이해는 얻지 못하면서 칭찬만 받는 건 실망스러운 일이다.

조직화된 행동은 리더십의 중요한 목표다. 팀원들 모두가 다른 방향으로 움직일 경우, 조직 내에 브라운 운동(진전 없는 압박감)이 발생한다. 이 잠언에서 니체가 '환멸을 느낀 사람'이라고 부른 대상은 통합된 행동을 달성하지 못했기 때문에 실망한 것이다. 그 조직의 사람들은 지도부가 제시한 비전을 실행하는 데 동의하지 않았다. 대신 그들은 그 비전이 얼마나 멋진지, 자기들에게 얼마나 위대하고 카리스마 넘치는 리더가 있는지 등에 대해 이야기하거나 다른 여러 가지 칭찬을 한다.

계몽된 리더인 당신은 '반향'이라는 말에 신경이 쓰일 것이다. 사람들이 당신이 한 말을 그대로 따라하기보다 스스로 생각하기를 원하기 때문이다.

이 문제를 좀 더 자세히 살펴보자. 반향은 완전히 똑같은 복제품이 아니다. 기본적인 신호를 전달하는 원본 메시지처럼 들리지만 다양한 방식으로 수정된다. 팀원들이 회사의 방향과 비전을 자기만의 방식대로 표현하고 그에 따라 행동하는 것을 반향이라고 생각해야 한다.

이 잠언은 당신이 원래의 소리를 내야 한다고 요구하지 않는다. 반향은 어디에서나 발생할 수 있고, 원래의 소리가 어디에서 났는지 구별하기 어려울 수도 있다. 당신은 본인의 비전이든 팀과 공동으로 개발한 비전이든 상관없이 조직 전체에 그 비전이 울려 퍼지기를 바란다. 그렇지 않으면 통합된 행동을 찾아보기 어려울 것이다.

이 잠언은 스스로 생각하는 사람과 맹목적으로 따르는 사람을 구분하지 않는다. 그보다는 반향(조직의 지시를 따르는 사람들)을 당신이나 비전, 회사에 대한 칭찬과 구별한다. 당신의 목표는 칭찬이 아니라 통합된 행동이다.

이것 때문에 팀을 탓해서는 안 된다. 그것은 리더십과 소통의 실패다. 그것은 당신이 잘못된 메시지를 전달하고 있음을 나타낸다. 아마 당신은 대화나 연설의 방향을 자기 쪽으로 돌리려는 경향이 있을 것이다. 그럴 때 사람들은 당신이 전달하려던 메시지가 아니라 자기가 들은 내용, 즉 당신이 얼마나 멋진 사람인지에 대해서만 되뇌게 된다. 이걸 증명하는 하나의 지표로, 당신이 회사에서 회의를 할 때 '나'라는 말을 얼마나 자주 사용하는지 생각해 보자.

또 다른 가능성은 당신이 올바른 메시지를 잘못된 방식으로 전달하는 것이다. 조직의 목표를 순수하게 지적인 관점에서만 제시한다면 사람들의 열정을 불러일으킬 수 없을 것이다. 사람들은 '똑똑한 목표긴 하지'라고 생각한다. 반대로 순수하게 감정적인 호소로만 목표를 제시한다면, 그 팀은 열정적이긴 하지만 자기들이 나아가는 방향이 어디인지 또 왜 그것이 옳은 방향인지 제대로 이해하지 못할 것이다. 그래서 "이 새로운 방향은 꽤 흥미진진한데!"라고만 말하는 것이다. 두 경우 모두 효과적인 행동은 없이 칭찬만 하고 만다.

당신이 '환멸을 느낀 사람'이라면, 당신의 메시지가 실망의 초점이 되어야 한다. 조직의 비전과 방향을 전달하는 방법을 검토하자. 거기에 감정적인 요소와 지적인 요소가 모두 포함되어 있는지, 당신과 관련된 건 아닌지 확인해야 한다.

협력과 합의에 관한 자세한 내용은 '집단 사고', '통합을 이루는 자', '정신적 독립성'을 참조하자. 의사소통 시 감정이 하는 역할에 대한 자세한 내용은 '느낌으로 한 번 더'를 참조하자.

부드럽게 이끌자

"목소리가 큰 사람은 섬세한 것을 생각하는 능력이 거의 없다."

《즐거운 지식》 #216

| **현대적으로 읽기** |

당신은 말할 때 아마 열심히 생각하지는 않을 것이다.

리더는 사람들을 이끄는 동시에 나아갈 방향도 선택해야 한다. 이 2가지 역할 사이에는 미묘한 균형이 존재한다. 강력한 리더십은 팀원들에게 명확한 방향과 함께 그것이 옳은 방향이라는 자신감도 전달한다. 하지만 이 경우 공개적인 숙고는 리더에 대한 신뢰를 훼손할 위험이 있다. 팀원들은 당신이 이미 결정한 것을 왜 또 논의하는지 궁금해할 것이다. 따라서 사람들을 이끄는 것과 관련된 요구사항 앞에서 좋은 선택의 필요성은 쉽게 압도되어 버린다.

자신감과 권위를 보여야 한다는 생각 때문에 상황의 미묘함을 제대로 인식하지 못할 수도 있다. 자신의 입장을 비판적으로 생각하지 않고 그냥 믿어 버리면 새로운 사실을 알아차리지 못하거나 검토가 필요한 문제점을 놓쳐 나중에 문제가 커질 수 있다. 결국 리더십은 '큰 목소리'가 되기 쉽다.

당신의 목소리는 당신이 이끄는 팀에 큰 영향력을 발휘한다. 그것이 커다란 음량에 드러나든, 강력한 자신감으로 표현되든, 아니면 당신의 평범한 말까지 당신의 권위가 뒷받침되든 이것은 모두 사실이다. 다른 사람들이 보기에 당신이 이미 마음을 정한 것 같거나, 동의를 얻지 못한 당신이 수치심을 느낄지도 모른다고 생각한다면 당신은 피드백 기회를 잃게 된다.

그러니 적절한 균형을 찾아야 한다. 사람들을 이끌되, 리더십의 커다란 목소리가 정보를 수집하고 올바른 결정을 내리는 데 방해가 되지 않도록 하자.

결정을 내린 뒤의 피드백에 관한 자세한 내용은 '단호한 결정'을 참조하자. 조직 내의 합의에 관한 자세한 내용은 '집단 사고'와 '정신적 독립성'을 참조하자. 방향에 관한 생각에 더 많은 시간을 할애하는 방법에 대한 아이디어는 '뒤로 물러서기'를 참조하자.

브래드 펠드의 경험담

파운드리 그룹 공동 설립자 겸 파트너

내가 인터라이언트 공동 대표로 일하는 동안, 우리는 25개 정도의 회사를 사들였다. 그중 한 회사의 인수를 마무리 지은 직후에, 그 회사에 방문해서 설립자와 함께 복도를 걸으며 가벼운 대화를 나눴다. 그는 지금까지는 중고차만 샀는데, 마침내 새 차를 살지도 모른다고 말했다. 나는 복도 벽이 거무칙칙하다는 이야기를 했다. 그러면서 속으로 그의 검소함과 이 회사의 산만한 모습에 주목했다.

다음 날 아침에 다시 그 회사에 가보니, 일꾼이 복도 벽에 페인트를 칠하고 있었다. 설립자에게 가서 왜 그랬냐고 물어보니, 그는 내가 벽에 페인트칠을 해야 한다는 말을 했다고 대답했다. 나는 가장 중요한 부분, 즉 그 거무칙칙한 벽이 마음에 든다는 말을 하지 않았다는 걸 깨달았다.

그의 회사를 매입한 나의 '큰 목소리'는 잘못 해석되고 과도하게 해석됐다. 서로의 오해를 깨달은 우리는 크게 웃었다. 그리고 그 이후로는 내가 말하려는 요점을 분명하게 전달하기 위해 더 열심히 노력하고 있다.

그 설립자는 강인한 리더였지만, 자기 본능에 반하는 행동을 하라는 말을 듣고도 내게 아무런 반발도 하지 않았다. 이런 말이 더 광범위한 팀에게 미치는 영향을 상상해 보라(비록 올바르게 이해했다고 하더라도). 나는 리더기 때문에 내 말이 남들의 행동에 의도했던 것보다 더 많은 영향을 미칠 수 있다는 걸 항상 명심하면서, 악영향을 끼치지 않도록 최선을 다한다.

감사와 진실성

"천재성이 있는 인간은 천재성 외에 최소한 감사하는 마음과 진실성, 이 2가지를 더 가지지 못하면 견디기 어렵다."

《선악의 저편》#74

| **현대적으로 읽기** |

똑똑하지만 정직하지 않거나 착하지 않은 사람은 아무도 좋아하지 않는다.

당신은 천재일지도 모른다. 어쩌면 소비자의 행동 경향을 예측하는 능력이 있을지도 모른다. 어쩌면 강한 비전과 의지를 가지고 있을 것이다. 아니면 효율적인 소프트웨어 시스템을 설계하고 구축하는 놀라운 능력을 지닌 천재적인 수석 기술자를 고용했을 수도 있다.

천재성을 가진 사람과는 함께 일하기 어려울 때가 많다. 그들은 다른 사람이 상황을 빨리 이해하지 못하면 짜증을 낸다. 때로 거만하거나 변덕스럽거나 사교 기술이 부족한 경우도 있다. 아주 까다로울 수도 있고, 집중해서 일을 끝까지 해내는 데 어려움을 겪을 수도 있다. 그런 사람이 얼마나 견디기 힘든지는 쉽게 알 수 있을 것이다.

니체는 감사와 진실성은 천재적인 사람이 이런 운명을 피하기 위해 보여야 하는 2가지 자질이라고 주장한다. 다른 자질도 필요하겠지만 적어도 이 2가지는 반드시 있어야 한다. 당신이 천재고 조직을 이끌고 싶다면, 이런 자질을 개발해야 한다.

다른 사람을 고용할 때는 그게 공동 창업자라고 하더라도 이런 자질의 유무를 면접이나 결정 과정에서 반드시 확인하자. 이 자질들이 부족한 사람에게 당신이 도움을 줄 수도 있겠지만, 사실 그렇게 될 가능성은 거의 없다. 사람들은 스스로 원해야만 변할 수 있는데, 대부분의 천재는 자기가 이미 올바른 존재 방법을 알고 있다고 믿기 때문이다.

감사는 천재성과 기업가 활동에서 각기 다른 특징을 가진다. 천재성에서 드러나는 감사는 자신의 능력에 관한 것이다. 어떤 경우에는 여기에 대상이 있다. 자신의 부모, 선생님, 형제자매와 친구, 혹은 당신이 일하는 분야의 발판을 만들어 준 거인들에게 감사한다. 때로는 그냥 자신의 타고난 천재성에 감사한다. 이런 감사에는 겸손이 포함되어 있다. 이런 천재성을 가진 것은 행운이며, 전부 스스로 개발한 게 아니라는 사실을 알고 있는 것이다.

기업가 활동에서의 감사는 함께 일하는 다른 사람들에 대한 것이다. 감사는 그들에게 인정받는다는 기분을 주고, 당신이 그들의 역할을 소중히 여긴다는 것을 알게 해준다. 직장에서 자기가 하는 일이 가치가 없다고 느끼는 것만큼 견디기 힘든 일도 거의 없다. 이런 형태의 감사는 또 취약성을 드러내기도 한다.

누군가는 순수함을 생각과 말, 행동이 전부 일치하는 진실한 태도로 해석할 수 있다. 진실성이 부족하면 속임수가 늘어난다. 고의든 아니든 똑똑한 사람이 부정직하게 행동하면 그 결과가 특히나 나쁘다. 누구도 그런 사람을 신뢰할 수 없으며, 밝혀지지 않거나 해로운 목적을 위해 그 천재성을 사용할 수도 있다. 순수함은 공정함을 의미하기도 한다. 천재는 자기가 맡은 임무를 다해야 하며, 타고난 능력에 있어 자기만큼 운이 좋지 않은 사람들에게 똑같은 기대를 적용해서는 안 된다.

감사와 순수성 외에도, 당신이 자기 자신이나 조직에 영입한 뛰어난 사람에게 요구하고 싶은 다른 자질들이 있을 수 있다. 이런 자질은 기업 문화를 형성하는 데 도움이 되며, 천재가 다른 사람들의 일을 방해하지 않으면서 결실을 맺을 수 있게 한다. 리더는 또 어떤 자질이 조직에 도움이 될지 알아내기 위해 노력해야 한다.

기업가 활동을 천재성으로 여기는 개념에 대한 자세한 내용은 '천재'를 참조하자.
감사를 취약성의 표현으로 여기는 것과 관련된 자세한 내용은 '감사'를 참조하자.
따뜻한 태도를 드러내는 방법에 대한 자세한 내용은 '추종자 모으기'를 참조하자.
속임수의 영향에 대한 자세한 내용은 '신뢰'를 참조하자.

데이브 질크의 경험담

스탠딩 클라우드 설립자 겸 CEO

내가 천재라고는 말하지 않겠지만, 지적인 부분에서 남들을 따라잡는 건 별로 어려운 일이 아니었다. 반면 리더십을 발휘하는 건 언제나 힘들었다. 여러 가지 이유가 있겠지만, 여기 요약한 문제도 아마 그중 하나일 것이다.

스탠딩 클라우드에서는 기술팀이 기울이는 노력 수준에 계속해서 실망할 수밖에 없었다. 그들은 사무실에 있는 동안에는 열심히 일했지만, 다들 회사 일보다 더 중요한 게 있는지 수시로 지각과 조기 퇴근을 했고 점심 시간을 길게 가졌다. 개에게 먹이를 줘야 한다거나 틈틈이 운동을 해야 한다거나 자녀 행사에 참석해야 한다는 게 그들의 변명이었다. 심지어 어떤 직원은 일주일에 40시간씩 꾸준히 일하는 것 같지도 않았다. 예전에 스타트업에서 일할 때의 경험에 따르면, 이런 회사에서는 다들 장시간 일하는 것이 일상이었는데 말이다.

팀원들이 더 열심히 일하기를 바라는 것은 무의미한 통제 욕구가 아니다. 새로운 기능을 도입하고 새로운 접근 방식을 시도해야 하는데 작업 속도가 느려졌다. 기능을 더 빨리 개발했다면 제품·시장 적합성을 더 광범위하게 탐색할 수 있었을 것이다. 하지만 우리는 하나의 기술적 접근 방식만 추구할 수 있었고 원래 목표로 했던 시장에서만 변화를 일으킬 수 있었다.

처음에는 내가 일주일에 60시간씩 사무실에 있으면서 모범을 보이려고 했지만, 남아서 그 모습을 보는 것은 경영진들뿐이니 의미 없는 행동처럼 느껴지기 시작했다. 그래서 사이먼 시넥의 《나는 왜 이 일을 하는가》에 나오는 아이디어를 몇 가지 실행해 봤다. 이것도 아무런 변화를 일으키지 못했다. 그래서 다른 전략도 몇 가지 써봤다. 하지만 팀원들의 입장에서 생각해 보려는 시도는 하지 않았다.

부정적인 태도는 도움이 안 된다는 것을 직감적으로 느꼈기 때문에 답답한 내색을 하지 않으려고 애썼다. 대신 기회가 생길 때마다 직원들에게 감사를 표하려고 했다. 사실 이건 전부 억지로 한 일이었다. 좌절감에 가로막혀서 실제로는 고마움을 느끼지 못했지만, 나는 무언가를 기대하며 이런 행동을 하기 시작했다. 나중에 생각해 보니, 직원들이 회사에서 좋은 대우를 받기는 했지만 진정으로 인정받지는 못했다는 것을 스스로도 느꼈을 것 같다. 내가 가끔 하는 감사의 표현도 진심이 아니라는 것이 아마 보였을 것이다. 팀원들은 내 진짜 목표가 그들이 더 열심히 일하도록 하는 것이라는 걸 감지했음에 틀림없었다.

어느 순간, 나도 사실은 그렇게 열심히 일하고 싶은 것은 아니라는 생각이 들었다. 이 사실을 스스로 인정하기 힘들었고, 직원들에게 털어놓는 건 더더욱 싫었지만, 나는 너무 지쳐 있었다. 평소에는 직원들에게 매우 개방적이고 솔직한 태도를 취했지만, 이 문제에 있어서는 진실성이 부족했다. 니체가 말한 것과 같은 순수성이 부족했고, 감사하는 마음이 부족했던 것도 사실이다.

이 두 단점 때문에 나는 참기 힘든 리더였다. 이런 참아 내기 힘든 리더를 위해 열심히 일하는 사람은 없다.

진정한 감사와 순수함이 있었다면 회사가 맞이한 결과를 바꿀 수 있었을지 잘 모르겠다. 내가 '여유 있는' 태도로 우리 팀의 노력을 마음 편하게 받아들였다면 다들 더 행복했을지는 모르지만, 아마 회사의 발전 속도는 바뀌지 않았을 것이다. 그럼 투자자들에게 피해를 주지 않았을까? 우리는 최선을 다해야 했던 것 아닐까?

나는 항상 스타트업이 성공하려면 스마트하게 일하는 것과 열심히 일하는 것이 모두 필요하다고 생각해 왔다. 위대한 일을 이루려면 낮은 기대가 아니라 높은 기대가 필요하다. 내가 다시 리더의 역할을 하게 된다면, 이런 관점을 조화시키는 것이 무엇보다 중요할 것이다.

두 유형의 리더

"나는 앞서가는 것과 앞서가는 사람들을 찬양한다. 이들은 자기 자신을 거듭 추월하고 다른 누가 자신을 따라오는지 전혀 생각하지 않는 사람들이다. '내가 정지하는 곳에서 나는 혼자라는 사실을 발견한다. 내가 무엇 때문에 정지해야만 하는가! 사막은 아직 더 뻗어 있다!' 앞서가는 사람은 그렇게 느낀다."

《아침놀》#554

| 현대적으로 읽기 |

항상 한발 앞서서 내다보고 남들이 자기 의견에 따르든 말든 개의치 않는 이들을 칭찬한다. '할 것도 많고 볼 것도 많은데, 왜 멈춰서 다른 사람들을 기다려야 하는가?' 진정한 리더들의 생각은 이렇다.

이 책의 대부분 장에서는 기업가 활동에 적용할 수 있는 잠언을 하나씩 제시하는데, 대개 우리는 그 내용에 동의한다. 앞서 말한 것처럼, 그렇다고 해서 당신도 우리 의견에 동의해야 한다는 건 아니다.

이번 잠언은 생각할 거리를 제공하기 위한 것으로 지금까지 나온 것들과는 조금 다르다. 이 잠언은 사업이 성숙한 뒤의 리더십과 전략 양쪽 모두에 대해 어려운 의문을 제기한다. 그리고 어떤 경우에는 옳고 어떤 경우에는 그른 리더십에 대해 명확하게 이야기하고 있다. 그러면서 당신 자신의 역할과 성향, 그리고 그것이 사업상의 요구에 어떻게 부합하는지 생각할 방법을 제공한다.

스타트업은 원래 외부 지향적이다. 당신은 혁신하고 싶은 산업과 패러다임, 업무 방식을 주시해야 한다. 혁신에 대한 이런 추진력은 선구적인 리더들의 특징이다. 그런 사람들은 세상을 자기가 바꾸고 싶은 대상으로 여기면서 그 방향으로 행동하는 경향이 있다. 그들은 '누군가가 자기를 따르든 말든 조금도 개의치 않는다.'

때로는 이런 경향 때문에 기업가가 약간 미친 것처럼 보일 때도 있다. 때로는 너무 많은 것을 한꺼번에 혁신하려고 하다가 회사가 초점을 잃을 수도 있다. 그럼에도 불구하고 창업 초기의 경영진에게는 니체의 말처럼 '누가 자신을 따라오는지 전혀 생각하지 않는' 리더들과 함께 진화할 수 있는 비전이 필요하다.

기업이 적합한 제품과 시장을 발견하고 성장을 가속화하면서 마진 개선을 위해 노력하는 동안, 리더십에는 다른 자질이 필요하다. 지속적인 성장과 수익성 있는 결과를 제공하는 확실한 경로를 찾아냈고, 현재 의도한 혁신을 이루고 있는가? 그렇다면 이제 리더십은 그 특정한 경로에서 성공하기 위해 조직을 조정하는 쪽으로 초점을 전환할 필요가 있다.

활동 영역을 추가로 넓히고 싶다는 유혹이 찾아오더라도 거기에 저항해야 한다. 이 단계에서 훌륭한 리더는 비전이 있는 사람보다는 조직을 중요시하는 사람이다. 훌륭한 리더는 전략과 규모에 대한 비전을 가지고 있지만 새로운 기회를 찾기보다 실행에 초점을 맞춘다. 이들의 입장에서 보면 '무엇을 혁신할 것인가'라는 문제의 답은 이미 찾은 것이다.

일부 기업가들은 비전적인 리더십에서 조직적인 리더십으로의 전환을 이끄는 데 성공하지만, 그러지 못하는 기업가도 많다. 이는 지속적인 혁신의 개념이 그들의 영혼에 얼마나 단단하게 각인되어 있느냐에 따라 다르다. '사막은 아직 더 뻗어 있다'고 생각하는 기업가들은 자기 회사가 이미 성공적으로 산업을 혁신하고 있다고 여기더라도 다시 혁신을 일으키려는 본능을 이기지 못한다.

　전환을 이루지 못하는 사람들은 조직에서 새로운 역할을 찾거나, 효과적인 조직 리더십을 발휘하거나, 아니면 떠나야 한다. 그들 중 일부는 업계와 회사 모두를 위해 진화하는 미래의 비전을 제시하는 이사회 의장이나 자유로운 CTO 역할을 맡는다. 일부는 CEO 자리를 지키면서 뛰어난 조직 기술을 갖춘 사장이나 COO 같은 고위급 리더를 영입한다. 어떤 이들은 회사를 떠나 완전히 새로운 업계를 혁신하거나, 경업 금지 계약이 만료된 후 동일한 업계에서 새롭고 혁신적인 경쟁력을 갖춘 회사를 설립한다.

　설립자 전환 문제는 기업 매각을 결정할 때 고려사항이 될 수도 있다. 이를 다양한 단계의 리더십 스타일이나 그에 따르는 기업가 전환에 관한 문제로 남겨 둘 수도 있다. 그러나 기술 변화 속도가 갈수록 빨라지는 요즘에는 산업 혁신이 거의 지속적으로 발생하고 있다. 확장 과정을 아직 마무리하지 못한 조직형 리더는 머지않아 이제 자기가 혁신 대상이 됐다는 사실을 깨닫게 된다. 그들은 회사 성공의 원천인 제품을 성장시키는 일에만 초점을 맞추면서 변화가 다가오는 것을 보지 못한다.

　뱀이 자기 꼬리를 먹는 문제에 대처하는 것은 이제 기업이 성장 곡선을 그리는 동안 자주 해결해야 하는 전략적 문제가 됐다. 비전의 필요성과 조직적인 리더십의 필요성 사이에 지속적인 긴장이 형성되고 있는 것이다.

산업은 항상 제품과 제품 기능 수준에 따라 지속적으로 변화해 왔다. 성공한 기업은 일상적인 사업 과정에서 이 정도 수준의 혁신을 이뤄야 한다. 이런 변화를 추구하는 것은 조직 리더십의 한 가지 요소일 뿐이다. 혁신은 기능을 구축하거나 제품 라인을 강화한다고 해서 발생하는 게 아니며 대체 효과를 발휘하거나 생활 방식이 바뀌어야 가능하다.

우버Uber와 리프트Lyft가 교통수단을 혁신한 것은 단순히 택시 모델을 바꿔 놓았기 때문이 아니라 교통수단과 탑승자를 연결하는 완전히 새로운 방법을 만들어 냈기 때문이다.

애플이 컴퓨팅 분야를 혁신한 것은 컴퓨팅 장비와 통신 장비를 가지고 다니면서 항상 이용할 수 있는 방법을 제공했기 때문이다.

처음에 우버는 평범한 또 하나의 앱처럼 보였고, 아이폰은 약간의 추가 기능이 생긴 키보드 없는 전화기처럼 보였다. 이 제품들이 처음 출시됐을 때는 혁신이 아니라 완전히 새로운 제품 같았다.

기존 기업의 리더들이 핵심 사업에만 집중하고 있으면 이런 변화가 다가오는 것을 알아차리지 못할 것이다. 이런 조직에는 핵심 사업에 너무 집중하지 않고 잠재적으로 관련 있는 변화에 주의를 기울일 수 있는 누군가가 필요하다. 그래야 가끔 나무에서 눈을 돌려 숲을 바라볼 수 있다. 그렇다고 해서 미심쩍은 모든 변화에 즉각적으로 반응해야 한다는 이야기는 아니다. 그보다는 산업이 향할 가능성이 있는 방향에 대해 알고 있으라는 뜻이다. 혁신적인 변화가 나타나기 시작하면, 조직적 리더들은 준비를 잘 갖추고 그 변화를 자신들의 전략이나 개발 활동에 통합할 수 있다.

빠르게 성장하는 스타트업은 조직 전체를 이끌지는 않더라도 팀의 구성원으로서 비전을 갖춘 리더가 필요하다. 조직적인 리더로 변신하지 못한 초기의 비전적 리더보다 이 역할을 잘 수행할 수 있는 사람이 누가 있겠는가?

이를 위해서는 조직적 리더와 비전적 리더 사이에 어느 정도 이해가 필요하다. 전자는 후자 때문에 가끔 발생하는 혼란에 인내심을 가져야 한다. 후자는 그들이 추진하는 모든 아이디어가 즉시 진행되지는 않을 것이고, 주류 조직에 영향을 미칠 수 있는 시도는 피해야 한다는 걸 받아들여야 한다. 장기적인 성공을 위해서는 이 두 유형의 리더십 사이에 올바른 관계를 구축하는 것이 중요하다. 초점을 잃으면 회사의 빠른 성장이 무산되겠지만, 업계 변화에 대한 인식이 부족하면 규모를 확장할 기회가 차단될 것이다.

기존의 것을 대체하는 변화와 생활 방식의 변화는 기업가가 회사를 베팅하고 싶게 만든다. 니체가 생각하는 리더는 회사를 정기적으로 베팅하는 사람과 비슷하다. 하지만 풍향이 바뀔 때마다 기업이 이렇게 할 수는 없다. 그랬다가는 결코 잠재적인 능력을 다 발휘할 수 없을 것이다. 그러나 변화가 가속화되는 시대에 계속되는 변화를 다 무시할 수도 없다. 그래서 이 두 유형의 리더가 필요한 것이다.

조직적 리더십으로의 전환에 관한 자세한 내용은 '리더는 자기 일만 하는 사람이 아니다'를 참조하자. 비전적 리더의 특성에 관한 자세한 내용은 '일탈', '집착', '천재' 를 참조하자. 한 번에 너무 많은 것을 혁신할 때의 위험에 관한 자세한 내용은 '나만의 길을 찾자'를 참조하자. 협력과 합의의 차이를 살펴보려면 '집단 사고'를 참조하자.

내향적인 사람

"나의 가장 조용한 시간이 내게 속삭였다. '……위대한 일을 수행하기는 어렵다. 그러나 더욱 어려운 것은 위대한 일을 명령하는 것이다. 그대는 권력을 가지고 있으면서도 지배하려 하지 않는데, 이것이 그대의 가장 용서받지 못할 점이다.' 그래서 나는 대답했다. '나에게는 명령하기 위한 사자의 소리가 없다.' 이때 다시금 속삭이듯 나에게 말하는 자가 있었다. '폭풍을 몰고 오는 것은 가장 조용한 말이다. 비둘기 걸음으로 걸어오는 사상이 세계를 지배한다.'"

《선악의 저편》#74

| 현대적으로 읽기 |

'위대한 일을 하는 것은 어렵지만, 사람들이 위대한 일을 하도록 이끄는 것은 더 어렵다'는 목소리를 들었다. 나는 속으로 생각했다. '하지만 나는 타고난 리더가 아니다.' 그러자 목소리가 말을 이었다. '가장 극적인 변화는 부드러운 태도를 가진 리더에게서 비롯된다.'

여기서 니체는 조직을 만들기를 거부하는 가장 일반적인 이유를 이야기한다. 그건 바로 당신이 자신을 리더로 여기지 않기 때문이다. 리더는 큰 목소리로 명령을 내리는 이기적이고 외향적인 사람이라는 생각은 매우 흔하면서도 오해의 소지가 있는 개념이다. 당신은 유혈이 낭자한 백병전에서 군인들을 이끄는 것이 아니다. 비즈니스 세계에서의 지휘는 미묘한 설득 기술에 훨씬 가깝다. 진정한 권위는 공식 직책을 맡거나 회의실에서 가장 큰 목소리를 내는 데서 생기는 게 아니라 남들에게 존경받고 팀원들을 기쁘게 하려는 욕망에서 나온다.

당신이 내향적인 사람이라면, 그 도전은 훨씬 어려워 보인다. 때로 많은 사람 앞에서 말해야 할 필요가 있을 것이다. 회의에 참석한 사람들은 당신이 하는 발언의 어조와 내용 모두에 주의를 기울인다. 다들 당신이 어떤 사람인지 알게 될 것이다. 눈을 피하거나 혼자 있을 수도 없다. 이런 만남은 에너지를 소모한다. 하지만 억지로 외향적인 사람인 척할 필요는 없다. 본인의 내향적인 성향에 맞는 '비둘기 걸음' 같은 방식으로 상호작용하면서 메시지를 전할 수 있다.

역사상 훌륭한 리더와 기업가 들 중에는 내향적인 사람들이 적지 않았다. 빌 게이츠Bill Gates, 래리 페이지Larry Page, 마크 저커버

그는 모두 내향적이다. 에이브러햄 링컨Abraham Lincoln도 내향적이었다. 역시 내향적인 성격이었던 마하트마 간디Mahatma Gandhi는 "온화한 방법으로도 세상을 뒤흔들 수 있다"고 말했는데, 이는 니체가 한 말의 요점과 놀라울 정도로 비슷하다. 수전 케인Susan Cain의 《콰이어트Quiet: The Power of Introverts in a World That Can't Stop Talking》와 로리 헬고Laurie Helgoe의 《은근한 매력Introvert Power: Why Your Inner Life Is Your Hidden Strength》은 내향적인 기업가를 위한 책이다.

하지만 아무나 사람을 이끌 수 있는 건 아니다. 애플 컴퓨터의 공동 창업자인 스티브 워즈니악Steve Wozniak은 "혼자 일하라. 위원회에 가입하지도 말고, 팀에 속하지도 마라"고 했다. 당신도 이런 성향이라면 당신이 제품을 만드는 데 주력하는 동안 팀을 구성해서 이끌어 줄 파트너를 찾아야 할 수도 있다.

리더의 역할이 자신에게 적합한지 판단하려면, 리더십에 정말 필요한 자질이 무엇인지 알고 자신을 이해하도록 노력해야 한다. '명령하기 위한 사자의 소리'는 필요 없다. 외향적이거나 목소리를 크게 낼 필요도 없다. 명령을 내릴 필요도 없다. 그보다 더 어려운 일, 즉 폭풍을 몰고 오는 '가장 조용한 말'을 찾아야 한다.

> 실천가에서 조직의 리더로 전환하는 방법에 관한 자세한 내용은 '리더는 자기 일만 하는 사람이 아니다'를 참조하자. '사자의 목소리'의 단점에 관한 자세한 내용은 '부드럽게 이끌자'를 참조하자. 대사건이 일어나는 니체의 '가장 조용한 시간'에 관해서는 '조용한 킬러 기업'을 참조하자.

마이크 케일Mike Kail의 경험담

팔로알토 스트래티지 그룹Palo Alto Strategy Group의 기술 책임자

나는 25년 전에 컨트롤 데이터 시스템Control Data Systems에서 시스템 관리자로 기술 경력을 시작했다. 극도로 내향적이었던 나는 이 역할이 편했다. 서버와 네트워크 장비는 사회적 상호작용이 필요하지 않기 때문이다. 몇 년동안 나는 고요한 안전지대에서 벗어날 수 있는 능력을 키우려 노력했다. 그러나 가끔은 과도한 보상을 받는 '똑똑한 개자식'으로 불안정하게 살아가는 것 때문에 당황하고 고민했다. 다행히 도와주는 동료가 있어서, 어떻게 하면 더 효과적으로 소통하고 어떻게 하면 더 자신 있고 적극적으로 행동할 수 있는지에 대해 여러 차례 허심탄회하게 이야기를 나눴다. 나처럼 '가면 증후군'을 앓고 있는 내향적인 사람에게는 그런 자질이 저절로 생기지 않으며 엄청난 양의 '사회적 에너지'가 필요하다.

유닉스 시스템 설계자로 승진한 뒤에도 그 역할에 만족하며 편안히 지냈다. 기술적인 능력을 통해 소통하고, 평소에는 내 껍

데기 안에서 고립된 시간을 보낼 수 있었다. 하지만 이 일을 하는 동안에는 항상 긴급 대기 상태를 유지해야 했는데, 이는 하루 중 어느 시간대에든 시스템 중단 호출을 받을 수 있다는 뜻이다. 이것도 그럭저럭 해낼 수는 있었지만, 이 문제와 관련해 사내에서 나눈 대화가 똑똑히 기억난다. "오십 대의 어느 날 문득 정신을 차려보면 그때도 여전히 긴급 대기 상태로 일하고 있을 거다. 그게 당신이 갈망하는 삶은 아닐 텐데 말이다."

문제는 내가 사람을 관리해 본 경험이 전혀 없다는 거였는데, 내향적인 나는 그런 일을 생각만 해도 간담이 서늘해졌다. 하지만 내재적 동기는 적절한 쪽으로 돌리기만 하면 강력한 힘을 발휘한다. 다른 내향적인 사람들과 오랫동안 이야기를 나눠 본 결과, 그게 공통된 특성이라는 걸 알게 됐다. 이제 더 많은 책임과 발전할 기회를 주는 역할을 하면서 경력을 쌓기 위해 적극적인 조치를 취하기로 결심했다.

그래서 아직 설립 초기 단계인 스타트업의 이사급 직책에 지원했는데, 나를 거절한다는 이메일을 받고 실망과 충격을 느꼈다. 전에는 이런 일을 겪어 본 적이 없었다. 미치광이 같은 끈기는 내향적인 사람의 또 다른 특징이다. 몇 달이 지나도록 그 자리가 채워지지 않았다는 사실을 알게 된 나는 그 회사의 한 고위 경영진에게 메일을 썼다. 그리고 그들이 중대한 실수를 저지른 게 분명하며 내가 그 역할에 적합한 사람이라고 생각한다는 간단하지만 직접적인 메시지를 보냈다. 그리고 나는 그 일자리를 얻었다. 위에서 이야기한 간디의 노선과 일치하는 이 부드러우면서도 적극적인 노력이 '내 세상을 뒤흔들었고' 내 미래를 위한 더 자신감 있는 발판을 마련해 줬다.

이 시기에 CIO가 되고자 하는 포부를 품기 시작했다. 내가 일하던 스타트업이 잘 안 되자, 친한 친구가 자기가 CTO로 일하는 회사에 들어오라고 설득했다. 내 기술적 경험은 그 회사에 매우 적합했고, 친구의 지속적인 멘토링 덕분에 나도 많이 성장했다. 나는 이제 베이 에리어Bay Area, 솔트레이크 시티Salt Lake City, 독일 등지에 지사를 둔 회사의 IT 부사장이 됐다. 이렇게 여러 기업 문화를 골고루 접한 덕분에 내향적인 성격에서 벗어나 더 발전할 수 있었다. 내 '사회적' 능력에도 점점 자신감이 붙었고, 사업 수완까지 기르기 위해 노력했다.

CIO가 되고자 하는 포부를 '비합리적인 열정'이라고 치부했지만, 마침 운 좋게도 기회가 찾아와서 넷플릭스의 직원 기술 책임자로 일하게 됐다. 그런데 여기에서 가면 증후군이 다시 고개를 들었다. 넷플릭스는 인재가 엄청나게 많은 회사였고 나는 종종 그 무리에서 가장 약한 존재처럼 느껴졌다. 그래서 내 단점 몇 가지를 해결하려고 노력했고, CIO 행사에서 연설을 시작했다. 나는 장거리 달리기 선수였기 때문에 고통 역치가 상당히 높고, 정신 훈련을 이용해서 힘든 경주를 끝까지 완주하는 방법을 알고 있었다. 내가 구심점이라서 '달아날' 방법이 없는 행사나 회의 때마다 이 능력을 활용했다. 그 결과 나는 몇 달 뒤에 부사장으로 승진했다.

넷플릭스에서 3년 6개월간 일한 뒤, 당시 야후!Yahoo! CEO였던 마리사 메이어Marissa Mayer에게 만나서 CIO 역할에 대해 이야기해보자는 요청을 받았다. 나는 우쭐해서 초조함도 잊었다. 내 면접이 토요일 오후에 그녀의 집 뒷마당에서 진행된 것도 회사 환경과 관련된 압박감을 없애는 데 도움이 됐다. 항상 가면을 쓰고 사는 나는 그날 2시간 반 동안 진행된 면접이 그럭저럭 '괜찮았다'고 생각은 했지만, 그날 저녁 이메일을 확인했을 때 벌써 예비 제안서가 와 있는 걸 보고 놀랐다.

이튿날은 고위 경영진 4명과 만나 집중 면접을 진행하느라 9시간가량 '긴장된' 상태를 유지해야 했다. 매우 흥분되면서도 진 빠지는 경험이었고, 내 머릿속에는 온갖 질문과 걱정, 흥분, 자기회의가 요동쳤다. 그들은 그날 저녁에 CIO 자리를 공식적으로 제안했고, 아내와 멘토들과 밤새 잠도 못 자고 상의한 끝에 다음 날 아침 그 제안을 수락했다. 내 첫 임무는 홍보팀과의 회의와 여러 언론사와의 인터뷰였다. 주로 유닉스와의 상호작용만 하던 시절에는 이런 일련의 사건을 상상조차 할 수 없었다.

니체의 조언에 나는 《손자병법》의 한 구절을 덧붙이고 싶다. "싸울 수 있을 때와 싸울 수 없을 때를 아는 자가 승리할 것이다."

5

전술

TACTICS

기업가 활동은 흥미로운 개념으로 가득하지만, 전술의 중요성을 절대 잊어서는 안 된다. 뭔가를 혁신하고 싶다면 어쨌든 일을 끝내야 한다.

니체는 철학자였지만 그의 많은 잠언은 일하는 방법과 관련이 있는데, 이는 인간 본성과 심리에 대한 관찰에서 우러난 것이다. 말보다 행동으로 보여 주라거나, 청중들을 완전히 사로잡으라거나, 의사소통에 앞서 환경을 효과적으로 설정하라는 등 니체는 훌륭한 연기자가 메시지를 어떻게 전달하는지 잘 알고 있었다.

'투명성'은 이제 지나치게 남용되는 말이지만, 니체는 특히 표면에 보이는 것보다 훨씬 심오한 진짜 비밀이 감춰져 있을 때 투명한 의사소통이 어떤 힘을 발휘하는지 알고 있었다. 사람들에게 집중하고 그들을 더 가까이 끌어당기기 위해 의사소통에 감정을 가미하는 것은 매우 효과적인 방법일 수 있지만, 잘못 사용할 경우 오히려 해로울 수 있다.

자기만의 관점으로 상황을 인식하려면 단순히 열심히 하는 것 이상이 필요하다. 필요할 때 한발 물러나고, 상황을 성찰하고, 지치지 않고 일관된 강도를 유지하는 방법을 이해하는 것도 니체의 글에서 찾아볼 수 있는 또 다른 유쾌한 아이디어다.

겉으로 보기에 이런 것은 전술처럼 느껴지지 않을 수도 있다. 니체의 잠언을 읽고 우리가 그것에 관해 쓴 내용을 생각하면서 다시 그 장의 제목으로 돌아가 보라. 이제 좀 더 전술적으로 느껴지는가? 당신은 그것을 사업에 어떻게 적용하겠는가?

느낌으로 한번 더

"네가 가르치려고 하는 진리가 추상적일수록, 너는 감각을 더욱더 그 진리 쪽으로 유혹해야 한다"

《선악의 저편》#128

| 현대적으로 읽기 |

추상적인 생각을 전달하려면 감각적인 경험을 유발할 필요가 있다.

리더인 당신은 자신의 사업과 조직에 대해 추상적으로 생각하는 경우가 종종 있다. 조직을 구축하고 성장시키려면 특정한 기능이나 고객, 개별 직원이 아니라 전략, 시장, 팀을 고려해야 한다. 그런데 일반화나 경험 법칙을 활용해서 결정을 내리는 경우가 많다.

이런 아이디어를 팀, 고객, 투자자에게 전달할 때는 전체 범위를 파악해야 한다. 사명 선언문이나 기업 가치 선언문을 살펴보자. 그곳에 쓰인 표현들은 매우 다양한 상황에서 개인이 지침을 찾을 수 있도록 반드시 일반적이고 모호해야 한다.

이런 추상화 경향에는 여러 가지 어려움이 있다. 추상적인 용어는 개인에 따라 받아들이는 의미가 더 다양하다. '공정함'의 의미는 개인의 가치관에 따라 달라지는 반면, '장점'의 의미는 추상적이기는 해도 기업의 맥락에서 보면 더 협소하게 적용된다.

많은 사람이 추상적인 정보를 효과적으로 처리하지 못하거나 꺼린다. 예를 들어 MBTI 성격 프로파일은 '직관형'(N)과 '감각형'(S)을 구분한다. 후자는 구체적인 생각과 의사소통 방식을 선호하는 반면, 전자는 추상화를 선호한다.

추상적이거나 일반적인 용어는 당신이 무슨 말을 하는지 이해하는 사람들에게도 영감을 주지 못하며, 동기를 부여하지도 않는다. 거기에는 어떤 불모의 느낌이 있다. 보편성을 얻으려면 끔찍한 것들을 씻어 내야 한다.

이런 어려움을 해결하기 위해서는 전달하고 싶은 메시지를 반복해야 하는데, 그냥 똑같은 말만 끝없이 되풀이하는 것이 아니라 여러 가지 예를 들면서 반복해야 한다. 니체의 말처럼, '감각을 더욱더 그 진리 쪽으로 유혹'하는 것이다. 예는 최대한 구체적이고 본능적이고 감정적이어야 한다. 그냥 '품질이 최우선'이라는 말만 되풀이하는 것이 아니라 특정한 고객의 예를 들어서 품질이 그 고객의 사업에 어떤 영향을 미쳤는지 이야기하는 것이다. 일반적인 용어보다는 의미가 협소하면서도 모두들 동의하는 단어가 좋다.

더 좋은 방법은 각 직원에게 해당 고객의 사진이나 동영상을 보여 주면서 제품이 고객에게 어떤 도움이 됐는지 혹은 실패했는지 설명하는 것이다. 단순한 말보다 영상이나 오디오 같은 감각적인 경험, 혹은 사람들이 만질 수 있는 물리적인 물체가 낫다. 이런 경험이 감정적인 내용을 담고 있다면 더할 나위 없이 좋다. 동영상 속 고객이 눈에 띄게 흥분하거나 실망한다면, 그 모습이 팀원들의 머리뿐만 아니라 마음속까지 메시지를 전달할 것이다. 일반적인 진술에서 다루는 영역을 더 많이 차지하려면 그런 다양한 예시를 제공해야 한다. 그렇지 않으면 그와 반대되는 문제가 발생할 위험이 있다. 예시 수가 너무 적으면 하나하나의 예시가 너무 많은 의미를 가지게 된다.

예시가 다양하면 그중 적어도 하나 정도는 듣는 사람들 모두의 마음에 반향을 일으킬 가능성이 높아진다. 또 다른 이점은 똑같은 이야기를 반복하지 않는다는 것이다. 같은 이야기를 너무 자주 반복하면 사람들이 더이상 듣지 않는다. 각각의 예를 제시한 뒤에는 일반적인 진술을 반복해서 사람들이 그 2가지를 연결할 수 있게 해야 한다. 일반적인 진술과 다양한 사례의 결합이 가장 강력한 접근 방법이다.

의사소통에 있어서 감정이 하는 역할에 대한 예시는 '올바른 메시지', '추종자 모으기', '감사'를 참조하자.

니콜 글라로스Nicole Glaros의 경험담

테크스타 최고 투자 전략 책임자

사람들은 매년 수천 개의 광고를 본다. 그 광고들은 한데 뒤섞이는 경향이 있으며 뇌는 거기에 하나하나 주의를 기울이지 않는다. 투자자들에게도 비슷한 효과가 일어난다. 그들은 1년에 수백, 심지어 수천 건의 투자 홍보를 듣는데, 그런 홍보는 시간이 지나면 모두 같은 소리처럼 들리기 시작한다. 그래서 진짜 사업 기회에 귀를 기울이기 어려워진다. 이건 자금을 마련하려는 기업가들에게도 상당히 심각한 문제다.

이 문제를 해결하는 1가지 기술은 감정을 이용해서 홍보에 대한 관심을 유도하는 것이다. 테크스타에서는 이 기술을 '일부러 상처 주는 말하기'라고 부른다. 우리가 어떻게 했는지 알겠는가? 당신도 이런 기술을 쓰는 걸 느끼거나 본 적이 있을 것이다. 이 방법은 사람들을 좀 불편하게 하지만, 평범한 사실만 나열하는 것보다 주의를 끄는 효과가 뛰어나다. 나는 지난 10년 동안 창업자들에게 이 기술을 가르쳐 왔다. 이건 투자자가 고객의 고통을 간접적으로 느껴 보게 하거나, 다른 본능적이고 감각적인 경험을 통해서 홍보에 보다 적극적으로 참여하게 하는 방법이다. 그러면 다른 투자 홍보보다 관심도가 높아져서 스타트업이 자금을 조달할 가능성이 커진다. 이 기술을 제대로 활용하면 자본을 확보하는 매우 효과적인 방법이 될 수 있다.

2010년에 이 기술을 매우 잘 활용하는 스크립트패드Scriptpad라는 회사에서 일한 적이 있다. 그들은 투자자들에게 그냥 '스크립트패드는 의사가 약국으로 디지털 처방전을 보낼 수 있게 해주는 서비스'라고 말할 수도 있었다. 하지만 듣는 사람의 입장에서는 이렇게 순수한 사실 설명만 가지고는 진정한 투자 기회를 만났다고 느끼지 못한다. 스크립트패드가 실제로 말한 내용은 다음과 같다.

스크립트패드는 아이폰과 아이패드를 디지털 처방전 패드로 활용해서 의사가 지금처럼 종이를 사용할 때보다 더 빠르고 안전하게 처방전을 작성할 수 있게 해줍니다.

왜 그렇게 해야 하냐고요? 왜냐하면 현재의 과정은 사람을 죽이기 때문입니다.

여기 제대로 판독하기 어려운 수기 처방전이 있습니다. [처방전 사진 제시] 이걸 본 약사는 의사의 손글씨를 제대로 읽지 못해서 엉뚱한 심장약을 조제했습니다. 아이소르딜Isordil을 플렌딜

Plendil로 오인했고, 그 약은 환자의 상태를 조절하기는커녕 심각하고 치명적인 심장마비를 일으켰습니다. 그리고 이런 일은 반복되고 또 반복됩니다. [많은 처방전 사진 제시]

실제로 매년 우리에게 익숙한, 종이에 휘갈겨 쓰는 17억 건의 수기 처방전 가운데 최대 40퍼센트에는 약물 상호작용을 놓치거나, 부적절한 양을 처방하거나, 글씨를 도저히 알아볼 수 없는 등 어떤 식으로든 오류가 포함되어 있습니다. 이런 오류 때문에 해마다 7000명이 사망하고, 150만 명이 상해를 입으며, 수십억 달러의 입원비와 치료비가 듭니다.

이걸 읽고 나니, 또 종이 처방전을 받을까 봐 두렵지 않은가? 사람들의 안전을 위해 이 서비스가 존재해야 한다고 생각되지 않는가? 상상해 보라. 판독이 불가능한 필체는 실제로 누군가를 죽일 수 있다. 스크립트패드는 감정을 강조하기 위해 실제 사례를 이용했다. 그들은 문장에 감정과 감각적인 경험을 더하기 위해 '안전한', '읽기 힘든', '죽음', '치명적인', '익숙한', '휘갈겨 쓴' 같은 단어들을 신중하게 골랐다.

스크립트패드는 감정적 동인으로 두려움을 사용했지만 어떤 감정이든 다 통할 수 있다. 기쁨, 호기심, 애정, 슬픔 등 대부분의 감정은 사람들을 이야기에 끌어들이는 데 도움이 된다. 하지만 적절한 양의 감정을 활용하는 것이 까다로울 수 있다. 지나치게 감정에 치우쳐서 문제가 되는 홍보 문구도 자주 볼 수 있다.

예를 들어, 내가 일했던 어떤 회사는 미아 찾기 서비스를 제공했다. 그들은 초반에 프레젠테이션을 할 때 먼저 아이 사진을 보여 준 다음, 유괴됐다가 나중에 발견된 아이의 시신이 시트에 덮여 있는 기사 사진을 보여 줬다. 발표자는 당신 자녀에게 이런 일이 일어나는 걸 상상해 보라고 했다. 나를 비롯해서 그 홍보를 들은 사람들은 모두 그 시점에서 완전히 입을 닫아 버렸다. 상상하기엔 너무 끔찍한 일이었다. 사람들은 화면을 외면했고, 결국 그 회사까지 외면했다. 이미지와 단어가 너무 정곡을 찌른 탓에 참여하고 싶은 마음이 사라진 것이다.

이들은 홍보 문구를 '동네 아이가 실종된 것을 계기로 이 회사를 시작했다. 다른 아이들에게는 그런 일이 일어나지 않기를 바라기 때문이다'라고 간략하게 수정했다. 이건 적절한 효과를 발휘했고 사람들이 더 많은 관심을 가지게 됐다. 균형을 제대로 맞추려면 연습과 테스트가 필요할 수도 있다.

관중을 위한 연주

"사람들은 훌륭하게 연주하는 법뿐만 아니라 잘 들리게 하는 법도 알아야 한다. 가장 위대한 거장의 손에 있는 바이올린도 장소가 너무 넓으면 벌레가 울어 대는 것 같은 소리만 낼 수 있을 뿐이다. 그러면 사람들은 거장을 미숙한 사람으로 혼동할 수도 있다."

《인간적인, 너무나 인간적인》#177

| 현대적으로 읽기 |

공연을 잘하는 것만으로는 충분하지 않고, 관객들이 그 공연을 잘 경험할 수 있어야 한다. 공연장의 음향 상태가 좋지 않으면 훌륭한 바이올리니스트의 연주 소리도 끔찍하게 들린다. 그러면 거장이 초보자로 오해받을 수도 있다.

다른 사람의 입장을 이해하는 공감 능력은 기업가에게 아주 중요한 요소다. 이 기술은 청중 전체의 입장을 이해해야 할 때를 비롯해 많은 상황에서 유용하다. 컨퍼런스에서 연설을 하든, 패널로 참석하든, 투자자들을 상대로 프레젠테이션을 하든, 원하는 효과를 얻으려면 청중들의 관점과 맥락을 고려해야 한다.

청중의 공감은 말 그대로 청중들이 당신의 말을 듣고 이해할 수 있는지 묻는 것에서부터 시작된다. 원격 통신의 경우 이와 관련된 어려움이 특히 심하다. 휴대폰과 인터넷 화상회의의 연결 품질은 늘 가변적이고 좋지 않을 때도 많다. 공항 안내방송이나 거리 소음 같은 배경 소음이 큰 경우도 잦다. 이를 현대 비즈니스의 현실로 볼 수도 있지만, 모니터 너머에 있는 투자자나 고객은 이런 상황에 아마 신경 쓰지 않을 것이다. 그들은 그저 당신의 말을 많이 알아듣지 못했기 때문에 감명을 받지 않을 것이다.

전화로든 직접 만나서든, (청중에 비해) 사투리 억양이 심하거나 말을 빨리 하거나 중얼거리는 경향이 있으면 위와 똑같은 어려움이 발생한다. 청중은 당신이 말하는 개별적인 단어를 이해하기 위해 열심히 노력해야 하기 때문에, 당신이 말하려는 요지와 그것이 중요한 이유를 놓칠지도 모른다. 사람들은 늘 바쁘고 방대한 양의 정보를 받아들이고 있다. 그러니 당신의 말을 이해하기가 어렵다면 그냥 넘어가 버릴 것이다.

　이런 잔혹한 메커니즘 외에, 당신의 프레젠테이션 스타일도 문제가 된다. 당신은 특히 관심을 가질 만한 주제를 다루면서 청중의 관심을 사로잡는가? 적절한 열정을 드러내면서 말하거나 청중들을 참여시켜서 그들의 관심을 유지하는가? 너무 열정적으로 굴어서 그들을 짜증나게 하는가? 몸짓 언어나 외모에 신경을 쓰는가? 청중이 어떤 사람들이고 어떤 스타일이 그들의 취향에 가장 맞을지 생각해 봤는가? 매번 같은 방식으로 프레젠테이션을 하는가, 아니면 상대에게 맞춰서 방법을 바꾸는가?

　청중을 파악해야 한다는 말은 많이 들어 봤을 것이다. 하지만 알고 있는 그런 지식으로 무엇을 어떻게 하느냐도 똑같이 중요하다. 그들이 당신이 하는 말을 명확하게 듣고 이해하고 있는지 항상 확인하자. 청중, 그들의 관심사, 그리고 선호도에 맞게 의사소통 스타일을 조절하는 데 힘을 쏟아야 한다.

올바르게 메시지를 전달하는 방법에 대한 자세한 내용은 '올바른 메시지', '부드럽게 이끌자', '느낌으로 한 번 더'를 참조하자.

벤 카스노카Ben Casnocha의 경험담

빌리지 글로벌Village Global 공동 설립자 겸 파트너,
《연결하는 인간Startup of You》, 《얼라이언스The Alliance》 공동 저자

2001년에 고객 관계 관리 도구를 지방 정부에 판매하는 엔터프라이즈 소프트웨어 회사를 설립했다. 클라우드를 통한 소프트웨어 제공은 지방 정부에게는 새로운 경험일 터였다. 그래서 우리 기술 솔루션의 새로운 기능에 대해 설명하려면 최소 90분 이상은 회의를 해야 할 거라고 확신했다. 그래서 정부 담당자의 사무실에 도착하자마자 바로 잠재고객들과 이야기를 나누고 우리 소프트웨어를 시연하는 데 90분을 다 썼다. 그리고 끝날 때가 되어서야 겨우 질문을 받고 의견을 물어봤다.

"설명은 잘 들었습니다만, 저희는 사양하겠습니다"라는 대답을 수십 번이나 듣고 나서야 겨우 잠재고객들의 멍한 눈빛과 지루해서 자꾸 들썩거리는 몸짓이 눈에 들어오기 시작했고, 무슨 일이 벌어지고 있는지 깨달았다.

내 설명에 관심이 있던 사람들도 지루한 설명을 15분쯤 듣고 나면 점점 귀를 기울이지 않게 된다. 초보 영업사원이던 나는 효과적인 의사소통을 위해서는 지속적으로 청중의 관심을 끌어야 한다는 걸 알게 됐다. 청중이 내 이야기에 계속 몰입하려면 그만 한 이유가 필요하다. 그들은 계속 남의 말만 듣고 있는 걸 싫어한다. 집중력도 떨어진다.

요즘에는 한 달에 두어 번 정도 인재 관리에 관한 강연을 한다. 내가 소프트웨어 회사를 설립하고 15년이 지나는 동안 사람들의 관심 지속 시간은 훨씬 짧아졌고, 청중의 참여는 효과적인 커뮤니케이션에서 훨씬 더 중요한 요소가 됐다. 이 문제를 해결하는 가장 좋은 방법은 청중이 자연스럽게 참여할 수 있도록 가볍게 요청하는 것이다.

예를 들어, 직원들 대부분이 왜 새로운 직장에 출근한 첫날 끔찍한 하루를 보내는지에 대한 이론을 그냥 이야기하는 게 아니라, 청중에게 자신의 경험을 되돌아보게 한다. "오늘이 새 직장에 처음 출근한 날인데 채용 담당자가 사무실에 들어온다고 생각해 보세요." 또는 회사 직원들의 평균 재직 기간에 대한 통계를 줄줄 늘어놓기보다는 이렇게 말한다. "지금 다니는 직장에서 몇 년 동안 일했는지 손가락으로 표시해 주세요." 그런 다음에 청중의 '신체 여론 조사' 결과를 내가 말하고자 하는 더 넓은 관점과 연결시킨다.

연단에 올라 정식으로 연설을 할 때든 아니면 업무 회의를 진행할 때든, 나는 그곳에 모인 사람들에게 어떤 시나리오를 상상하거나, 상황을 되돌아보거나, 즉석에서 질문에 답하거나, 손가락을 이용해 여론 조사에 참여해 달라고 요청하지 않은 채 10분 이상 시간이 경과되지 않도록 노력한다. 이런 간단한 장치가 청중의 관심을 유지하는 데 도움이 되며, 이는 청중이 내 메시지를 듣게 하는 데 필수적이다.

가치 증명

"어떤 사람이 우리에게 베푸는 은혜에 대하여, 우리는 그 사람이 그것에 부여한 가치에 따라 평가하지, 그것이 우리에 대해 가지는 가치에 따라 평가하지는 않는다."

《인간적인, 너무나 인간적인》#533

| 현대적으로 읽기 |

우리는 서비스의 가치를 그것이 실제 우리에게 전달하는 가치가 아니라 공급업체가 서비스를 제공하는 방식에 따라서 인식한다.

고객이 반드시 이성적으로 행동하는 것은 아니다. 가격 책정, 제품 포지셔닝, 고객 경험은 고객이 회사를 어떻게 인식하는지에 큰 영향을 미친다.

경쟁을 위해 제품이나 서비스 가격을 너무 낮게 책정하면, 고객에게 그저 그런 상품이라는 인상을 준다. 가격을 얼마든지 협상할 의사가 있다는 것은, 당신이 제공할 가치에 자신이 없다고 말하는 것이나 다름없다. 가장 중요한 것은 고객이 회사로부터 얻을 수 있는 가치가 얼마나 되는지 파악하게 만드는 것이다. 가격에는 그 예상 가치가 반영되어야 한다. 제품 또는 서비스를 제공하는 비용이나 자신들보다 열등한 경쟁업체가 부과하는 가격을 기준으로 삼아서는 안 된다.

이런 접근 방식 중 하나가 당신의 제품을 '전략적 제품' 또는 '솔루션'으로 포지셔닝하는 것이다. 잠재고객에게 당신의 제품이 문제를 해결하고 낡은 운영 방법을 혁신할 것이라는 비전을 제시하자. 커다란 비전은 흥분과 열정을 만들어 낸다. 이는 제품에 즉각적인 전술적 기능 이상의 가치가 있음을 증명한다. 이건 고객이 당신의 제품을 사용해서 더 크게 생각하고 더 밝은 미래를 볼 수 있도록 도와주는 일종의 리더십이다.

비슷한 분석이 고객 경험에도 적용된다. 고급 식당은 이 사실을 잘 알고 있다. 그래서 손님에게 다 '괜찮은지' 물어보지 말고 음식이 '맛있는지' 물어보라고 종업원들을 교육한다. 당신 회사의 팀원들은 오만과 자신감 사이에서 균형을 유지해야 하지만, 먼저 회사가 고객에게 중요한 가치를 제공하고 있다는 기본적인 가정부터 해야 한다.

이런 가정부터 시작하면 고객이 불만을 나타낼 수도 있다. 그러나 결국 그들의 기쁨이 회사의 목표라는 사실을 이해하게 된다. 또 고객에게 제공되는 전체적인 가치와 관련해 제품이나 서비스의 문제점을 인식할 수 있게 도와준다. 그렇지 않으면 자기 경험의 가장 주목할 만한 측면이라는 관점에서만 문제에 집중하게 된다.

가치에 기반한 가격 책정, 전략적 비전을 제시하는 제품 포지셔닝, 고객이 훌륭한 경험을 해야 한다고 가정하는 고객 서비스를 통해서 고객에게 전달되는 가치를 강조하자.

가치 강조를 기업 문화의 일부로 만드는 방법에 관한 아이디어는 '스타일'을 참조하자. 가치가 진짜인지 확인하는 방법에 대한 자세한 내용은 '지배'를 참조하자.

살 카르시아Sal Carcia의 경험담

뷰로직 시스템Viewlogic Systems 공동 설립자 겸 마케팅 & 영업 SVP

1980년대 초에 성공한 전자적 컴퓨터 이용 공학CAE 기업인 멘토 그래픽스Mentor Graphics의 프레젠테이션에 참석한 적이 있다. 당시 이 회사의 소프트웨어는 아폴로Apollo라는 고성능·고비용 그래픽 워크스테이션에서 구동되고 있었다.

멘토의 홍보 내용은 설계, 문서화, 커뮤니케이션으로 고르게 분할된 엔지니어의 근무일을 중심으로 진행됐다. CAE 제품은 일반적으로 설계를 위한 도식적인 도면 편집기와 로직 및 아날로그 시뮬레이터, 문서화를 위한 네트 및 부품 목록 생성, 통신을 위한 파일 전송 기능을 제공한다. 워크스테이션 플랫폼은 다른 형태의 문서 및 커뮤니케이션을 위한 일반 워드 프로세서와 이메일을 제공했다.

이들의 결함은 결합된 아폴로·멘토 워크스테이션이 너무 비싸서 엔지니어들 사이에서 공유 리소스로 취급된다는 것이었다. 그래서 핵심 기능 외의 다른 용도로는 사용되지 않았고 워드 프로세서나 이메일 같은 도구도 사용하지 않았다.

여기에서 뷰로직 시스템의 아이디어가 탄생했다. 우리는 아폴로보다 훨씬 저렴하고 호환 가능한 IBM-PC 플랫폼을 타깃으로 삼았다. 근무일 개념도 PC 쪽에 더 의미가 있었다. 시스템이 중앙에 위치한 워크스테이션에 비해 PC는 엔지니어의 책상 위에 24시간 놓여 있기 때문이다.

뷰로직은 표준 설계, 문서화, 커뮤니케이션 제품 외에 자체적인 통합 워드 프로세서(뷰닥ViewDoc)와 이메일(뷰메일ViewMail)도 제공했다. 당시에는 타사 도구를 통합하는 것이 어려웠기 때문에, 설계 도구를 이렇게 통합한 것은 우리만의 고유한 특징이었다. 예를 들어, 뷰드로ViewDraw에서 도면을 잘라내 뷰닥 문서에 붙여넣은 다음, 뷰메일을 통해 이메일을 보낼 수 있었다.

현지 기술 언론을 상대로 제품을 처음 소개할 때, 원래는 대부분의 시간 동안 표준 설계 도구를 보여 주고 마지막으로 잘라내기, 붙여넣기, 이메일 기능을 소개할 예정이었다. 하지만 뷰메일은 아직 작동하지 않았고 뷰닥은 버그투성이었기 때문에, 데모의 그 부분은 사실 조작됐다는 점에 주목할 필요가 있다.

언론사를 대상으로 한 설계 도구 데모는 잘 진행됐다. 그때 우리 엔지니어링 부사장이 뷰닥을 열고 설계에 대한 설명을 입력한 뒤 도면을 잘라내서 뷰닥 문서에 붙여 넣었다. 관중들이 동요하기 시작했고 간간이 감탄사도 터져 나왔다. 처음에는 농담인

줄 알았는데 아니었다. 부사장은 그 문서를 다른 엔지니어에게 이메일로 보냈고, 그 이메일이 열리자 관중들은 박수를 치기 시작했다.

몇 주 후에 열린 설계 자동화 컨퍼런스DAC에서 공식적으로 첫 선을 보일 때도, 우리 회사 부스는 전시장 뒤쪽 구석에 자리하고 있었는데도 불구하고 똑같은 흥분을 볼 수 있었다. 관중은 계속 늘어났고, 우리는 큰 인기를 얻었으며 그 전시회에서 우리의 가장 큰 고객인 도시바Toshiba도 만났다.

6년 뒤, 우리는 규모가 매우 큰 CAE 회사와 인수 논의를 하고 있었는데 그 회사 CEO는 업계의 아이콘 같은 인물이었다. 문득 그가 나를 바라보더니 우리가 처음 만든 DAC가 생각난다고 말했다. 그의 얼굴은 흥분으로 밝아졌다. 그는 설계도를 잘라서 붙이고 PC들끼리 이메일을 주고받는 방식을 마치 마법인 양 설명하기 시작했다.

하지만 우리는 초기 제품을 출시하고 몇 년 뒤에 뷰닥 제품을 포기했다. 고객들이 별로 사용하지 않기 때문이다. 이 제품은 사실 제대로 작동한 적도 없지만, 그보다 더 중요한 문제는 PC 기반의 워크스테이션이 일상적인 데스크톱 제품으로 활용되지 않았다는 것이다. 저렴한 비용에도 불구하고 여전히 공유 리소스 취급을 받았다. 그런데도 대부분의 고객은 우리가 뷰닥 기능을 제공하는 동안에는 이에 대한 추가 비용을 기꺼이 지불했다.

뷰닥과 뷰메일의 가치는 PC가 설계에 더 많은 시간을 할애할 기회를 제공한다는 것을 엔지니어링 관리자들에게 상징적으로 보여 준 것이다. 또 설계자와 다른 부서들 사이에 더 많은 정보 흐름을 개방해 주기도 했다. 이것은 예나 지금이나 제품 설계에 따르는 고전적인 문제다. 이런 도구 통합은 PC 기반 CAE 워크스테이션의 잠재적인 사용 확대에 대한 비전을 보여 줬다. 우리가 만든 설계 도구는 흥미롭지만 독특하지는 않았다. 그러나 전체적인 설계 플랫폼에 통합된 뷰닥과 뷰메일은 독특했다. 지켜보는 것도 흥미로웠고 회사에 새로운 능력을 안겨 줬다.

뷰로직은 그 비전과 상징성 때문에 흥미를 끈 초기 제품을 출시하면서 큰 성공을 거두었다. 그러나 결국 보다 친숙한 기능을 기반으로 재구축됐는데, 대부분 경쟁 제품의 기능을 더 저렴한 원가로 복제한 것들이었다.

강한 믿음

"믿음의 힘을 강조할 때는 그것을 증명하기 어렵고 사실일 가능성이 낮다고 결론 내려야 한다."

《도덕의 계보》, 제3논문 #24

| 현대적으로 읽기 |

사람들이 자신의 믿음을 뒷받침하는 근본적인 논리와 사실보다 자기 믿음이 얼마나 강한지를 강조한다면, 그 믿음은 정당화되지 않을 것이다.

사람들은 다른 사람의 말을 곧이곧대로 받아들이는 경향이 있다. 인간 심리의 이런 특징은 우리 문명을 하나로 묶어 주는 접착제 역할을 한다. 반대로, 가짜 뉴스의 증가와 그에 대한 무심한 회의론이 결합된 혼란스러운 상황을 생각해 보자.

모든 사람은 회의론을 암시하는 특정한 위험 신호나 유발 요인을 가지고 있다. 중고차를 살 때, 거짓말쟁이로 알려진 사람을 상대할 때 조심해야 한다는 걸 안다. 철학자는 이들을 사람들이 진실을 말할 것이라는 기본적인 가정의 '패배자'라고 부른다.

니체는 믿음에 대한 확신이 그런 위험 신호라고 말하는 걸까? 꼭 그렇지는 않다. 그는 '강조'라는 말로 자격을 정한다는 점에 주목하자. 사람들이 단순히 자기 믿음에 확신을 가질 때가 아니라 그걸 강조하거나 광고하려고 할 때 경고 신호가 뜨는 것이다. 내일 아침에 태양이 뜨리라는 것을 자기가 얼마나 확신하는지 말해야 한다고 생각하는 사람은 아무도 없다.

조라는 사람이 어떤 일자리에 가장 적합한 지원자라고 생각하는 사람이 있다고 가정해 보자. 이유를 묻자, 그 사람은 "난 그가 최고라고 굳게 믿는다"고 말했다. 이 말을 크고 단호한 목소리로 했을지는 모른다. 이 경우 의심할 이유가 생긴다. 자기 믿음에 대한 합당한 이유가 있고 그걸 명확하게 표현할 수 있다면, 왜 굳이 강하게 믿는다는 걸 일부러 강조한단 말인가?

회의감을 일으키는 방아쇠의 민감도는 믿음을 이야기하는 개인에 대한 친숙도에 따라 달라진다. 자신감과 관련된 행동에는 광범위한 연속체가 있다. 어떤 사람은 자기 의견에 진정한 확신이 없을 때는 그 의견을 말하기를 불편해하고, 정당한 이유가 있더라도 이의 제기를 받으면 곤란하다고 느낄 수 있다. 그런가 하면 이것은 어떤 이들에게 조작이 중요한 작전 전술이다. 그들은 다른 사람을 위협하고 자기 의견을 밀어붙이기 위해 강한 믿음의 표현을 사용할 수 있다. 우리가 여기에서 이야기한 회의적 반사작용을 보이지 않는 사람이 많기 때문에 이 방법이 효과를 발휘할 때가 종종 있다.

리더이자 기업가인 당신은 의견의 수용자 겸 제공자의 입장에서 이 문제를 고려해야 한다. 의견을 받아들일 때는 자기 믿음이 강하다고 강조하는 이들을 경계해야 한다. 하지만 이들의 믿음에 이의를 제기할 때도 마찬가지로 주의해야 한다. 화자가 당신보다 많이 알고 있는 것으로 밝혀질 수도 있다. 확고한 믿음은 변화에 저항하는 경향이 있기 때문에 그런 믿음을 받아들이지 않겠다고 스스로 결정할 수는 있지만, 남들이 직접 공격할 경우 원하는 효과를 얻지 못할 수도 있다. 이는 그런 믿음을 드러내는 사람이 직원이든 고객이든 투자자든 다 마찬가지다.

당신이 자신의 믿음을 드러내고 그것에 대해 상당한 확신이 있다면, 신뢰한다는 사실뿐만 아니라 그렇게 확신하는 이유까지 반드시 이야기하자. 자신의 믿음을 강하게 표현하는 것이 리더십의 스타일이다. 불확실하다는 것을 숨기거나 명확한 이유를 말할 수 없어서 이 방법을 쓴다면, 시간이 지나면서 누군가의 확신이 약해질 수도 있다는 것을 알아야 한다. 최고의 인재들은 결국 그걸 꿰뚫어 볼 것이다.

강한 믿음에 대한 다른 관점이 알고 싶다면, '지속성', '단호한 결정'을 참조하자.

투명성

"영리한 자들을 나는 허다하게 발견했다. 이들은 아무도 그들을 투시하거나 엿보지 못하도록 베일로 얼굴을 가리고 그들의 물을 흐려 놓았다. 그러나 바로 이 자들에게 더욱 영리하고 의심 많은 자와 호두 까는 자가 찾아와서 바로 그들로부터 그들이 가장 숨기고 있던 고기를 낚아 냈다!

이러한 자들이 아니라 밝은 자, 정직한 자, 투명한 자, 내가 보기에는 이 자들이 가장 영리하게 침묵하는 자들이다. 그들에게 있어서는 그 근거가 매우 깊기 때문에 가장 맑은 물조차도 그 근거를 드러내지 못한다."

《차라투스트라는 이렇게 말했다》, 3부, 올리브산에서

| 현대적으로 읽기 |

나는 자신의 동기나 계획을 아무도 알 수 없도록 감정을 숨긴 채 모호하고 오해의 소지가 있는 방식으로 말을 하는 약삭빠른 이들을 많이 만나 봤다. 하지만 이런 태도는 아무도 믿지 않고 정보를 캐내는 걸 전문으로 하는 더 약삭빠른 이들을 매료시켰다. 이들은 가장 잘 숨겨 놨던 비밀을 알아내는 데 성공했다! 내가 볼 때 가장 현명한 사람은 명료하고 정직하고 투명한 사람이다. 그들의 비밀은 심오해서 명료함 속에서도 드러나지 않는다.

니체는 비밀스럽고 신비로운 사람들은 자기를 영리하다고 여기지만 실제로는 순진하다고 주장한다. 자기 사업에 대한 정보 제공을 꺼리는 기업가들에게서 이런 모습을 볼 수 있다. 누군가가 자기 아이디어를 따라 할까 봐 걱정되기 때문이다. 아니면 신비롭게 행동해서 흥미를 유발하려는 것일 수도 있다. 실제로는 이 2가지 이유가 섞여 있는 경우가 많다. 이런 수줍고 비밀스러운 태도는 어떤 논의가 진행되기 전에 비공개 또는 기밀 유지 계약을 주장하는 방식으로 나타날 수도 있다. 하지만 니체처럼 우리도 이런 행동이 순진하고 도움이 되지 않으며 비효율적이라는 걸 알게 된다.

액셀러레이터 프로그램, 대학의 기업가 활동 프로그램, 주말 스타트업 등이 흔한 오늘날에는, 어딘가에서 누군가가 상상할 수 있는 거의 모든 사업 아이디어를 추구하고 있다. 팀 페리스Tim Ferriss는 《더 빨리 행하라Do More Faster》에서 이 사실을 지적하면서 중요한 것은 실행이기 때문에 "당신의 아이디어는 가치가 없다"고 단언한다.

당신의 아이디어를 이미 떠올린 사람은 아무도 없을 거라고 확신한다면, 오히려 너무 시기상조일 수 있다. 아무도 그 아이디어를 추구하지 않는 것처럼 보인다면, 성공을 가로막는 고질적인 장애물이 있기 때문일지도 모른다. 이 경우, 아마 다른 사람들도 그 아이디어를 고려해 봤지만 어렵다고 판단했거나, 이미 시도했다가 실패하고 생각을 발전시켰을 것이다. 당신이 장애물에 대한 해결책을 찾았다고 가정한다면, 다른 팀들도 이미 그 해결책을 평가해 보고 폐기했을 것이다. 따라서 만약 당신의 아이디어가 정말 독특하다면, 그 자체가 이에 대한 일종의 반론이 될 것이다.

자신의 사업 아이디어를 누군가에게 설명하는 것만으로도 기회가 심하게 손상된다면, 그 아이디어를 방어할 수 없다. 결국 제품을 판매하려면 아이디어를 공개적으로 밝혀야 한다. 맷 멀런웨그Matt Mullenweg가 말했듯이(이 또한 《더 빨리 행하라》에 나온 말이다), "사용은 아이디어를 위한 산소와 같다." 비밀 유지는 아이디어 활용과 피드백을 가로막는다. 만약 당신의 사업 아이디어를 남몰래 간직해야 한다면, 그건 아마 좋은 사업 아이디어가 아닐 것이다.

진정한 혁신적인 사업 아이디어는 보통 해당 영역에 대한 지식이 어느 정도 있다면 이해하기 쉬운 문제를 해결해 낸다. 예전에는 혁신이 불가능했던 산업을 혁신할 수 있게 해주는 요소들을 결합하면 기회가 생긴다. 이런 요소에는 산업이나 고객 행동 변화도 포함될 수 있다. 고유한 기술이나 당신이 개발한 근본적으로 새로운 시장 진입 전략과 관련이 있을 수도 있다. 종종 이런 변화는 최근의 다른 기술 혁신이나 시장 변화를 통해 발생한다. 아니면 성공하기 전까지는 아무도 효과가 있을 거라고 믿지 않았던 아이디어 중 하나일 수도 있다.

어느 쪽이든, 기회에 대한 당신의 평가는 논란의 여지가 있다. 그것이 실행 가능하다는 데 동의하는 사람은 거의 없을 것이다. 그리고 아이디어를 실현하려면 오랫동안 노력해야 한다는 걸 알면서도 여전히 거기에 집착하는 사람은 그보다 더 적을 것이다. 아이디어의 가치를 알아보는 지식과 시장에 대한 열정이 있음에도 불구하고 여전히 당신의 아이디어를 따라 하려는 사람이 있다면, 그들은 직접 아이디어를 고안하는 데 실패해서 그럴 것이다. 당신은 정말 당신과 경쟁할 수도 있는 그들과 그들의 능력이 걱정되는가?

사업 아이디어를 비밀로 유지하려는 태도는 미숙함을 드러내는 것이다. 경험 많은 기업가는 아이디어보다 실행이 더 중요하고, 좋은 아이디어는 활용과 피드백을 위해 노출해야 하며, 아무도 추구하지 않는 아이디어는 기회적인 측면에서 약해 보일 것이라는 사실을 알고 있기 때문이다.

신비로움을 유지하려고 할수록 경험이 풍부한 투자자와 고객, 직원들에게는 역효과가 난다. 그들은 당신의 책략을 꿰뚫어 보는 니체의 '호두 까는 자'다. 당신은 뭔가 소중한 걸 감추고 있는 것처럼 보이려고 하지만, 그들은 당신이 알맹이가 부족하다는 사실을 숨기고 있다고 생각한다. 경험이 적은 사람이라면 이런 태도에 속아 넘어가고 당신은 이를 통해서 근근이 먹고 살 수 있겠지만, 이런 식으로 해서 확장 가능한 사업을 구축할 가능성은 희박하다.

사업이 결국 어떻게 될지 잘 모르는 경우에는 한동안 은밀한 태도로 운영하는 것이 더 합리적일 수 있다. 당신은 약간의 직감과 예비 기술을 가지고, 추구하고자 하는 방향을 탐색하는 중이다. 이 경우 계획이 변경될 가능성이 높고 그렇게 되면 고객, 투자자, 직원을 혼란스럽게 할 수 있으므로 계획을 공개하지 않는 편이 낫다. 공개적으로 첫발을 내딛지 않은 상태에서는 방향을 선회하기가 훨씬 쉬운 법이다. 게다가 이 과정에서 살펴본 막다른 골목에 대한 정보도 공유하고 싶지 않을 것이다. 경쟁업체의 시간을 절약해 주고 싶지는 않을 테니까 말이다.

그러다가 마침내 당신의 사업을 공개하면 아무도 당신이 어떤 길을 모색했는지 알 수 없을 테고, 따라서 공개된 방향을 검토했는지도 알 수 없을 것이다. 이렇게 은밀한 방식을 취하기로 했다면, 당신은 자기 사업에 대해 이야기할 때 그 방향이 '잠정적'이라는 사실을 솔직하게 말해야 한다. 당신은 큰 비밀을 감추고 있는 게 아니라 아직 방향을 확실하게 결정하지 못한 것이다.

사업 아이디어와 시장 기회의 넓은 맥락 안에서는, 대부분의 훌륭한 스타트업이 명확하게 드러나지 않은 독특하고 영리한 접근 방식을 가지고 있다. 이를 스타트업 전문용어로 '비법 소스' 또는 '부당한 경쟁 우위'라고 부른다. 이것은 일반적인 비밀과는 다른 문제다. 고유한 업무 프로세스, 알고리즘, 또는 아직 계약을 체결하지 않은 주요 파트너 관계에 대한 세부 정보를 남들에게 알려서는 안 된다. 이것들을 일반적인 용어로 말하면서 그것이 고유한 이점을 제공해 주리라고 생각한다는 것을 분명히 밝히자.

하지만 투자자들과 이야기할 때는 이 차별화 요소가 진짜인지 확인시켜 줘야 한다. 그들은 결국 당신이 무엇을 가지고 있는지 알게 될 테고, 만약 그 중요성이나 독특함이 과장된 것이었다면 투자자들의 신뢰를 잃게 될 것이다. 다른 사람이 쉽게 따라 할 수 없게 하면서도 그것이 어디에 가치를 더하는지 보여 주는 식으로, 당신의 독특한 접근 방식에 대해 설명하는 기술을 익혀야 한다.

실사 시연 같은 몇몇 경우에는 세부 정보를 공개해야 한다. 이런 경우는 공개 범위를 최대한 좁히고, 시연의 가장 마지막 단계까지 공개를 지연해야 한다. 그러나 영업비밀이나 미공개 특허 같은 지적재산은 공개하는 것만으로도 법적 권리를 잃을 수 있으므로 주의해야 한다. 경험이 많은 투자자들은 당신이 왜 이 정보를 공개할 수 없는지 이해하고, 그걸 책략으로 여기지 않을 것이다.

니체는 투명하고 정직한 사람을 좋아한다고 말한다. 그들이 하는 일이 깊고 중요하다면, 이 투명성은 '배신'하지 않을 것이다. 그에게 이것은 관계, 가치관, 창의적인 프로젝트 등에서 모두 사실일 수 있다. 이를 사업에 적용해 보면, 실질적인 실체가 있는 혁신적인 아이디어는 비밀에 부쳐서 보호할 필요가 없다는 이야기가 된다.

사람들을 호도했을 때 치러야 하는 대가에 대한 자세한 내용은 '신뢰'를 참조하자. 투명성의 불가피한 단점은 '모방자'를 참조하자. 좋은 비즈니스 아이디어를 찾는 방법에 대한 자세한 내용은 '지배', '당연한 일을 하는 것', '일탈'을 참조하자.

격한 사람들

"그는 너무나 차갑고 얼음 같아서 그를 만지는 사람들은 손에 화상을 입는다! 그를 만지는 손은 모두 깜짝 놀란다! 그리고 바로 그 때문에 많은 이들이 그를 뜨겁게 달아오른 사람으로 여긴다."

《선악의 저편》#91

| 현대적으로 읽기 |

그와 대화를 나누면 짜증이 나기 때문에 다들 그를 두려워한다. 그래서 다른 사람들은 그가 대단하다고 생각하게 됐다.

대부분의 사람들은 유명하거나 눈에 띄는 사람들에게 끌림을 느
낀다. 적어도 그들이 어떻게 그 자리까지 오게 됐는지, 또 어떤
사람인지 정도는 다들 궁금해한다. 사람들은 그들을 존경하고
그들과 만나거나 함께 어울리는 것을 좋아한다. 극단적인 경우
에는 그들을 경외하거나 심지어 숭배하기까지 한다.

　유명한 사람들을 만나거나 그들과 함께 일하는 것을 고려할
때는 이성적일 필요가 있다. 호의적으로 생각했을 때, 그 사람들
이 평범하거나 재미없는 인물이었다면 현재와 같은 위치에 도달
하지 못했을 것이다. 그들은 아마 가치 있거나 중요한 일을 했을
것이다. 그들은 당신이 유용하다고 생각할 만한 지식을 가지고
있을 것이다. 비록 그렇지 않더라도, 틀림없이 당신이 교훈을 얻
을 수 있는 경험을 했을 것이다. 그런 사람들과의 교제는 당신에
게 문을 열어 주고, 당신을 모르는 이들이 자연스럽게 느끼는 의
구심을 완화해 줄 수 있다.

　물론 부정적인 면도 있다. 지위가 높은 사람들은 의심스러운
방법으로 그 자리를 얻었을지도 모른다. 그들은 다른 사람을 자
신의 목적을 위한 수단으로만 대할 수도 있다. 너무 바쁘고 수요
가 많아서 아무 가치도 얻지 못할 수도 있다. 접근하기 힘들 수
도 있다. 그들의 성공은 주로 운 때문인데 그 사실을 인식하지

못할지도 모른다. 그들의 지위 때문에 오만하거나 견디기 힘든 사람이 됐을 수도 있다.

많은 기업인이 투자자들과 만날 때 종종 이런 일이 발생한다. 투자자는 돈을 많이 벌었거나 큰 규모의 자금에 접근할 수 있는 이들이다. 그들은 적어도 기업가와 기술 커뮤니티 내에서는 잘 알려져 있다. 이들 대부분은 대단하고, 알 가치가 있고, 존경할 만한 사람들이다. 하지만 어떤 이들은 멍청하거나 지적으로 얕팍하거나 심지어 음흉하기까지 하다. 다른 사람들이 그에 대해 이야기하거나 반응하는 모습만 보고는 그가 어떤 사람인지 구분할 수 없다. 명성과 자본에 대한 접근 능력을 가치와 혼동하는 경우가 너무 많다.

'격하다'는 평판을 듣는 이들과 다른 사람들에 대해 독자적으로 판단해야 한다. 당신이 신뢰하고 또 그 사람에 대해서도 잘 아는 이들의 의견을 고려하자. 대중들의 의견과 언론에서 묘사하는 모습은 무시하자. 그런 사람도 존중하고 필요한 경우 약간의 존경심을 가지고 대하되, 그들과 함께 일하고 싶어 하거나 그들이 당신과 당신의 사업에 무조건적인 도움이 될 거라고 가정하지 말자.

'격한' 사람들 곁에서 자기만의 신념을 굳히는 문제에 대한 자세한 내용은 '나만의 길을 찾자'와 '괴물'을 참조하자.

트레이시 로렌스Tracy Lawrence의 경험담

츄즈Chewse CEO 겸 공동 설립자

내가 설립한 스타트업 츄즈를 위해 기금을 모으는 도중, 60일 안에 필요한 자금을 구하지 못하면 파산할 상황에 직면했다. 자금 조달 과정이 험난한 나머지 나는 최악의 상황을 상상하며 두려워하기 시작했다.

그런 두려움 속에서 동료 기업가가 아주 좋아하는 투자자를 소개받았다. 이 투자자는 유명하고 존경받는 회사의 리드 파트너였고, 나는 이전에 그 회사의 다른 파트너 한 명과 몇 차례 긍정적인 교류를 한 적이 있었다.

그들이 우리 회사를 알아 가는 동안, 그 회사의 다른 파트너와 이야기를 나눌 기회가 생겼다. 우리는 여성 창업자로서 내가 하는 실험에 대해 믿을 수 없을 정도로 솔직한 대화를 나눴다. 그는 공감하는 태도로 지지를 표명했다. 나는 유명한 회사가 세심한 관심을 기울여 주는 것에 어안이 벙벙해졌다.

비즈니스 모델이나 고객 추천 등과 관련해 전화로 많은 이야기를 나눈 뒤에, 리드 파트너가 우리 사무실과 팀을 방문할 날짜를 잡았다. 이것은 대개 투자를 받는 방향으로 나아가고 있다는 좋은 신호다.

방문하기로 한 당일 아침에 그가 전화를 걸어 소식을 전했다.

"귀사 고객들과 이야기를 나눠 봤는데, 다들 츄즈가 직장에서 이용하는 최고의 서비스 중 하나라고 합니다. 성장 궤도는 탄탄하고 시장도 크군요."

나는 그의 다음 말을 숨을 죽이고 기다렸다.

"하지만 안타깝게도 팀에 대한 확신이 없어요. 경쟁자들을 계속 저지하면서 치열하게 맞붙어야 하는 힘든 업계인데, 당신들은 피를 흘릴 준비가 되어 있는 것 같지 않네요. 그래서 귀사에 투자하지 않기로 했습니다."

샌프란시스코에 있는 내 작은 사무실에서 그 가슴 아픈 전화를 받는 동안 나는 어느 때보다 쪼그라든 기분이 들었다. 그렇게 존경받는 투자자에게 나에 대한 확신이 부족하다는 말을 듣고 그만 무너진 것이다.

나는 시간을 내줘서 고맙다고 말하고 전화를 끊은 뒤 한나절 내내 울었다. 그리고 몇 가지 큰 질문을 마주해야 했다.

'왜 그는 내가 치열한 전술 산업에서 이길 수 없다고 생각했을까?'

'내가 여자라서 그런가?'

'내가 너무 착해서?'

'유명한 벤처 캐피털리스트가 날 믿지 않는다면, 나는 왜 그래
야 하지?'

'난 실리콘 밸리에서 대체 뭘 하고 있는 거야?'

그리고 다음 날 깨달았다. 그의 말이 옳다는 것을.

나는 피를 볼 생각이 없다. 나는 이 업계에서 일하는 남자 동
료들과는 다르다. 나는 애정을 나누기 위해 이 일을 하는 것이
고, 바로 그것 때문에 우리 고객들은 우리를 좋아한다. 그리고
우리가 놀라운 인재와 레스토랑 파트너, 투자자를 끌어들일 수
있었던 것도 바로 그런 이유 때문이다.

모방자

"A: '뭐라고? 너는 네 모방자를 원하지 않는다고?' B: '나는 사람들이 나를 모방하는 것을 원하지 않는다. 모든 사람이 저마다 자신의 본보기를 만들길 바란다. 내가 하는 것처럼.' A: '그래서—?'"

《즐거운 지식》#255

| 현대적으로 읽기 |

A: 사람들이 당신 작업을 베끼는 게 싫은가? B: 사람들이 날 따라하지 않았으면 좋겠다. 난 그들이 자기만의 길을 만들어 갔으면 한다. 내가 하는 것처럼 말이다. A: 그래서 요점이 뭐지?

✳

니체가 작곡가나 화가, 시인 등 예술 분야의 창작자들에게 적용하고자 했던 이 잠언은 제품과 기업을 만드는 기업가들에게도 적용될 수 있다.

비즈니스와 기업가 활동에서 윤리적 행동을 구성하는 요소가 무엇인가에 대해서는 다양한 견해가 있다. 로버트 링거_{Robert Ringer}는 《넘버1을 찾아라_{Looking Out for #1}》라는 책에서 이것을 '선 그리기 게임'이라고 부른다. 사람들이 회사를 설립하는 이유는 다양하다. 어떤 사람은 돈을 벌고 싶어서, 어떤 사람은 세상을 더 나은 곳으로 만들려고, 어떤 사람은 권력과 명성을 얻으려고, 어떤 사람은 뭔가를 만들고 싶어서, 어떤 사람은 그냥 다른 사람 밑에서 일하기 싫어서 회사를 차린다.

이 모든 차이가 사람과 회사 사이에 마찰과 혼란을 초래할 수 있다. 만약 당신이 타고난 창작자라면 왜 다른 사람이 당신의 작품을 베끼는지 이해하지 못할 것이다. 하지만 당신이 돈을 위해 그 일을 한다면, 남의 작품을 베끼는 게 합법적인지 아니면 어떤 처벌을 감수해야 하는지에만 관심을 가질 수도 있다.

경쟁자들은 미묘하면서도 지독한 방법으로 당신을 모방할 것이다. 그들은 당신 회사 제품 또는 그 기능을 베끼거나, 당신 회사의 직원이나 예전 직원을 고용해서 영업 전략을 캐내거나, 심지어 회사와 제품을 설명할 때 당신이 사용했던 표현을 그대로 사용할 수도 있다. 열기가 뜨거운 벤처 투자 시장에서는 빠른 추종자들도 후발 진입자의 표적이 된다. 많은 사람이 이것을 합리적인 사업 전략으로 여기며 시장 상황을 정당화한다. 당신은 모든 사람이 독창적인 창작자가 되어야 한다고 생각하는가? 정말로? 하지만 모두가 그렇게 생각하는 건 아니다.

다른 사람들의 가치관이나 윤리관, 혹은 사업을 하는 이유가 당신과 똑같으리라고 기대해서는 안 된다. 그들이 실제로 자신의 가치관에 따라 살아가기 위해 당신을 희생시키더라도 놀라지 말자. 반향실 효과가 심한 우리 문화 환경에서는 이와 같은 차이를 인식하는 게 점점 더 어려워지고 있다. 하지만 그 인식은 당신의 관점을 유지하는 데 여전히 중요하다.

다양한 윤리 기준에 대한 자세한 내용은 '괴물', '신뢰', '결과'를 참조하자.

저드 발레스키 Jud Valeski의 경험담

그닙 공동 설립자 겸 CEO

그닙은 해당 카테고리에서 처음으로 시장에 진출한 회사였고, 2014년에 트위터에 인수된 뒤에도 계속 이 시장을 이끌었다. 선발 주자로서 시장을 주도해 가는 모습이 이상적으로 보이기는 하지만 난제가 만만치 않다. 시장 기회가 크면 경쟁자들이 끊임없이 귀찮게 따라다니고 때로는 물려고 덤벼들기도 한다.

우리는 대내외적으로 윤리적인 면을 매우 중시하면서 회사를 운영했다. 가끔 경쟁자들과 공개적으로 옥신각신하기도 했지만, 항상 친근한 분위기였다. 우리는 경쟁업체와 하찮은 일로 다투는 게 아니라 최고의 제품을 만들어 고객에게 제공하는 것이 진정한 경쟁이라고 생각했다. 나는 우리의 이런 순수함이 좋았다. 내가 도덕적으로 옳고 깨끗하다고 느낄 수 있었기 때문이다. 나로서는 자신의 장점을 바탕으로 뭔가를 만드는 게 무엇보다 중요하기 때문에 경쟁사에서 다음과 같은 두 패턴이 나타나는 걸 보고 충격을 받았다.

패턴 1: 링크트인 트롤링

그님이 성장하는 동안, 잠재고객들과 대화를 나눌 때 경쟁사 이름이 더 자주 등장한다는 것을 깨닫게 됐다. 나는 이게 갈수록 치열해지면서 현실적으로 다가오는 경쟁 탓일 거라고 생각했다. 그러나 동료들 두어 명의 생각은 달랐다. 그들은 내 링크트인 계정의 인맥 목록에 아무나 액세스할 수 있다는 걸 알고는 그 목록을 비공개로 바꾸라고 했다. 그들은 경쟁사들이 내 인맥을 빼내서 자기들 사업을 위한 지도로 이용하고 있다고 주장했다.

나는 로봇이 소셜 그래프를 차지하기 훨씬 전부터 링크트인 회원이었고, '당신이 정말 아는 사람들과 관계를 맺으라'던 그들의 초기 제안을 진지하게 받아들였다. 그 정신은 그때 이후로 계속 나와 함께 했다. 그님을 설립한 뒤에도 링크트인을 통해 잠재 파트너나 고객들과 계속해서 공개적인 연락을 주고받았다. 그래서 동료들의 두려움을 어리석은 생각이라고 묵살하고, 우리가 경쟁자들에게 지름길을 제공하는 게 사실이더라도 어차피 그들도 곧 이 잠재고객을 찾아냈을 거라고 판단했다.

경쟁은 계속 치열해졌다. 내 인맥을 사유화하는 것에 대한 동료들의 우려도 점점 커졌고 결국 나도 그 사실을 인정했다. 그때가 되자 경쟁자들이 링크트인의 쿠키 부스러기 흔적을 기반으로 우리 뒤를 바짝 쫓아왔다는 게 분명해졌다. 자기가 직접 인맥을 만드는 게 아니라 내 인맥을 몰래 이용할 정도로 비열한 사람이 있다는 것을 믿을 수가 없었다.

나는 그 순간 조금 더 성장했다. 지긋지긋하다고 여기면서도 더 조심스러워졌다. 경쟁자들이 단순히 우리 사업 아이디어를 빨리 따라가려는 게 아니라, 내가 비윤리적이라고 생각하는 품위 없는 방식으로 우리 노력의 결실을 훔치려고 한다는 것을 깨달은 것이다.

패턴 2: 콘텐츠 도용

우리의 경쟁자들은 전쟁에서 패한 뒤에도 오랫동안 좀비처럼 흐느적거리면서 계속 걸어갔다. 우리는 그들이 홍보를 하거나 자료를 만들 때 우리가 만든 마케팅 언어와 표현을 사용하기 시작했다는 걸 알아차렸다. 시간이 지날수록 그들이 우리 작품을 베끼는 규칙성과 정확성이 증가했다.

우리는 경쟁업체들도 참여하는 연례 산업 컨퍼런스를 개최했기 때문에, 이런 행동 중 일부는 예상했던 것이고 심지어 의도한 것이기도 했다. 그러나 컨퍼런스에서 제시한 일반적인 아이디어를 뛰어넘어 명확한 메시지와 개념까지 도용한 사례를 찾아냈다. 우리 경쟁자 중 일부는 스스로 계획을 세우지 못하고 순전히 거머리 역할만 하고 있다는 확신이 들었다.

내 좌절감은 우리의 주요 경쟁사가 라이브 마케팅 팟캐스트 방송을 통해 자신들의 제품과 회사 이야기를 했을 때 최고조에 달했다. 나는 그 순간의 모든 걸 기억한다.

그 팟캐스트에 집중하기 위해 네트워크 연결이 안정적이고 약간의 평화와 고요를 누릴 수 있는 호텔 방으로 제시간에 돌아갈 수 있도록 하루 일정을 짰다. 나는 침대 가장자리에 앉아서 방송에 귀를 기울였다. 회사 소개에 이어 시장 상황을 간단하게 설명한 후 경쟁업체에 대한 질문이 이어졌다. 몇 문장 듣자마자 바로 깨달았는데, 그는 내가 최근에 어떤 컨퍼런스에서 했던 이야기를 그대로 암송하거나 읽고 있었다. 내가 들은 게 맞는지 확인하기 위해 몇 분 더 듣다가 노트북을 닫았다.

시장을 선도하는 모든 기업에는 경쟁자와 모방자가 생길 수밖에 없다. 그러나 그들이 경쟁을 위해 얼마나 비열해질 수 있는지 과소평가하지 말기 바란다.

뒤로 물러서기

"언제 결별이 필요한가. ―적어도 한때는, 네가 인식하고 측정하려고 생각하는 것과 결별하지 않으면 안 된다. 네가 거리를 떠났을 때 비로소 너는 그 거리의 탑들이 집 위에 얼마나 높이 솟아 있는지를 보게 될 것이다."

《인간적인, 너무나 인간적인》, 방랑자와 그의 그림자 #307

| 현대적으로 읽기 |

벗어나야 할 때 ―당신은 때로 자기가 알고 싶은 것과 측정하고 싶은 것에서 벗어나야 한다. 도시를 떠나기 전까지는 도시의 고층 빌딩이 집 위로 얼마나 높아 솟아 있는지 알 수 없다.

———※———

니체는 종종 관점이라는 개념을 강조한다. 관점을 달리 하면 사물이 다르게 보인다. 그는 여기서 더 나아가 어떤 일에도 단 하나의 특권적 관점은 없다고 말한다. 이 잠언에서 그가 전하는 메시지는 간단하다. 때로는 중요한 측면을 보기 위해 멀리서 바라보아야 한다. 우리는 그걸 '뒤로 물러서기'라고 부른다.

기업가 활동에서 뒤로 물러선다는 것은, 사업을 위에서만 바라보고 그 안에 발을 들이지는 않는다는 비유를 비롯해서 여러 형태로 나타난다. 이것은 사업을 하나의 완전한 시스템으로 여기면서, 언제든 그 시스템을 통해 흐르는 세부 사항은 무시하는 것을 의미한다. 새로운 고객을 찾기 위해 사용하는 방법이나 엔지니어링 조직의 방법론을 생각할 수도 있다. 또 목표 시장에 대한 재고, 기업 문화 평가, 조직 구조 변경이 포함될 수도 있다.

대부분의 스타트업에서는 매일 끊임없이 이어지는 긴급한 일들이 회사 경영진의 뇌리를 사로잡는다. 언제나 인력 문제, 급박한 고객 유치 기회, 주의를 요하는 시스템 결함 등이 발생한다. 회사 규모에 따라 다르긴 하지만, 이런 긴급 상황이 업무에서 큰 비중을 차지하는 경우가 많다. 그러나 그것이 전체 업무가 될 수는 없다. 그렇지 않다면 회사는 결코 개선되지 않을 테고, 성장은 결국 접근 방식의 결함을 드러낼 것이다. 이런 일상적인 압박 때문에, 대부분의 기업가들은 뒤로 물러나기 위해서는 의도적이고 주기적인 노력이 필요하다는 걸 알게 된다.

창업자나 경영진의 워크숍을 열어서 이를 해내는 기업도 있다. 워크숍이라고 해서 돈이 많이 드는 휴양지 같은 곳으로 갈 필요는 없다. 참가자들이 평소 쉽게 찾아갈 수 없거나 정신이 산만해질 일이 없는, 사무실 이외의 다른 공간으로 가면 된다. 심지어 다른 회사 회의실이나 공공 도서관 회의실도 괜찮다. 워크숍에 쓸 자금이 있다면, 관련된 팀워크 활동을 하면서 하룻밤 묵는 것도 도움이 된다. 워크숍은 평소와 다른 환경에서 경영진들 간의 관계를 발전시키고, 다른 직원들이 경영진에게 의지하지 않고 스스로 문제를 해결하는 등 색다른 이점도 생길 수 있다. 이런 상황에서는 말 그대로 '인식하고 측정하려고 생각하는 것에서 결별하게' 된다.

고객, 협력업체, 파트너와의 만남은 한발 물러서서 새로운 관점을 얻을 수 있는 또 다른 방법이다. 그들이 당신 회사에 대해 어떻게 생각하는지 물어보고 귀 기울여 잘 듣자. 그들은 주로 현재 겪고 있는 문제나 직접적인 관계에 대해 이야기할 가능성이 높지만, 그런 주제에만 국한되지 않도록 대화를 잘 이끌자. 당신은 그들을 믿을 수 있는 동료로 여기고 그들의 관점을 알고 싶을 것이다. 아니면 고객 자문 위원회를 구성해서 분기마다 한 번씩 고객 5, 6명에게 점심을 대접하면서 당신 회사에 대한 그들의 의견을 들어보자.

이론적으로는 직원들과도 같은 일을 할 수 있겠지만, 복잡한 일이 너무 많이 얽혀 있어서 직접적으로 도움이 되는 관점을 얻기는 힘든 경우가 많다. 그들이 하는 일은 당신의 관점에 따라 달라지며, 그들에게 회사에 대한 당신의 목표와 무관한 계획이 있을 수도 있다. 그것보다는 아침에 출근하고 저녁에 퇴근하는 직원들의 표정을 관찰하는 등의 간단한 방법을 써보자. 그들은 자기 일을 즐기고 있는가? 아니면 비참한 표정을 짓고 있는가?

이런 관점을 제공하는 상황 중 하나가 바로 이사회 회의인데, 그러지 못하는 경우가 많다. 이 방법이 효과를 거두려면 사전에 자료를 꼼꼼히 살펴보고, 회의를 자신의 의제나 자존심을 홍보하는 기회로 활용하지 않으며, 충분한 시간 동안 회의에 집중하려는 의지가 있는 이사들로 구성된 정말 훌륭한 이사회가 필요하다. 이 기준을 모두 충족하는 이사는 거의 없다. 이사회 회의를 할 때는 다 같이 한발 물러나서 새로운 관점으로 사업을 바라보기보다, 이사회를 관리하느라 시간을 다 보내는 경우가 많다. 그래도 현재의 이사회 구성원들과 함께 적어도 한 번은 이 방법을 시도해 보고, 이사들이 이런 식으로 함께 해주길 바란다는 걸 말해 볼 가치는 있다.

회사가 성장하는 동안에는 이렇게 한발 물러서는 문화가 조직의 지속적인 개선에 영향을 준다. 예를 들어, 당신 회사의 엔지니어링 방법론에 각 스프린트sprint를 마친 뒤에 효과가 있었던 것과 없었던 것이 무엇인지 논의하면서 팀이 자체적으로 과정을 조정하게 하는 보고 과정을 포함하는 것이다.

직원 개개인도 스티븐 코비Stephen Covey의 말처럼 자기 계발을 통해 '톱날을 날카롭게 갈아 둬야' 한다. 직원들이 한 발짝 물러나서 새로운 관점에서 자신을 바라보는 기회로 분기별 또는 연례 평가를 이용할 수 있다. 다만 이 평가는 보상을 위한 평가와 별개인 경우에만 효과가 있다.

니체가 제안한 것처럼 측정과 관련해서도 한발 뒤로 물러나는 걸 고려해 보자. 대부분의 비즈니스 지표는 절충해서 나온 것이다. 과도한 데이터 수집이나 계산 부담을 주지 않는 방식으로 사업 운영에 대한 통찰을 제공한다. 우리는 측정하기 쉬운 것을 측정한다. 하지만 온라인 행동과 관련해 이용할 수 있는 데이터가 너무 많아져서 솔깃할 수 있다. 이런 지표가 제공하는 정보가 자신의 비즈니스 목표에 유용한지, 아니면 오해의 소지가 있는지 정기적으로 평가해야 한다. 또 모든 측정 기준에는 2차 효과가 있어서, 자기가 측정한 만큼의 결과를 얻게 된다. 측정 기준과 비즈니스 목표의 불완전한 연결 때문에 측정 기준이 목표에서 멀어질 수도 있다.

가장 좋은 것은 거래 수익에 영향을 미치는 거래 변수를 통제할 수 있는 조직에서 영업사원에게 순수한 수익 기반의 보상을 해주는 것이다. 이로 인해 수익성이 없는 거래가 많이 줄어든다. 뒤로 물러나 안전한 거리에서 측정 기준을 살펴보면 왜곡된 효과를 완화할 수 있다.

마지막으로, 매일같이 벌어지는 급박한 일에 쫓기다 보면 때로 당신이 하는 일이 다 난장판이 된 것처럼 느껴지고 팀 전체에 부정적인 태도를 심어 줄 수도 있다. 가끔은 자기 일과 세부 사항에서 한 발짝 물러나서 보다 장기적으로 진행된 상황을 검토해 보자. 이런 관점은 '그 거리의 탑들이 집 위에 얼마나 높이 솟아 있는지' 보는 데 도움이 되며 당신에게 새로운 자신감을 불어넣어 줄 것이다.

개인과 조직의 자기 계발에 대한 자세한 내용은 '능가'를 참조하자. 사업에 중요한 리드미컬한 과정의 또 다른 예는 '계획 세우기'를 참조하자.

강도 유지

"위험이 최대일 경우 — 살아가면서 힘들여 위로 계속 올라가는 동안에는 다리를 부러뜨리는 일이 드물다. 그러나 쉽게 생각하면서 편한 길을 택하기 시작할 때는 그럴 수도 있다."

《인간적인, 너무나 인간적인》, 여러 가지 의견과 잠언 #266

| 현대적으로 읽기 |

가장 큰 위험 — 열심히 일하면서 집중하는 동안에는 큰 실수를 저지르는 경우가 별로 없다. 하지만 일의 강도를 줄이면서 지름길을 택하면 문제가 생긴다.

스위스 실스마리아Sils Maria와 여러 산악지대를 돌아다니면서 오랜 시간을 보낸 니체는 산이나 등산과 관련된 비유를 좋아했다. 여기에서 이야기하는 요점은 등반가의 실제 경험에서 우러난 법칙이다. 기술이 필요한 등반을 마치고 한결 편한 내리막길로 내려오던 도중에 부상을 입는 사람이 많다. 니체는 이 지침을 생활 전반에 적용하는데, 이는 사업에도 적용할 수 있다.

기업가로서 처음 노력을 기울일 때는 합당한 기회를 모두 추구해야 하고 위협을 항상 조심해야 한다는 걸 알고 있다. 위협은 고객 재편성, 자금 지원을 받는 경쟁업체, 다른 사람을 괴롭히는 직원, 발견되지 않은 제품 결함 등 다양한 형태로 나타난다. 이 중 어떤 것도 모르고 있다가 당해서는 안 된다. 기회는 다양한데, 개중에는 실현하기 위해 전략적 중심축이 필요한 것도 있다. 그렇다고 눈가리개를 쓰고 진로를 유지하라는 이야기가 아니다. 방향을 유지하는 게 아니라 강도를 유지해야 한다.

약간의 성공을 거둔 뒤에 일이 조금씩 수월해지는 것은 지극히 당연한 일이다. 격한 노력을 기울인 뒤에 휴식을 취하는 건 타당한 일이며, 끝없이 강하게 밀고 나가는 것보다 이렇게 중간중간 쉬어 줘야 오래 지속할 수 있다. 하지만 불행히도 세상은 당신이 쉬고 싶어 하는 것에 신경 쓰지 않는다. 당신이 주의를 기울이고 있든 말든 상관없이 예상 밖의 변화를 나타낼 것이다. 몇 가지 시나리오를 살펴보자.

시나리오 1. 당신은 한 고객사에 제품을 판매하기 위해 1년 동안 공을 들였고, 마침내 결정적인 회의에서 고객사 CEO가 "좋아요, 구매하겠습니다"라고 말했다. 당신은 주문서가 오기를 기다리며 재빨리 다른 영업 기회에 관심을 돌렸다. 그런데 한 달 뒤, 그 CEO가 자리에서 물러났다는 사실을 알게 됐다.

시나리오 2. 당신 회사의 엔지니어링 팀은 최근 네 차례의 반복 작업을 큰 문제 없이 성공적으로 수행했다. 이들에게 즐거운 휴식을 주기 위해 다음 시스템 업데이트 날짜를 추수감사절 전 금요일로 잡았다. 그런데 머피의 법칙이 작용했는지 블랙 프라이데이Black Friday, 추수감사절 연휴 이후 첫 번째 금요일, 쇼핑센터가 가장 붐비는 날와 사이버 먼데이Cyber Monday, 추수감사절 연휴 이후 첫 번째 월요일 기간에 당신 회사의 서비스가 불안정해지는 바람에 많은 고객 손실이 발생했다.

시나리오 3. 회사를 설립하고 3년이 지나서야 겨우 적합한 제품과 시장을 찾았고, 덕분에 매출도 빠르게 성장 중이다. 모든 경영진이 거래 성사와 고객 요구 충족, 직원들의 동기 부여를 위해 노력하고 있다. 경영진 워크숍을 두 번 연속으로 취소한 이유는 실현하기도 힘들고 별로 중요하지 않아 보였기 때문이다. 이제 각 팀 내부의 극심한 압박감이 소통이나 연결 부재와 맞물려서 팀들 사이에 수동적인 공격성이 나타나기 시작했다.

이 시나리오들이 불운이나 최악의 상황처럼 들릴 수 있지만, 사실 이런 게 비즈니스의 본질이다. 비지니스란 일을 만들어 내는 것이다. 특히 저절로 일어나지 않을 일을 만들어 내는 것이다. 상대방을 설득해서 결론에 이르게 한 다음, 그들이 정말 결론을 내렸는지 아니면 그냥 결론에 이르는 길목의 이정표에 도달한 건지 계속 의문을 품어야 한다. 목적지까지 갈 수 있을지 고민해 보지 않고 지름길을 택할 수는 없다. 콜로라도주의 한 보안관은 "블랙힐스에서 제일 높은 봉우리인 캐피톨 피크에 안전한 지름길이 있다면, 그것이 표준 경로가 될 것"이라고 말한 적이 있다.

앤드류 그로브Andrew S. Grove는 《앤드류 그로브 승자의 법칙Only the Paranoid Survive》이라는 책에서, 이것이 전략적인 수준에서는 어떻게 진행되고 또 어떻게 대응해야 하는지 설명한다. 당신 회사와 업계의 '전략적 변곡점'이나 '파괴적 변화'를 너무 늦게 감지하는 것은 치명적인 실수가 될 수 있다. 그리고 이것은 놀랍게도 초기 단계에서도 충분히 발생한다.

아무리 일이 잘 풀린다고 해도 모든 게 괜찮을 거라고 단정하면 안 된다. 항상 눈을 부릅뜨고 잘못될 가능성이 있는 것들을 지켜봐야 한다. 조직 전체가 이렇게 생각하도록 교육하고 이를 기업 문화의 일부로 만들자. 어떤 문제나 영역이 당신 사업에 중요하다면, 그걸 지칠 줄 모르는 강도로 계속 추구하자.

이런 접근 방식은 번아웃으로 이어질 수 있으므로, 이 위험에 주의를 기울여야 한다. 또 다른 위험은 성공을 무시하고 그걸 절대 축하하지 않는 것이다. 이건 절충안이나 피할 수 없는 결과가 아니다. 우리는 성공을 당연하게 여기지 않고 축하해야 한다.

새로운 레벨을 표시하는 것은 다음 레벨을 구상하는 것과 동시에 이루어질 수 있다. 그걸 반복하거나 대폭적으로 늘리는 방법을 토론하면서 좋은 결과를 따르자. 새로운 정체기를 잠시 멈춰서 쉬는 장소가 아니라 등반의 다음 단계를 내다보는 지점으로 여기고, 이를 회사가 축하하는 하나의 방법을 만들자.

앞으로 다가올 변화를 바라보는 방법에 대한 자세한 내용은 '두 유형의 리더'와 '미래 내다보기'를 참조하자. 장기간 강도를 유지하는 방법에 대한 자세한 내용은 '지속성', '혁신에 대한 인내심', '집착'을 참조하자.

정리

"건축가의 도의적 책임 —집이 다 지어졌다면 발판을 제거해야 한다."

《인간적인, 너무나 인간적인》, 방랑자와 그의 그림자 #335

| 현대적으로 읽기 |

공사를 할 때는 때로 일을 쉽게 하기 위해 임시 구조물을 짓기도 한다. 시공이 완료되면 이 구조물을 제거해야 한다.

대부분의 대형 프로젝트에는 완제품에 포함되지 않는 임시 인프라가 필요하다. 개중 일부는 도로 건설 공사를 할 때의 콘크리트 장벽처럼 제품 외부에 있다는 점에서 발판과 비슷하다. 어떤 것은 공사 중인 집에 들어갈 수 있는 임시 계단처럼 최종적인 구성 요소의 자리를 표시하는 품질이 낮은 요소들로 구성되어 있다. 이 두 유형의 임시 인프라를 모두 '발판'으로 생각할 수 있다.

스타트업에는 여러 발판이 있지만, 그걸 제거할 공식적인 프로젝트 완료 날짜가 정해져 있지 않은 경우가 많다. 명확한 이정표는 몇 가지 있다. 예를 들어 어떤 유형의 법적, 재정적 문제는 첫 번째 기관 자금 조달 전에 정리되는 경향이 있고, 어떤 문제는 회사가 상장할 때 정리되기도 한다. 하지만 그때가 되면 새로운 종류의 발판을 설치해야 한다. 많은 기술 제품은 계속해서 임시 조치를 추가, 수정, 제거하는 상태에 있다. 스타트업에서는 일을 진행하는 동안 꾸준히 발판을 추가하거나 제거할 것이다.

이것은 눈에 보이는 것보다 더 어렵다. 당신이 오늘 어떤 일을 하는 방식이, 내일의 관점에서 보면 단기적인 해결책이라는 사실을 깨닫지 못할 수도 있다. 처음에는 일시적이라고 여겼던 것들에 익숙해져서 습관화되면 그걸 언제 교체해야 하는지 알기가 어려워진다. 기본값은 문제가 발생할 때까지 기다리는 것이다.

그러나 무작정 반응하는 건 성장에 해롭고, 끝없이 문제하고 씨름만 하다가 끝날 수도 있다.

아래에서 초기 단계 스타트업이 가지고 있지만 결국 제거해야 하는 몇 가지 일반적인 유형의 발판에 대해 설명하겠다. 이것은 찾아야 하는 특정한 항목과 살펴봐야 하는 다른 장소에 대한 아이디어를 줄 것이다. 발판 자체를 실수로 여겨서는 안 된다. 사업을 계속 진행하기 위해 만들어야만 했다면, 그 당시에는 꼭 필요한 일이었을 것이다. 하지만 치워야 할 때가 온다.

창업자, 가족, 친구와의 사업 거래. 특히 자력으로 경영하는 스타트업이나 가족 또는 라이프 스타일 사업으로 시작한 회사의 경우, 소유주가 돈을 빌려주거나 개인적으로 보증을 서거나 사무실 공간을 임대하거나 회사를 위해 다른 서비스를 제공하는 것이 일반적이다. 가족과 친구를 공급업체로 삼아 함께 일하는 것도 흔하다. 이런 식으로 일할 때도 그 내용을 제대로 문서화해야 한다. 또 이해 상충을 피하기 위해 거래 조건과 절차(특히 공급 계약 갱신을 평가하는 과정)를 정리해야 한다. 고성장 스타트업의 경우 세부적인 조건에 따라 다르긴 하지만, 이런 방식을 단계적으로 완전히 중단할 수 있다.

구두 계약. 투자자, 직원, 공급업체, 고객과의 문서화되지 않은 이해나 강한 기대는 문서화하거나 제거해야 한다.

부담스러운 설립자와 초기 직원들. 사업을 시작하도록 도와줬던 사람들이 사업을 진전시키는 데 더 이상 도움이 되지 않는다면, 존경과 감사의 마음으로 대하면서도 그들과의 관계를 단계적으로 끝낼 방법을 찾아야 한다. 그들이 주변에 너무 오래 머물러 있을 때 기업 문화에 미치는 부정적인 영향은 매우 크다. 허심탄회하게 대화를 나누고, 새로운 일을 찾도록 돕고, 주식이나 스톡옵션을 법적 권리 이상으로 나눠주자.

설립자에게 과도하게 의존. 반대의 경우도 흔하지만, 스타트업은 설립자의 성격이나 지식 등에 크게 의존하는 경향이 있다. 이런 의존은 회사의 초기 성장과 문화 발전에 필수적이지만, 결국 위험하고 해로울 수 있다. 지속 가능한 기업과 조직은 개인에게 의존해야 하지만, 어느 한 사람에게 지나치게 의존하는 건 좋지 않다. 예외는 리더가 매우 카리스마 있고 개인숭배를 일으키는 경우다. 당신이 그런 리더든 아니든, 설립자에게 지나치게 의존하는 기업은 매각이 힘들다. 시간이 지나면, 당신이나 다른 창업자에게 무슨 일이 생겨도 계속 업무를 수행할 수 있는 관리, 영업, 기술팀을 구축해야 한다.

삐걱거리는 금융 시스템. 대부분의 스타트업은 퀵북QuickBooks, 회계 소프트웨어 패키지이나 그와 유사한 것으로 시작한 다음, 재무 및 경영 보고와 청구서를 관리하는 수동 프로세스, 스프레드시트, 기타 데이터베이스를 추가하기 시작하는데 일반적으로 이 과정을 너무 오래 끌곤 한다. 다들 포괄적인 회계 시스템을 구현하는 데 따르는 고통을 알고 있기 때문이다. 이 모든 문제를 해결하기 위해 CFO를 고용할 때까지 기다린다면, 지나치게 오랜 시간이 걸릴 것이다.

기술 부채. 기술 관련 제품이나 서비스를 제공하는 기업의 경우, 지금은 잘 작동하지만 완전히 신뢰할 수 있거나 확장 가능하거나 안전하지 않고 유지 보수도 불가능한 기술적 부채가 항상 남게 된다. 기술팀 직원들이 이 문제를 끊임없이 상기시켜 주겠지만, 당신은 그들의 간청을 무시하는 습관에 빠지기 쉽다. 이는 당장의 고객 문제를 항상 미래보다 우선시하는 이론 일변도의 애자일 제품 관리자가 있는 경우 특히 심각하다. 이건 지속적으로 평가해야 하는 문제다.

계속 눈앞의 문제만 처리하는 것을 피하는 방법에 관한 자세한 내용은 '뒤로 물러서기'를 참조하자. 주변을 정리하는 방법에 대한 아이디어는 '통합을 이루는 자'를 참조하자.

결론

CONCLUSION

지금쯤 당신은 이 책이 사실은 니체에 관한 책이 아니라는 걸 깨달았을 것이다. 이건 당신과 당신의 사업에 관한 책이다. 니체의 철학은 깊은 사고, 자기 극복, 창의력, 영감을 촉진한다. 우리는 이런 덕목 중 일부를 전달하는 방법으로 그의 특이한 관점과 기발한 표현을 사용하려고 시도했다.

이 책을 읽으면서 당신이 여러 생각을 하게 됐기를 바란다. 기업가로서 능력을 발휘하는 것은 활기찬 활동이지만 이따금 사람을 미치게 하는 상황으로 내몬다. 하지만 때때로 한 발짝 뒤로 물러서서 다양한 관점에서 자기가 하고 있는 일에 대해 깊이 생각해 보는 것에는 좋은 점들이 있다. 다루기 어려워 보이는 문제를 해결하고 이전에는 분명하지 않았던 기회나 위험을 알아차리는 데 도움이 된다. 이는 당신이나 당신의 회사, 혹은 둘 모두가 올바른 길로 가고 있는지 확인하는 데도 도움이 될 것이다.

이 책이 당신이 배우고 성장하는 데 도움이 됐기를 바란다. 기업가 활동은 까다롭고, 힘들기만 하고, 보상은 없는 주인이 되는 것이다. 성공하려면 계속해서 성장하고 발전해야 하는데, 일 자체는 우연하고 고통스러운 학습 기회만 제공할 뿐이다. 이 책은 당신에게 몇 가지 실질적인 아이디어를 제공하지만, 당신 자신의 발전과 성장을 업무의 일환이자 당신 자신과 회사의 성공에 가장 중요한 것으로 취급하는 포괄적인 생각은 평생 이어져야 한다.

마지막으로, 이 책이 당신에게 영감을 줬기를 바란다. 기업가 활동은 어렵고 자주 외로워지는 길이다. 도전에 직면했을 때 자기가 하는 일이 중요하고, 어렵고, 가치 있고, 희귀하다는 사실을 인식하고 정기적으로 상기하길 바란다. 그것은 당신이 추구할 수 있는 가장 성취감 있고 실천적인 노력일 것이다.

니체의 생애와 유산

프리드리히 니체는 1844년 10월 15일, 독일 라이프치히 외곽의 뢰켄이라는 작은 마을에서 태어났다. 그의 아버지 카를은 루터교 목사였고, 할아버지는 목사 겸 개신교 학자였다. 마찬가지로 목사의 자녀였던 어머니 프란치스카는 열일곱 살 때 카를과 결혼해서 1년 뒤 프리드리히를 낳았고, 1846년에 엘리자베트, 1848년에 루드비히를 낳았다.

1849년, 프리드리히가 겨우 4살 되던 해에 그의 아버지가 병에 걸렸고 몇 달 뒤에 뇌 질환으로 사망했다. 그리고 몇 달 뒤에는 당시 2살이던 동생 루드비히도 사망했다. 목사의 수입과 관사를 잃은 가족은 그곳에서 서쪽으로 24킬로미터 떨어진 나움부르크로 이사했다. 이후 그는 다섯 식구와 함께 살게 되었는데, 그의 어머니와 친할머니, 친할머니의 자매 두 명, 여동생 사이에서 유일한 남자로 자라났다. 소도시 뢰켄에서는 그의 가족이 유명하고 존경받았지만, 이곳에서는 다소 고립된 생활을 했다.

가족들에게 '프리츠'라고 불리던 니체는 조숙하고 수줍음이 많았으며 병약했다. 12살 때부터는 두통과 눈의 통증을 겪기 시작했다. 그는 유년기와 청소년기 초반에 사귄 구스타프 크룩과 빌헬름 핀더라는 두 친구와의 우정을 평생토록 이어갔다. 그는 이친구들의 가족을 통해 진지한 문학과 음악을 접하게 됐고 직접작곡을 하고 시를 쓰기 시작했다. 학교에서는 그리스어와 라틴어를 배웠고 고전뿐만 아니라 요한 볼프강 폰 괴테 같은 독일 거장들의 작품을 읽기 시작했다.

14살 때 니체는 집에서 몇 킬로미터 떨어진 곳에 있는 명문 개신교 기숙학교인 슐포르타에 장학금을 받고 입학했는데, 이는 성적이 뛰어나서가 아니라 작고한 목사의 아들이라는 신분 때문이었다. 그래도 니체는 그 학교에서 우수한 성적을 올렸고, 히브리어와 프랑스어를 배웠으며, 프리드리히 횔덜린의 시와 리하르트 바그너의 음악에 몰두했다. 또 다비트 슈트라우스의 《비판적으로 고찰한 예수의 생애》를 읽었는데, 니체는 이 책을 통해 기독교 신앙을 버리게 됐다.

그는 슐포르타에서 거둔 우수한 성적을 바탕으로 19살이던 1864년에 본대학교에 입학했다. 그는 목사가 되기 위해 신학과 문헌학에 전념하기 시작했다. 그는 프랑코니아라는 단체에 가입했고, 기독교에 의혹을 제기하는 작품을 계속 읽은 끝에 한 학기 뒤에는 종교에 대한 믿음을 완전히 잃어버렸다. 이 때문에 독실한 신자인 어머니와 여동생과의 관계에서 상당한 어려움을 겪었다.

본에서 1년을 보낸 뒤, 니체는 가장 좋아하는 교수인 프리드리히 리츨을 따라 라이프치히대학교로 가서 언어학을 공부했다. 그곳에서 소크라테스 이전 시대의 그리스 철학자들과 아리스토텔레스에 대해서 논하는 첫 번째 글을 발표했다. 그는 라이프치히에서의 첫 해에 미학과 음악을 강조했던 임마누엘 칸트의 무신론자 후계자인 아르투르 쇼펜하우어의 작품을 발견했다. 비록 나중에는 쇼펜하우어의 사상 중에 동의하지 않는 여러 부분을 발견했지만, 당시에는 그의 철학을 전적으로 받아들였고 이것은 니체의 사상과 인간관계에 지대한 영향을 미쳤다. 2학년 때는 프리드리히 랑게의 《유물론의 역사》를 읽고 다윈의 진화론을 처음 접하게 됐다.

1867년에는 전도가 유망할 것이라고 생각하며 1년간의 군 복무를 신청했는데, 6개월 만에 말을 타다가 부상을 입었다. 이 부상은 감염과 다른 합병증으로 이어졌고, 합병증과 싸우다가 그를 평생 괴롭히게 될 소화기 문제까지 생기는 바람에 두통과 눈통증의 고통이 가중됐다. 군 복무 기간과 회복 기간에는 나움부르크에 있는 집에 살면서 진지하게 읽고 쓰는 기회를 가졌다. 그는 학사 학위 취득에 필요한 기간에만 라이프치히에서 지냈다.

1868년에 그에게 2가지 중요한 전환점이 발생했다. 첫째, 작곡가 바그너를 만났다. 바그너는 이후 10년 동안 니체의 친구자 아버지 같은 존재로 미적 영감을 주었다. 두 사람 다 쇼펜하우어에 관심이 많았고, 니체는 바그너의 예술 이론에 깊이 매료됐는데 이 이론은 당시 오페라 〈니벨룽겐의 반지〉 4연작을 작곡 중이던 바그너의 창작의 원천이었다. 둘째, 리츨 교수와 다른 사람들이 니체를 바젤대학교 문헌학 교수로 추천했고, 니체는 그 제안을 받아들였다. 그는 24살의 나이에, 박사학위 과정도 마치지 않은 채로 최연소 고전 교수가 됐다.

니체는 교수직을 수락하면서 프로이센 시민권을 포기하고 평생 합법적인 무국적자로 지냈다. 교수가 된 그는 강의와 연구에 부지런히 몰두했다. 그리고 1년 만에 종신 재직권을 받고 봉급도 인상됐다. 하지만 그는 고전 분야의 방법론과 환경에 점차 환멸을 느끼게 됐다.

1870년에 니체는 시민권이 없는데도 불구하고 프로이센-프랑스 전쟁에서 구급차 운전사로 복무했고, 이때 디프테리아와 이질에 감염되어 건강이 더욱 악화됐다. 이 기간 동안 그는 바그너를 자주 방문했고, 바그너의 아내이자 프란츠 리스트의 딸인 코지마와도 친밀해졌다.

니체의 첫 번째 책인 《비극의 탄생The Birth of Tragedy from the Spirit of Music》은 1872년 초에 출판됐다. 이 책은 상업적인 성공도 거두지 못했고 비평가들의 칭찬도 받지 못했다. 《비극의 탄생》은 표면적으로는 그리스의 고전 비극에 관한 것이지만, 문화와 철학을 강조했다. 이 책은 독일과 프로이센이 지향하던 정치적, 문화적 방향에 대한 니체의 혐오를 반영하고, 척박하고 메마른 분야에서 그가 느끼는 창조적인 충동을 보여 준다. 또한 전체적으로 예술과 음악에 관한 바그너의 시각이 뚜렷하게 드러난다. 몇 년 뒤, 니체는 이 책의 새로운 판을 위한 서문을 쓰면서 기존 내용을 부분적으로 부인했다. 그러나 이 책에 소개된 아폴로/디오니소스의 구분이나 다른 요소들은 20세기 예술과 문화에 상당한 영향을 미쳤다.

니체의 두 번째 책인 《계절의 생각Thoughts out of Season》은 1872년부터 1876년까지 부분별로 출판됐다. 이 책은 문헌학에서 벗어나 철학적, 문화적 주제로 향하는 그의 지적 전환을 확고히 하는 다양한 주제를 다루고 있다. 이 책은 쇼펜하우어와 바그너가 계속해서 강한 영향을 미치고 있음을 보여준다. 바그너는 바이로이트로 이사해서 〈니벨룽겐의 반지〉와 그의 다른 작품들을 중심으로 한 유명한 음악 축제를 조직했다. 바그너가 이사한 이후에는 두 사람의 관계가 결코 예전 같지 않았지만, 그래도 한동안은 관계가 유지됐다.

니체의 건강과 시력은 계속 악화됐고, 며칠 동안 발작을 일으키면서 부분 실명, 고열, 구토, 설사를 겪는 일도 종종 있었다. 바젤대학교에 결근하는 일이 점점 잦아지자 결국 1879년에 교수직을 사임하고 연금을 받게 됐다. 그는 시력이 나빠서 짙은 색의 색안경을 써야 했고, 책을 쓸 때는 구술을 받아 적을 친구나 조수가 필요한 경우가 많았다.

흔히 니체의 중기中期라고 하는 1878년부터 1883년까지 그는 《인간적인, 너무나 인간적인Human, All-Too-Human》,《서광The Dawn of Day》,《즐거운 지식The Joyful Wisdom》,《차라투스트라는 이렇게 말했다Thus Spoke Zarathustra》 등 네 권의 책을 출판했다. 앞의 3권은 경구적인 글을 모은 책으로 각 장의 길이가 한 줄짜리부터 몇 페이지에 이르기까지 다양한데, 니체의 철학 사상 중 많은 내용이 여기에서 처음으로 소개됐다. 하지만 《차라투스트라는 이렇게 말했다》는 완전히 다르다. 이 책은 산문시, 신비주의적인 배경, 밀도 높은 암시, 그리고 〈니벨룽겐의 반지〉를 연상시키는 중심 사상 등 다양한 요소가 가미된 소설 작품이다. 니체가 허무주의의 망령을 물리치기 위해 추천한 대응 방안이 예술이라는 걸 생각하면, 《차라투스트라는 이렇게 말했다》는 그 원칙에 대한 니체의 기여이며 예시다.

니체는 교수직을 그만둔 뒤 이리저리 떠돌아다니는 생활을 시작했고, 이런 생활은 그가 창작 활동을 하는 동안 계속 이어졌다. 여름은 스위스의 실스마리아에서 보내고, 겨울은 이탈리아의 여러 지역에서 보냈으며, 가끔 가족과 함께 나움부르크에서 지낼 때도 있었다. 그는 1882년에 로마에서 친구 파울 레의 소개로 루 안드레아스 살로메를 만나게 된다. 니체는 젊고, 총명하고, 아름답고, 반항적인 살로메를 사랑하게 됐고 그녀에게 청혼했다.

안타깝게도 살로메의 계획은 니체와 레와의 삼각관계를 유지하면서 지적 교감을 나누는 것이었는데, 이는 니체에게는 맞지 않는 방식이었다. 그의 어머니와 여동생은 살로메와 그녀의 자유분방한 태도를 좋아하지 않았기 때문에 둘의 관계를 끊기 위해 노력했다. 결국 살로메와 레, 니체는 각자의 길로 떠났다. 니체는 이 시기에 심한 고립감에 시달렸다. 가까운 친구와 애정을 쏟던 상대를 잃었고, 가족과 멀어졌으며, 곧 바그너의 부고까지 들려왔다. 그는 이런 감정 상태에서 《차라투스트라는 이렇게 말했다》를 쓰기 시작했다.

이 시점에서 니체는 건강이 나빠졌으나 반대로 생산성은 높아지는 단계에 접어들었다. 친구들이 자주 찾아와서 책을 읽어 주고 구술 내용을 받아 적는 등 도움을 줬다. 니체는 이전에 출간한 책 몇 권에 내용을 추가하고, 1886년에는 《선악의 저편Beyond Good and Evil》, 1887년에는 《도덕의 계보The Genealogy of Morals》를 출판했다. 1886~1887년에 '권력에의 의지The Will to Power'라는 프로젝트를 시작했지만 뒤죽박죽 적어 놓은 혼란스러운 메모만 남기고 포기하고 말았다. 1888년에 그는 5권의 짧은 책을 출판했는데, 그중 마지막 책은 자서전인《이 사람을 보라》다.

1889년 1월 3일, 니체는 정신적으로 완전히 붕괴하고 말았다. 이후 그는 평생 병상에서 생활했으며 처음에는 어머니, 나중에는 여동생의 보살핌을 받았다. 그의 편지와《이 사람을 보라》에는 그의 정신건강이 1888년 말까지 점점 불안정해졌다는 증거가 있다. 그를 아는 몇몇 사람은 병이 꽤 오랫동안 악화되어 왔다고 생각했다. 병의 원인에 대한 확실한 진단은 없다. 한때는 매독 때문이라고 생각했다. 어쩌면 그의 아버지에게 물려받은 병일 수도 있고, 다른 건강 문제 때문에 복용한 약물의 결과일 수도 있고, 뇌종양이었을 가능성도 있다. 와병 중에 그의 신체 건강 문제는 상당히 완화됐으므로 아마 고통스럽지는 않았을 것이다. 그는 자신의 명성이 점점 높아지고 있다는 사실도 모른 채 그 상태로 10년을 더 살다가 1900년 8월 25일에 55세의 나이로 사망했다.

니체의 여동생인 엘리자베트 푀르스터니체는 니체의 말년과 사후, 그의 상속자이자 작품 큐레이터였다. 엘리자베트의 삶은 그 자체로도 대단히 흥미롭다. 그리고 여기에서 자세히 다루지는 않겠지만 정신적 불안이 여러 가지 형태를 띨 수 있다고만 말해 두겠다. 그녀는 니체가 남긴 메모(개중에는 단순한 낙서에 불과한 것도 있었다)를 모아 《권력에의 의지》라는 책을 편집했고, 1906년에 완전한 판본을 출판했다. 이 책은 일반적으로 니체의 결정적인 작품 중 하나로 간주되지 않으며, 엘리자베트의 홍보와 달리 절대 그의 대표작도 아니다.

니체는 정신적으로 붕괴되기 전에 출판사에 책을 몇 권 팔았는데, 판매량이 수천 권에 불과했던 것으로 추정된다. 결국 그는 출판사와 결별했고, 나중에 발간한 책들은 자신의 얼마 안 되는 저축과 연금을 써서 자비 출판해야 했다.

1888년에 유럽의 저명한 비평가인 기오 브란데스가 한 일련의 강의가 모든 것을 바꿔 놓았다. 브란데스는 니체의 철학을 '귀족적 급진주의'라고 부르면서 그를 중요한 사상가로 세상에 소개했다. 니체는 이런 상황 전환을 알고 있었고, 브란데스에게 그 용어에 찬성하는 편지를 보냈다. 그러나 그의 정신 능력은 인생의 마지막 10년 동안 자신의 명성과 영향력이 급속히 커지는 모습을 볼 만큼 버티지 못했다.

다음 도표는 니체에게 영향을 준 이전 세대 지식인들과 니체가 영향을 미친 후임자들의 계보를 정리한 것이다. 니체는 단순히 전임자들의 사상을 자세히 설명하거나 수정한 뒤 그걸 후임자들에게 물려줘서 더 다듬게 한 게 아니다. 그는 완전히 새로운 개념을 종합해서 복잡하고 다양한 영향을 널리 퍼뜨렸다. 그의 사상은 다양한 분야와 상호작용했고 전통적인 의미의 철학에 국

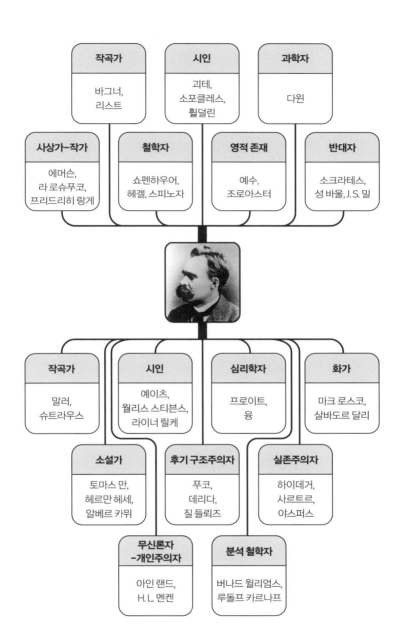

작곡가	시인	과학자
바그너, 리스트	괴테, 소포클레스, 횔덜린	다윈

사상가-작가	철학자	영적 존재	반대자
에머슨, 라 로슈푸코, 프리드리히 랑게	쇼펜하우어, 헤겔, 스피노자	예수, 조로아스터	소크라테스, 성 바울, J. S. 밀

작곡가	시인	심리학자	화가
말러, 슈트라우스	예이츠, 월리스 스티븐스, 라이너 릴케	프로이트, 융	마크 로스코, 살바도르 달리

소설가	후기 구조주의자	실존주의자
토마스 만, 헤르만 헤세, 알베르 카뮈	푸코, 데리다, 질 들뢰즈	하이데거, 사르트르, 야스퍼스

무신론자-개인주의자	분석 철학자
아인 랜드, H. L. 멘켄	버나드 윌리엄스, 루돌프 카르나프

한되지 않았다.

이 흐름의 세부 사항을 이해하려면 니체의 사상을 자세히 설명해야 하는데, 그건 이 책의 범위를 벗어나는 일이다. 하지만 그것이 어떻게 작동하는지에 대해서는 예를 들어서 설명해 보겠다.

'관점주의'는 모든 주제에 대한 모든 견해는 특정한 관점에서 생기며, 중요한 것은 완전히 객관적인 입장이 없는 관점은 존재하지 않는다는 것이다. 대신에 세상을 구성하는 개념은 '환상'이며, 그것은 유용하지만 진리는 아니다. 앞서 '나만의 길을 찾자'라는 장에서 이 아이디어의 도움을 받았다.

니체의 관점주의는 부분적으로는 칸트의 작업을 정교화하고 수정한 쇼펜하우어의 영향에서 파생된 결과물이다. 칸트는 우리의 개별적인 정신이 현실 경험을 조직하는 데 능동적으로 참여한다고 생각했다. 보편적인 형태가 모든 현실의 기초가 된다고 생각한 소크라테스에 대한 니체의 혐오가 그 개념을 강화했다. 다윈의 진화론은 영구적이고 결정적인 자연종의 개념을 제공했고 헤겔의 변증법은 역사 분석에서 비슷한 역할을 했다. 이런 유사성에도 불구하고, 대부분의 학자들은 관점주의가 상대주의와 비슷하다고 생각하지 않는다.

실존주의나 후기 구조주의에 익숙하다면, 관점주의가 그 사상가들에게 어떤 영향을 미쳤을지 짐작이 갈 것이다. 현존재Dasein 라고 하는 하이데거의 인간에 대한 특성화는 근본적으로 이런 관점의 일종이다. 시인 월리스 스티븐스의 시는 해석하기 어렵기로 악명이 높지만, 몇몇 비평가들은 그의 시 중에서 몇 편은 관점주의를 직접적으로 표현하고 있다고 주장한다. 버나드 윌리엄스는 분석 철학에 존재하는 도덕적 실재론과 지나치게 단순화한 진리의 개념에 반대하기 위해 관점주의에 의존한다.

이 책을 이해하는 데 있어 이런 영향 패턴이 중요한 건 아니지만, 우리는 이 도표의 미래 버전 하단에 '기업가' 범주가 포함되고 거기에 당신의 이름이 들어가길 바란다.

니체에 대해 들은 이야기를
전부 믿지는 말자

니체 해석의 과제

니체나 니체의 철학에 관해 듣거나 읽은 적이 있는 사람들은 대부분 불편한 기분을 느낄 것이다. 예를 들어, 그가 나치와 관련이 있다거나 그의 초인간(초인이라고도 한다) 개념이 우생학을 옹호하는 것이라는 글을 읽었을지도 모른다. 여기서는 당신이 품고 있을지도 모르는 우려를 덜어 주려고 한다. 그러면 당신이 싫어하는 사람이 니체에 대한 호감을 드러내는 말을 해도 좀 편하게 들을 수 있을 것이다.

이 책을 이해하기 위해 꼭 읽어야 하는 내용은 아니지만, 유용한 배경 지식을 제공할 것이다. 또 이 글은 주제 때문에 책의 다른 부분보다 상당히 학문적이라는 사실을 미리 말해 둔다. [1]

우리는 니체가 어떤 특정한 실질적 견해를 가지고 있었는지 확실히 증명할 수는 없다. 학자들은 1890년대에 니체의 저작을 읽기 시작한 이후로 이런 질문에 대해 토론해 왔고, 특정한 사항에 대해서는 어느 정도 의견이 일치하지만 전반적으로 합의된 내용은 거의 없다. 우리는 니체 학자나 전문가가 아니며 그 싸움에 끼어들 생각도 없다. 우리가 하고자 하는 일은 니체의 철학에 대한 강한 주장, 특히 정치와 관련된 주장이 의심스럽다는 사실과 그 이유를 보여 주는 것이다.

우리의 첫 번째 증거는 그의 작품에 많은 영향을 받은 사상가와 활동가의 폭이 매우 넓다는 것이다. 예를 들어, 니체는 시오니스트인 테오도어 헤르츨과 마르틴 부버, 시인 W. B. 예이츠와 월리스 스티븐스, (정치적으로는 마르크스주의자인) 철학자 장폴 사르트르와 (나치임이 틀림없는) 마르틴 하이데거, 정신분석학자 지그문트 프로이트와 카를 융, 자유의지론을 주창하는 소설가 겸 철학자 아인 랜드, 질 들뢰즈와 자크 데리다 같은 좌파 후기 구조주의자, 강신론자인 켄 윌버 등에게 지대한 영향을 끼쳤다. 분명히 니체에게는 어떤 단순한 정치적, 윤리적 견해로 설명할 수 있는 것보다 훨씬 심오한 무언가가 있다. 그는 진정으로 독창적이

---

1) 니체의 작품에 대해 언급할 때는 페이지 번호가 아니라 제목, 장, 섹션 번호를 표시한다. 우리는 인터넷과 킨들Kindle의 공개 도메인 소스를 이용해 이 책을 썼는데, 여기에는 페이지 번호가 나와 있지 않은 경우가 많고, 독자들이 다른 번역본이나 판본을 이용할 수도 있기 때문이다. 이 글에 나오는 잠언의 출처는 부록 3에 표시된 것과 동일하다.

고 혁신적인 사상가였다.

니체의 글쓰기 스타일도 명확한 결론을 내리는 데 어려움을 야기한다. 몇몇 사람들은 니체가 사실은 시인이라고 주장하는 데, 확실히 《차라투스트라는 이렇게 말했다》는 산문시의 일종이다. 그는 풍자적인 어투를 자주 구사하는데, 이는 어떤 글을 문맥과 따로 떼서 보면 그가 의도한 것과 정반대의 의미를 가질 수도 있다는 이야기다.

그의 글은 종종 우화적이고 암시적이기 때문에 해석뿐만 아니라 그가 언급하는 이전 작품과 사상가(몇 가지 예만 들어도 성경, 소포클레스, 플라톤, 셰익스피어, 휠덜린, 쇼펜하우어, 괴테 등 많은데 쉽게 해석 가능한 작품들은 아니다)에 대한 지식도 필요하다. 그는 독일어로 글을 썼고 말장난과 신조어를 좋아했기 때문에 다른 언어로 정확하게 번역하기가 어렵다. 그의 이야기와 우화에는 그가 나중에 비판한(항상 솔직하게 비판한 건 아니지만) 관점들을 드러내는 인물들이 포함되어 있다.

그의 초기 작품들은 일련의 잠언과 짧은 글로 구성되어 있는데, 늘 분명한 방식으로 연결되나 배열되어 있는 건 아니다. 이런 잠언이 완전한 논거를 구성하는 경우는 드물다. 심지어 의견을 직접적으로 말할 때도, 그 뒤에 사실상 그와 '반대되는 의견'을 똑같이 직접적으로 진술하는 경우도 있다. 그의 작품이 완전히 불가해한 건 아니지만, 대부분 모호하고 해석하는 데 상당한 노력이 필요하다. 일반 독자인 우리는 니체의 작품은 명확한 입장을 전달하는 것보다 신선한 사고를 고무하는 데 훨씬 효과적이라는 사실을 발견했다.

이런 모호함과 애매한 표현은 단순한 스타일의 차원을 훨씬 뛰어넘는다. 니체의 철학적 접근에서 중요한 요소는 광범위하게 적용된 반교조주의인 것 같다. 《선악의 저편》에서, 그는 이 문제를 꽤 명확하게 이야기한다.

진지하게 말해, 철학의 모든 독단적인 신조, 그것이 스스로에게 부여한 엄숙한 궁극성의 분위기가 다름 아닌 고귀한 유치함과 폭정에 지나지 않기를 바라는 충분한 근거가 있다…….[2]

그는 몸을 사리지 않는다. 그는 시인은 거짓말쟁이라는 말을 자주 하고, 논쟁을 벌이면서 감정을 폭발시키고는 나중에 그 의견을 철회하거나 심지어 모순되는 의견을 이야기하는 경우도 많다. 텍사스 대학의 니체 학자인 캐슬린 히긴스 교수는, 니체는 이런 행동을 통해 철학이 무엇인지, 또는 철학을 어떻게 수행해야 하는지를 우리에게 보여 주려고 했다고 주장한다.[3] 나중에

---

2) 《선악의 저편》, 〈서문〉
3) 캐슬린 히긴스, "Thoughts That Come on Doves' Feet: Philosophy as Experience in the Work of Friedrich Nietzsche"(2013년 11월 7일에 예일대학교에서 한 프랭크 인문학 강의). 유튜브에서 동영상 시청 가능

《선악의 저편》에는, "이것도 하나의 해석일 뿐이라는 사실을 인정하자. 이에 반대할 만큼 열정이 있는가? 그렇다면 훨씬 더 좋고"[4]라고 썼다. 만약 이 반교조적인 메타철학이 니체에 대한 합리적인 해석이라면, 마르크스주의나 백인 민족주의 같은 독단적인 견해를 정당화하는 데 그의 작품을 사용하기 위해서는 무지와 정신 체조를 결합해야 한다.

니체는 방대한 양의 유고(메모, 편지, 미완성 원고)를 남겼다. 가장 유명한 《권력에의 의지》를 비롯해 이렇게 남겨진 글들 가운데 일부는, 1889년에 니체가 정신적으로 무너진 뒤 여동생이자 후견인인 엘리자베트 피르스터니체가 정리하고 편집해서 출판했다. 그가 직접 출판한 작품들조차 해석하는 데 어려움이 있는 것을 보면, 헌신적인 니체 학자가 아닌 사람이 적어도 최종적인 관점을 부여한다는 측면에서 이런 미발표 원고를 강조하는 것은 매우 우려되는 일 같다.

이 모든 상황은 텍스트를 단편적으로 선별하고 맥락을 무시해서 니체에 대한 거의 모든 해석을 정당화하는 상황으로 이어진다. 니체가 죽고 20여 년이 지난 뒤, 엘리자베트는 자신과 오빠가 쓴 작품을 독일의 신생 국가사회당에 바쳤다. 그녀와 남편 베른하르트 피르스터는 유명한 반유대주의자이자 원류 파시스트

---

4) 《선악의 저편》, 1장: 철학자들의 편견, 22

였다. [5] 푀르스터는 1889년에 죽고 니체도 1900년에 사망했지만, 엘리자베트는 1935년까지 살면서 나치당에 가입했다. 아돌프 히틀러는 그녀의 장례식에도 참석했다. 니체 학자이자 번역가인 발터 카우프만은 1950년에 출간한 《니체: 철학자, 심리학자, 적그리스도Nietzsche: Philosopher, Psychologist, Antichrist》라는 책에서 왜 니체의 작품과 사상을 이 모든 추악한 계획과 분리해야 하는지 자세히 설명한다.

이쯤 되면, 이 책에서 우리가 니체의 말을 해석할 때도 텍스트를 단편적으로 선별해서 맥락을 무시한 죄를 지었음을 인정해야 한다. 서론에서도 이런 이야기를 했다. 본 부록의 목적상, 이 책에서 우리가 이루려는 목표(당신의 사업과 경력에 대해 평소와 다른 방향에서 더 열심히 생각하는 것)는 여기에서 염려하는 극단적이고 사악한 철학보다 확실히 더 무해하다고 말하고 싶다.

지금까지는 니체의 사상과 그가 말하고자 하는 바에 대한 강력한 주장을 전반적으로 신용하지 않을 만한 타당한 이유가 있다는 이야기를 했다. 이제 그중에서도 특히 우려할 만한 견해에 대한 몇 가지 견해를 제시하겠다. 위에서 이야기했듯이, 우리의 목표는 포괄적으로 논증하는 게 아니라 니체가 이런 견해를 가

---

5) 예를 들어, 독일어 〈Journal of History〉 6(1994): 485–496에 게재된 "The Search for the German Ideal" 참조, 베른하르트 푀르스터가 시도한 일들 요약. http://users.utu.fi/hansalmi/forster.html

지고 있었다는 주장을 합리적으로 의심할 수 있음을 입증하는 것이다.

반유대주의

니체는 젊었을 때 작곡가 리하르트 바그너의 친구자 제자였다. 바그너는 이 시기에 꽤 성공했고 유명했다. 바그너는 초기 독일의 원류 파시스트이자 반유대주의자였는데, 이 사실은 그의 비판적인 글 〈음악에서의 유대성Das Judenthum in der Musik〉을 통해 증명됐다. 니체는 몇 년 동안 바그너를 우상처럼 숭배했지만, 그 이후 몇 가지 이유 때문에 사이가 틀어졌다. 니체가 다음과 같은 견해를 용납할 수 없었던 것도 이유 중 하나다.

나는 바그너를 내 영혼에서 떠나보냈다. 나는 이중적인 것은 도저히 참을 수 없다. 바그너는 독일로 돌아온 이후, 반유대주의를 비롯해 내가 경멸하는 모든 것에 대해 차례대로 거들먹거렸다.[6]

니체는 때때로 유대 문화와 가치관을 비판하기도 하지만, 이런 비판은 대부분 그가 기독교를 비판하는 것과 본질적으로 유사하다. 특히 그가 생각하기에 유대인들은 실제로 노예 생활을

---

6) 《니체 대 바그너Nietzsche Contra Wagner》, 〈나는 어떻게 바그너와의 관계를 정리했는가〉

할 당시에 그가 '노예 도덕'이라고 부르는 것을 처음 만들어 낸 당사자들이다. 그는 이것이 당시의 생존 메커니즘으로서는 의미가 있다고 생각한다. 니체가 생각할 때 정말 웃기는 점은, 이 도덕 체계가 기독교를 통해 널리 받아들여지는 바람에 이제는 거의 모든 사람이 '노예 도덕'에 대한 생각을 어느 정도씩 가지고 있다는 것이다. 그는 또 유대인들이 너무 소심하다고 비판하기도 했다. 하지만 이런 비판은 산발적이며 반유대주의 작가들의 전형적인 모습인 강박적인 공포 조장과는 완전히 다르다. 《서광》에서 전형적인 예를 볼 수 있다.

……현대 유대인은 정신적인 면에서나 영적인 면에서나 모두 지략이 뛰어나다. 유럽에 거주하는 이들 가운데 능력이 부족한 이들은 술이나 자살에 의지해서 깊은 고통에서 벗어나려 하지만, 유대인 중에는 그런 사람이 가장 적다. 모든 유대인은 자기 가족과 조상들의 역사에서, 어렵고 두려운 상황에서도 가장 냉철하게 인내하고 불행이나 위험과 맞서 싸울 때 교묘한 지략을 발휘한 긴 기록을 발견할 수 있다. 그리고 무엇보다도 가련한 복종을 가장한 그들의 용맹함과 영웅적인 spernere se sperni["자신을 깔보는 것을 비웃는 것"]는 모든 성인의 미덕을 능가한다.[7]

---

7) 《서광》, #205

또 하나 중요한 사실은, 니체는 이런 고정관념에 대해 이야기할 때 유대인만 딱 집어서 비판한 게 아니다. 그는 문화를 비판하는 글을 썼고 기독교인, 철학자 전체, 수많은 특정 철학자, 시인, 유럽인, 독일인 등 자기가 생각할 수 있는 거의 모든 이를 비판했다. 그의 책《우상의 황혼Twilight of the Idols》은 이런 비판을 장황하게 설명한 것이다.

독일 민족주의

프로이센(당시 독일 연방)에서 태어난 니체는 25살 때 스위스 바젤에서 교수직을 제안받았다. 그는 교수직을 받아들이기 위해 바젤로 이사하면서 프로이센 시민권을 포기하고 남은 평생을 공식적인 무국적자로 살았다. 그는 주로 스위스, 이탈리아, 프랑스 등을 오가면서 살았지만, 가끔 독일도 방문했다. 그는 자주 자기가 폴란드 혈통이라고 주장했는데, 그 주장의 타당성에는 논란의 여지가 있다. 만약 그가 독일 애국자거나 당파적 지지자였다면 그것을 이상한 방법으로 드러냈다고 볼 수 있을 것이다.

니체가 정치에 제한적인 관심을 가졌으며 독일 민족주의를 좋아하지 않았다는 것을 보여 주는 그의 말 몇 마디를 여기에서 소개할 것이다. 앞서 이야기한 것처럼, 우리 해석이 정확한지 여부를 알기 위해서는 잠언의 전체적인 맥락을 평가해야 한다. 그러나 이 내용은 그와 반대되는 주장에 의심을 품게 할 만큼 명확하다.

니체는 자서전에서, "나는 아마도 현대 독일인, 즉 단순한 제국주의 독일인보다 더 독일적인 사람일 것이다. 나는 최후의 반정치적 독일인이다"[8]라고 말했다. 그는 작품 전반에 걸쳐 독일인에 대한 이야기를 자주 하지만 주로 철학, 종교, 도덕, 역사, 문학, 음악, 언어, 교육 등 문화적인 부분에 중점을 둔다. 그는 부정적인 이야기도 하고 긍정적인 이야기도 한다. 균형 면에서는 독일인들을 비판하면서 예전에는 훌륭했던 이들이 쇠퇴했다고 강조한다. 중요한 것은 독일의 지리 및 권력 통합을 해결책이 아니라 이런 쇠퇴의 원인으로 본다는 점이다. 니체는 이렇게 말했다.

……독일 문화가 쇠퇴하고 있다는 것은 명백할 뿐만 아니라, 이런 쇠퇴의 적절한 이유가 부족하지 않다. 결국, 아무도 자기가 가진 것보다 많이 쓸 수는 없다. 이는 개인의 경우에도, 국가의 경우에도 사실이다. 권력 획득, 대규모 정치, 경제, 보편적 상업, 의회주의, 군사적 이익을 위해 힘을 쏟는다면, 자신의 본성을 구성하는 이성, 진지함, 의지, 자제력을 하나의 특정한 방식으로 낭비한다면, 그걸 다른 쪽에는 낭비할 수 없다. 문화와 국가는 (이 점에 대해서는 누구도 속지 말자) 적대자다…….[9]

---

8) 《이 사람을 보라》, 〈나는 왜 이렇게 현명한가〉
9) 《우상의 황혼》, 〈독일인들에게 부족한 것〉

그는 또 독일인들의 문화 심리도 철저하게 조사했는데, 대부분 별로 달갑지 않은 결과가 나왔다.

독일인은 위대한 일을 할 수 있지만 그걸 성취할 가능성은 낮다. 천성적으로 게으른 지성에 맞게, 할 수 있을 때마다 복종하기 때문이다. 만약 그가 홀로 버텨야 하는 위험한 상황에 처해서 나태함을 버리게 된다면, 숫자 속의 암호처럼 사라지는 것이 더 이상 불가능하다는 것을 알게 된다면(이 점에서 독일인은 프랑스인이나 영국인보다 훨씬 열등하다), 그는 자신의 진정한 힘을 보여 줄 것이다. 그러면서 위험하고, 사악하고, 깊고, 대담해진다…….[10]

그리고 자서전에서 또 이렇게 말했다.

내가 바그너에게서 결코 용서할 수 없는 게 무엇인지 아는가? 그가 독일인들 앞에서 자신을 낮췄다는 것 —독일 제국주의자가 됐다는 것이다……. 독일이 세력을 미치는 곳마다 문화가 타락한다.[11]

니체는 독일 제국주의의 정치적 함의보다 문화에 미치는 부정적인 영향을 우려한 듯하다. 그가 독일 정치의 실체를 낱낱이 파헤치는 일은 드문데, 이런 경우에는 한결같이 비판적인 태도를

---

10) 《서광》, #207
11) 《이 사람을 보라》, 〈나는 왜 이렇게 영리한가〉

취한다. 그는 정치적 실향민에 대해 이야기하면서 다음과 같은 구절을 집어넣었다.

……우리는 민족주의와 인종 혐오를 옹호하거나, 민족 감정에 따른 가슴앓이나 유혈 중독에 기쁨을 느낄 정도로 독일적이지는 않다(현재 '독일적'이라는 단어가 통용되고 있는 의미에서)……. 우리 실향민들은 '근대인'이 되기에는 종족과 혈통상 너무 다양하고 혼합되어 있다. 따라서 우리는 오늘날 독일에서 독일적 정신의 표시로 과시되고 있고 게다가 '역사적 감각'을 지닌 이들에게는 이중으로 기만적이고 부적절하게 느껴지는 저 그릇된 인종적 자화자찬과 방탕함에 참여할 필요를 전혀 느끼지 않는다.[12]

여기에서 선택한 잠언은 특히 간결하고 효과적이며, 니체 작품에 나오는 다른 설명을 대표한다. 누군가는 나치를 설득해서 니체의 작품을 자신들과 연관시키도록 한 엘리자베트의 기발한 재주에 떨떠름하게 감탄할지도 모른다.

백인 민족주의
지난 몇 년 동안 언론에서는 백인 민족주의자와 미국의 '대안 우

---

12) 《즐거운 지식》, #377

파' 사이에서 니체에 대한 관심이 되살아났다는 주장이 자주 제기됐다. 구글에서 니체를 검색하면 이런 성격의 수많은 기사가 나온다. 우리는 이런 기사를 파헤쳐 본 결과 놀라운 사실을 발견했다. 사실상 이 모든 기사가 '대안 우파'의 리더 겸 창시자고 (우리가 보기에) 비열한 인간인 리처드 스펜서Richard Spencer에 대한 〈애틀랜틱Atlantic〉[13]의 기사 하나만 언급하고 있다. 스펜서와 니체의 연관성에 대한 추가적인 내용이 기록된 기사는 거의 없다. 대신 그들은 나치 독일의 이야기를 되풀이하거나 이 연관 관계의 지적인 허위성을 강조한다.

그래서 언급된 〈애틀랜틱〉 기사를 좀 더 자세히 살펴봤다. 니체와 관련된 스펜서의 실제 잠언은 단 하나뿐이다. 스펜서는 "나는 니체를 통해 빨간 알약[14]을 먹었다"고 말했고, 필자는 이것이 스펜서가 《도덕의 계보》를 읽은 결과라고 암시한다. 그 기사는 서로 유사점이 없는 다양한 철학자와 작가를 언급한다. 스펜서의 "책장"(책도 별로 꽂혀 있지 않은 이 장식용 책장이 스펜서가 새로 발견한 박식함의 아이러니를 보여 주기 위한 것인지 궁금하다) 사진에는 제임스 본드 소설과 《배트맨》은 보이지만 니체가 쓴 책은 하나도 없다.

---

13) Graeme Wood, "His Kampf," 〈애틀랜틱〉, 2017년 6월
14) 영화 〈매트릭스The Matrix〉와 관련된 비유로, 빨간 알약을 먹으면 세상이 은밀하게 작동하는 방식에 대한 깨달음을 얻을 수 있다.

예전에 스펜서를 프로파일링한 〈마더 존스Mother Jones〉의 기사[15] 에서는, 스펜서가 자칭 '백인 옹호자'인 제러드 테일러Jared Taylor의 글을 읽고 '빨간 알약'의 경험을 했을 가능성이 높다고 지적한다. 그리고 스펜서가 니체에게 강한 인상을 받은 이유는 민주주의와 평등주의에 대한 제러드 테일러의 혐오감 때문일 것이라고 말한 다. 중요한 것은 '스펜서는 니체의 글에서 국가 조직과 관련된 내 용을 거의 발견하지 못했다'는 것이다.

스펜서가 직접 쓴 글은 거의 없고, 우리가 발견한 니체에 대한 그의 유일한 언급은 연설[16]을 하면서 코페르니쿠스, 마르틴 루터 와 함께 니체를 '학설과 제도, 사회의 가장 기본적인 가정을 전복 시키는 사람'의 예로 언급한 것뿐이다.

뭐, 이 정도면 이해할 만하다. 니체는 실제로 혁신자였고 혁신 자들을 존경했다. 우리도 혁신자고 이 책을 읽고 있는 당신도 혁 신자거나 앞으로 혁신자가 될 것이다. 이 기사에서는 무엇을 혁 신하고 있는지 또는 그 대체품으로 무엇을 제공하는지 같은 문 제를 다루지 않는다. 스펜서의 기사를 쓴 사람은 니체를 반평등 주의와 연결시키지만, 스펜서가 똑같은 연관성을 가졌다는 증거

---

15) Josh Harkinson, "Meet the White Nationalist Trying to Ride the Trump Train to Lasting Power," 〈마더 존스〉, 2016년 10월 27일

16) 리처드 스펜서, "Facing the Future as a Minority" (아메리칸 르네상스 컨퍼런스, 2013년 4월). 유튜브에 동영상이 있으며, 연설 내용을 글로 옮긴 것은 https://www.theoccidentalobserver. net/2013/05/14/facing-thefuture-as-a-minority/에서 확인할 수 있다.)

는 제시하지 않는다. 대체적으로 니체와 스펜서 사이에 존재한다고 알려진 연결고리는 아무것도 아닌 걸로 괜히 법석만 떠는 것처럼 보인다. 별것도 아닌 주장을 거론한 〈애틀랜틱〉의 기사와 그것을 인용한 낚시성 기사가 문제인 것이다.

《도덕의 계보》에는 "화려한 금발의 야수", "아리아족"에 대한 언급이 나오고 정확히 한 곳에서 "지배자 민족"도 언급한다. 이건 실제로 책을 읽고 그것이 역사와 어원, 특히 "좋음", "나쁨", "악함" 같은 단어에 대한 교훈을 주기 위한 것임을 깨닫기 전까지는 위협적으로 보인다. 니체의 중요한 철학적 공헌 중 하나는 서기 몇 세기 동안 유럽 전역에 퍼져 있던 반동적인 노예 도덕과 함께 언급한 '주인 도덕'에 대한 개념이다. 이 걱정스러운 문구를 통해 니체는 튜턴족과 고트족을 언급하고, 그것이 다른 사람들에게 미치는 영향을 다음과 같이 설명한다.

독일인이 권력을 장악하자, 그가 일으키는 저 깊고도 얼음처럼 차가운 불신은 지금도 여전히 그렇지만, 유럽이 몇 세기 동안이나 금발의 게르만 야수의 광포한 모습을 보면서 생긴 지울 수 없는 공포의 여파인 것이다(비록 고대 게르만인과 우리 독일인 사이에는 혈연관계는 고사하고 심리적인 관계도 거의 없다고 할지라도 말이다).[17]

---

17) 《도덕의 계보》, 제1논문, #11

그는 튜턴족에 대한 일종의 감탄을 표하지만, 그것이 요점은 아닌 것 같다. 오히려 그것은 다른 모든 사람의 반응, 노예 도덕의 부상, 그리고 오늘날 르상티망ressentiment, 패배주의적 분노이라고 부르는 것을 비난하는 것이다. 이 모든 개념이 상당히 복잡하며, 일단 이해하게 되면 그의 실제 견해가 불쾌하게 느껴질 수도 있다. 그러나 우리가 다양한 2차 자료까지 읽어 본 결과, 니체의 견해는 백인 민족주의를 지지하지 않는다.

〈복스Vox〉[18]에 실린 숀 일링Sean Illing(그는 박사학위 논문[19]을 쓰면서 니체의 저작을 깊이 있게 연구했다)의 논문은 우리가 여기에서 제시한 것과 유사한 견해를 개략적으로 보여 준다. 그는 또 스펜서나 대안 우파와 관련된 다른 사람들이 니체를 오독했다고 주장한다. 이것이 우리 견해를 입증해 주는 건 아니지만, 백인 민족주의와의 연관성에 대한 우리의 회의론을 뒷받침한다.

여성 혐오

니체의 저작에서 발견되는 여성에 관한 진술 중에는 오늘날의

---

18) 숀 일링, "The alt-right is drunk on bad readings of Nietzsche. The Nazis were too," 〈복스〉, 2017년 8월

19) 숀 일링, "Between nihilism and transcendence: Albert Camus' dialogue with Nietzsche and Dostoevsky"(박사학위 논문, 루이지애나 주립대학, 2014). LSU 디지털 커먼즈LSU Digital Commons에서 열람 가능

기준에서 볼 때 명백히 모욕적으로 느껴지는 것들을 쉽게 발견할 수 있다. 여성에게 적합한 역할이나 여성의 행동과 관련된 고정관념에 대해서 이야기하는 그의 진술은 명백히 우월주의적이고 성차별적이다.

학구적인 성향을 가지고 있는 여성은 대개 성적인 결함이 있는 것이 보통이다.[20]

……여성에게는 진리보다 낯설고 불쾌하고 적대적인 것은 없다. ─여성의 대단한 기교는 거짓말이고, 최고의 관심사는 외모와 아름다움이다.[21]

여자는 자신을 내주고, 남자는 여자를 취한다.[22]

19세기의 남성 우월주의가 여성 혐오misogyny, 이 단어의 그리스어 어원은 여성에 대한 실제적인 증오를 뜻한다를 바탕으로 이루어진 것인지 굳이 논쟁을 벌이지 않더라도, 니체가 그와 동시대인이자 상반된 가치관을 지닌 존 스튜어트 밀[23]과 달리 그 시대의 지배적인 태도를 초월하지 못했다는 건 분명하다. 그래도 니체는 여성 혐오자들의 자기혐오를 명시적으로 지적한다.

---

20) 《선악의 저편》, #144
21) 《선악의 저편》, #232
22) 《즐거운 지식》, #363
23) 밀의 1869년 글 〈여성의 종속The Subjection of Women〉 참조

'여자는 우리의 적이다' ─남자들에게 이런 식으로 말하는 남자는 자기 자신뿐만 아니라 그 수단까지 미워하는 억제되지 않는 욕망을 드러낸다.[24]

때때로 그는 선을 넘는 표현을 사용한다. 가장 지독한 예는 《차라투스트라는 이렇게 말했다》의 한 장에 나온다. 이 장에는 "여자에게 있어 모든 것은 하나의 해답을 가지고 있다. 그것은 임신이라는 것이다"나 "남자는 전쟁을 위해 훈련을 받고 여자는 전사의 유흥을 위해 훈련을 받아야 한다" 같은 성차별적인 내용뿐만 아니라 널리 인용되어 더욱 우려를 자아내는, "그대는 여자들에게 가려는 거요? 그렇다면 채찍을 잊지 말아요!"[25] 같은 문장까지 나온다.

히긴스 교수의 논문[26]과 《차라투스트라는 이렇게 말했다》에 관한 적어도 한 권의 가이드북[27]을 읽어 보면, 이 구절을 남성의 지배와 학대를 표현하는 것으로 해석하는 게 왜 걱정스럽고 부정확한지 알게 된다. 먼저 니체는 우화와 암시가 많이 포함된 소설인 《차라투스트라는 이렇게 말했다》를 통해 철학을 예술과 통

24) 《서광》, #346
25) 《차라투스트라는 이렇게 말했다》, 〈늙은 여자와 젊은 여자에 대하여〉
26) 캐슬린 히긴스, "The Whip Recalled," 〈Journal of Nietzsche Studies〉 12, Nietzsche and Women (1996년 가을호): 1-18.
27) Douglas Burnham & Martin Jesinghausen, 《Nietzsche's Thus Spoke Zarathustra》 (Bloomington, IN: Indiana University Press, 2010)

합하려고 했다는 사실을 기억해야 한다. 문제가 된 부분은 냉소적인 블랙 코미디 느낌을 풍기는 부분으로, 그는 거기에서 차라투스트라를 정체가 모호한 노파와 대화하는 교활하고 불확실한 인물로 묘사한다. 전혀 믿음직하지 않은 차라투스트라는 우월주의자 같은 말을 늘어놓는 반면, 노파는 '채찍'이라는 말을 '작은 진실'처럼 드러낸다.

이런 맥락에서, 현재까지 남아 있는 니체의 몇 장 안 되는 사진 중 하나가 그와 친구 레가 니체의 연인인 유명 지성인 살로메에게 '채찍질'을 당하는 포즈를 취하고 있는 사진이라는 사실에 주목하자. 결국 이 대사는 남자가 여자와 관련되면 여자가 책임자가 된다는 고정관념을 농담조로 말한 것이라고 해석하는 게 합리적일 것이다. 히긴스는 이 섹션에서 플라톤의《향연 Symposium》과《파이드로스Phaedrus》, 쇼펜하우어의《소음에 관하여 On Noise》, 아풀레이우스의《황금 당나귀The Golden Ass》, 그리고《차라투스트라는 이렇게 말했다》에 나오는 다른 많은 구절의 텍스트를 상호 참조했을 가능성을 설명한다. 이런 텍스트 때문에 해당 문장의 의미와 채찍에 대한 언급이 다면적이고 모호해진다.

우월주의를 인정하면서 여성 혐오에 의구심을 품는 것은 설득력 있는 지지 방법이 아니다. 니체의 여성관이나 여성에 대한 철학과 관련된 긍정적인 이야기도 있을까?

니체의 관점주의 개념은 현대 페미니즘의 암묵적인 주요 요소가 됐다. 관점주의는 세상에서 벌어지는 사건, 텍스트, 그 밖의 것들에 대한 객관적으로 올바른 해석인 '입장이 없는 관점'은 존재하지 않는다는 견해다. 페미니즘의 여러 계통은 이 생각을 토대 삼아, 여성의 다양한 관점은 단순히 고려해야 하는 대안이 아니라 동등하게 유효한 세계관이라는 사실을 확고히 한다. 이는 성희롱 사건에 '합리적인 여성 기준'을 적용할 때 가장 극적으로 드러난다. [28]

니체의 관점주의는 일반적인 개념이므로, 페미니즘에 대한 관점주의의 가치는 그의 철학에 부수적인 것으로 볼 수 있다. 그러나 니체는 여성에 대해 논할 때 남성과의 관점 충돌이나 남성이 여성의 관점을 이해할 때 겪는 어려움을 강조한다. 그는 《차라투스트라는 이렇게 말했다》에 나오는 그 문제의 구절에서 "여자의 모든 것은 수수께끼"라고 말했다. 그가 이런 관점주의의 적용을 알아차리지 못했으리라고 여기는 건 타당하지 않다. 따라서 그는 성차별주의적인 생각에도 불구하고, 비록 스스로 알아차리지는 못했더라도, 여자가 남자와는 다른 타당한 관점을 가지고 있다는 걸 이해했을 것이다.

게다가 니체는 다양한 작품에서 '여성'을 삶[29], 지혜[30], 행복[31],

---

28) 엘리슨Ellison 대 브래디Brady 사건, 924 F. 2d 872(9th Cir. 1991)
29) 《즐거운 지식》, #339
30) 《차라투스트라는 이렇게 말했다》, 〈독서와 저술에 대하여〉
31) 《차라투스트라는 이렇게 말했다》, 〈원치 않는 행복에 대하여〉

그리고 진리[32]의 은유로 사용한다. 또 결혼 생활을 하려면 서로를 경외해야 한다고 생각한다.[33] 그는 많은 곳에서 모성애와 출산을 그의 철학의 가장 중요한 요소인 창조성과 초인간에 대한 은유로 사용한다. 물론 이 모든 것이 그의 우월주의적인 고정관념의 맥락 안에 존재하는 것은 사실이다. 하지만 이것은 동시에 그가 여성을 삶의 방정식에서 중요하고 가치 있는 부분으로 봤다는 것을 증명한다.

당연히 철학과 페미니스트 학술 문헌 양쪽 모두에서 이 주제에 대한 광범위한 논쟁이 벌어졌다.[34] 여성에 대한 니체의 진정한 관점을 확정적으로 설명할 수는 없을 것이다.[35] 다만 니체는 당대 남성들의 전형적인 우월주의와 성차별주의의 뚜렷한 성향을 유지하면서도[36] 여성을 인생의 균형을 유지하는 데 있어 중요한 요소로 여겼다고 말할 수 있을 것이다. 여성 혐오에 대한 더 강한 주장은 의구심이 든다.

다른 우려 사항

니체의 위버멘쉬Übermensch, 초인이나 초인간, 혹은 다른 변형으로 다양하게 번역된다 개

---

32) 《선악의 저편》, 〈서문〉
33) 《차라투스트라는 이렇게 말했다》, 〈자식과 결혼에 대하여〉
34) Peter Burgard, ed., 《Nietzsche and the Feminine》(Charlottesville, VA: University of Virginia Press, 1994)
35) Peter Burgard, "Introduction: Figures of Excess," 《Nietzsche and the Feminine》
36) 히긴스, "The Whip Recalled," 2

넘은 수많은 해석에 영감을 줬다. 그가 이 용어를 사용한 것은 거의 대부분 허구적이고 우화적이면서 복잡한 문학 작품인 《차라투스트라는 이렇게 말했다》에서기 때문에 이건 놀라운 일이 아니다. 그런데 이것을 우생학이나 인종적 우월성으로 해석하는 것은 우려스러운 일이다. 가장 일반적인 해석은 이를 개별 인간이나 인류 전체가 품은 일종의 열망적인 목표로 여기는 것이다. 이런 관점에서 보면, 그것은 허무주의가 팽배해 가는 세상에서 새로운 도덕적, 미적 가치를 창출하는 노선을 따라 자기 개선을 추구하려는 목표다. 중요한 것은 이야기 속에서는 실제 초인간을 찾아볼 수 없고, 차라투스트라는 이 지위에 도달하는 데 계속해서 실패한다는 것이다.

초인간은 영화 〈이디오크러시Idiocracy〉의 등장인물들처럼 게으르고 비활동적인 '라스트 맨'과 정반대되는 인물이다. 니체는 자신의 논픽션 작품에서 앞서 이야기한 노예 도덕의 개념을 고수하는 무리에 대해 자주 조롱조로 이야기한다. 니체를 엘리트주의자로 여기지 않기는 힘들다. 엘리트주의는 혈통이 아니라 도덕적이고 창의적인 행동과 지성을 강조한다. 다시 말해 니체는 능력을 중시하는 엘리트주의자였다는 이야기다.

이와 관련해 사람들이 가장 꺼림칙해하는 것은 니체가 그것에 대해 미안한 기색을 보이지 않았다는 사실이다. 그의 시대에도 지금과 마찬가지로 평등주의적 가치가 사회에 강한 영향을 미쳤다. 우리는 어떤 사람을 다른 사람보다 더 낫다고 여겨서는 안 되며, 특히 자신을 남들보다 더 나은 존재로 생각해서는 안 된다. 이것이 노예 도덕의 중심 요소다. 하지만 무작위로 사람을 고용하면 사업을 할 수가 없다. 그들 중 일부는 적어도 기술이나 문화적 적합성, 기타 요소에 있어서 다른 사람들보다 낫다. 우리는 이 책에서 니체의 반평등주의를 이용해 이 모든 것이 당신과 당신의 사업에 무엇을 의미하는지 질문해 보도록 유도했다.

니체는 민주주의가 스스로를 망치는 씨앗을 담고 있다고 봤다. "현대 민주주의는 국가 붕괴의 역사적 형태."[37] 그는 또 귀족 제도, 무정부 상태, 당시의 독일 국가를 조롱했다. 그리고 민족국가 체제를 전혀 좋아하지 않았다. "국가는 선악에 대해 모든 말을 써서 거짓말을 한다. 그러므로 국가가 무슨 말을 하든 그것은 거짓말이며, 국가가 무엇을 가지고 있든 그건 훔쳐 온 것이다. 국가에 있어 모든 것은 가짜다. 물어뜯기를 잘하는 국가는 훔친 이빨로 물어뜯는다."[38] 니체가 정부의 형태에 대해 언급한 경우는 드물고, 그가 정부에 대한 어떤 실증적 이론을 가지고 있다는 주장은 본 적이 없다. 정치에 관한 한 니체는 옹호자라기보다는 투덜대는 사람에 가깝다.

이런 실증적 이론의 부재와 그의 반평등주의 사이에서 니체를

---

37) 《인간적인, 너무나 인간적인》, #472
38) 《차라투스트라는 이렇게 말했다》, 〈새로운 우상에 대하여〉

마르크스주의자로 읽는 것은 상당히 무리가 있을 것이다. 그렇다면 니체는 비판적 이론가, 해체주의자, 포스트모더니스트, 그리고 마르크스주의에 경도되지는 않았지만 어느 정도 그쪽으로 마음이 기울었던 사람들 사이에서 왜 그렇게 인기가 있었을까? 아마도 이에 대한 간단한 답은 없을 것이고, 비판 이론의 문헌도 그 의문에 대해 토론한다. 하지만 니체의 관점주의가 중요한 기여를 한 것은 사실이다. 그것은 정치의 세부 사항보다 더 추상적으로 비판 이론의 많은 아이디어에 연료를 제공했고, 이것이 관심의 원천이 된 듯하다.

관점주의의 어두운 측면은, 이를 도덕적이고 인식론적인 상대주의로 쉽게 해석할 수 있다는 것이다. 니체는 우리의 모든 개념은 생존의 필요는 충족시키지만, 근본적인 진실은 반영하지 않는 '환상'이라는 이야기를 자주 했다. 어떤 이들은 이런 생각을 이용해 오늘날 큰 관심을 받고 있는 '탈진실post truth' 관점(정치적 좌파와 우파뿐만 아니라 다른 맥락에서도)을 정당화했다. 그러나 이것은 진실하고 지속적인 철학적 문제이며, 니체는 이런 사상을 혼자 주창한 것도 아니고 또 최초의 주창자도 아니다. 플라톤의 유명한 동굴의 비유와 칸트의 주관적 전회가 그 선조들에 속한다. 니체가 이 부분에서 특히 영향력이 큰 이유 중 하나는 그의 글이 매우 다채롭고 설득력 있기 때문이다.

결론

우리는 여기에서 어떤 관점을 정당화하기 위해 니체에게 의존하는 것은 재고의 소지가 있다고 주장하면서, 특히 사람들이 니체에게 귀속시키려고 했던 더 공격적인 아이디어에 초점을 맞췄다. 우리는 니체의 입장에 대한 강력한 주장을 신뢰하지 않으며, 우리가 어떤 주장을 하지도 않을 것이다.

명확한 입장을 니체의 탓으로 돌리는 건 어렵지만, 우리는 공식적인 기록을 위해 우리의 견해를 확실하고 명확하게 말할 수 있다. 이 책의 저자와 (우리가 아는 한) 모든 기여자는 대안 우파, 백인 민족주의자, 신나치주의자, 또는 관련 집단이 가지고 있는 비난받아 마땅한 인종차별주의, 성차별주의, 외국인 혐오적 견해를 지지하거나 용인하지 않는다.

출처

여기에서는 각 챕터에 나온 니체 잠언의 출처를 제공한다. 페이지 번호를 기재하지 않은 이유는 니체에 대해 더 깊이 파고들려는 독자들이 특정한 번역본이나 판본에 얽매이지 않도록 하기 위해서다. 본문에 인용된 내용은 대부분 원본이나 잠언의 전체 내용이며 짧은 제목만 생략한 것이다. 몇몇 경우, 특히 《차라투스트라는 이렇게 말했다》의 경우 긴 구절 중 일부만 발췌한 것도 있다.

니체는 독일어로만 글을 썼기 때문에 각 작품마다 영어 번역가 이름과 출간 날짜도 넣었다. 판본 전체가 저작권 소멸 상태인 작품은 Gutenberg.org 또는 경우에 따라 구글 북스Google Books나 아마존에서 무료 전자책으로 이용할 수 있다. 더 현대적인 번역본도 있다. 스탠퍼드대학교 출판부는 니체 전집을 21세기 버전으로 번역하는 작업을 진행하고 있다.

책과 번역본

《계절의 생각》(《때 아닌 명상》이라고 번역될 때도 있음)은 1876년에 출판됐다. 우리는 1910년에 안소니 루도비치Anthony Ludovici가 영역한 판본을 사용했다.

《인간적인, 너무나 인간적인: 자유로운 영혼을 위한 책》은 1878년에 처음 출판됐다. 니체는 그 후 1879년에 〈여러 가지 의견과 잠언〉, 1880년에는 〈방랑자와 그의 그림자〉를 추가했다. 이 3개의 주요 부분은 저마다 섹션·잠언의 고유 번호 체계를 가지고 있기 때문에, 우리는 주요 섹션만 표시했다. 따로 언급된 경우를 제외하면, 원본은 헬렌 짐먼Helen Zimmern의 1909년 영역본을 사용했다. 나머지 두 부분은 1913년에 나온 폴 V. 콘Paul V. Cohn의 영역본을 사용했다.

《서광》(《아침놀》이라고 번역될 때도 있음)은 1881년에 출판됐다. 우리는 존 맥팔랜드 케네디John McFarland Kennedy의 1911년 영역본을 사용했다.

《즐거운 지식》(《즐거운 지혜》라고 번역될 때도 있음)은 1882년에 출판됐다. 우리는 1910년에 나온 토머스 커먼Thomas Common의 영역본을 사용했다.

《차라투스트라는 이렇게 말했다: 모두가 읽어야 할 책인 동시에 누구도 읽어서는 안 될 책》(보통은 《차라투스트라는 이렇게 말했다》라고만 하기 때문에, 우리도 여기에서 그 관습을 따랐다)은 앞의 1, 2, 3부가 1882년에 함께 출판됐다. 4부까지 있는 책은 1892년이 되어서야 출간됐다. 우리는 토머스 커먼의 1909년 영역본을 사용했다. 이 영역본은 니체의 철학적 의도를 전달하는 부분에 오류가 있다는 비판을 받고 있지만, 그래도 니체의 문학적 의도의 일부인 고풍스럽고 성경적인 스타일을 보여 준다. 몇몇 경우, 구식 용어 중 일부를 현대적인 단어로 대체했다.

《선악의 저편》은 1886년에 출판됐다. 따로 언급된 경우 외에는, 헬렌 짐먼의 1906년 영역본을 사용했다.

《도덕의 계보》는 1887년에 출판됐다. 따로 언급된 경우 외에는, 1913년에 나온 호레이스 B. 사무엘Horace B. Samuel의 영역본을 사용했다.

다음의 두 경우는 여러 개의 출처를 바탕으로 맞춤형 번역을 구성했다. '자신에 대한 기쁨'에서는 짐먼의 영역을 1986년에 출간된 마리온 파버Marion Faber의 영역과 합치고 거기에 우리의 언어를 더했다. '강한 믿음'의 경우, 사무엘의 영역본을 1988년에 나온 엘리스 만델Elise Mandel과 테오 만델Theo Mandel의 《루 안드레아스살로메의 니체Lou Andreas-Salome's Nietzsche》 영역본에서 찾은 잠언과 통합했다.

감사의 글

모린 아문슨과 에이미 뱃첼러는 우리 삶의 여정에 함께하는 지적인 동반자다. 이 책을 쓰는 동안 (그리고 우리가 하는 모든 일에 대해) 우리를 지지해 주고 다양한 조언과 아이디어를 제공해 줬다. 그들이 우리 삶에 함께 해줘서 정말 감사하다.

많은 기업가가 들려준 경험담이 없었다면 이 책은 지금보다 훨씬 수준 이하의 책이 됐을 것이다. 다들 가장 도움이 될 만한 이야기가 무엇일지 열심히 고민했고, 대부분 기꺼이 공유해 줬다. 시간을 내서 글을 쓰고 몇 번이나 반복해서 수정해 줬다.

잉그리드 알롱기, 대니얼 벤하무, 맷 블룸버그, 살 카르시아, 벤 카스노카, 랠프 클라크, 데이비드 코헨, 맷 엘리스, 팀 엔월, 니콜 글라로스, 윌 허먼, 마이크 케일, 루크 캐니스, 월터 냅, 게리 라퍼버, 트레이시 로렌스, 제니 로튼, 세스 레빈, 바트 로랭,

데이비드 맨델, 제이슨 멘델슨, 팀 밀러, 맷 먼슨, 테드 마이어슨, 브레 페티스, 로라 리치, 재클린 로스, 저드 발레스키, 그리고 이야기의 민감성 때문에 익명을 유지해야 하는 한 분의 노고에 감사드린다.

리드 호프먼은 우리가 이 책을 통해 이루고자 하는 바가 뭔지 정확하게 이해하고, 우리가 한 일을 소개하는 동시에 필요한 내용까지 적절히 추가한 서문을 써줬다. 그의 통찰력에 정말 감사하는 바다.

윌 허먼, 크리스틴 린드퀴스트, 디나 수피노, 제이미 스페란스, 라자트 바르가바, 벤 카스노카, 그레그 고테스만, 피터 버클랜드, 레이첼 마이어, 모린 아문슨을 비롯해 수많은 이들이 이 책의 초안을 읽고 의견을 이야기해 줬다. 그들의 피드백 덕분에 일찍부터 취약점을 파악해 더 좋은 책을 만들 수 있었다.

초격차를 만드는 니체의 52가지 통찰

니체에게 경영을 묻다

개정판 1쇄 인쇄 2024년 3월 18일
개정판 1쇄 발행 2024년 3월 25일

지은이 데이브 질크, 브래드 펠드
옮긴이 박선령

대표 장선희 **총괄** 이영철
책임편집 한이슬 **교정교열** 김현희
기획편집 현미나, 정시아, 오향림
책임디자인 김효숙 **디자인** 최아영
마케팅 최의범, 김현진, 이동희
경영관리 전선애

펴낸곳 서사원 **출판등록** 제2023-000199호
주소 서울시 마포구 성암로 330 DMC첨단산업센터 713호
전화 02-898-8778 **팩스** 02-6008-1673
이메일 cr@seosawon.com
네이버 포스트 post.naver.com/seosawon
페이스북 www.facebook.com/seosawon
인스타그램 www.instagram.com/seosawon

ⓒ 데이브 질크, 브래드 펠드, 2022

ISBN 979-11-6822-269-4 03320

서사원은 독자 여러분의 책에 관한 아이디어와 원고 투고를 설레는 마음으로 기다리고 있습니다.
책으로 엮기를 원하는 아이디어가 있는 분은 이메일 cr@seosawon.com으로 간단한 개요와 취지,
연락처 등을 보내주세요. 고민을 멈추고 실행해보세요. 꿈이 이루어집니다.